自己とは何か

バーナデット・ロバーツ 著

福田カレン 訳

What is Self?

Bernadette Roberts

ナチュラルスピリット

WHAT IS SELF?
by Bernadette Roberts

自己とは何か

『自己とは何か』目次

第2部 意識にまつわる三つの視点 ヒンドゥー教、カール・ユング、ロバーツ

はじめに

これまで歩んできた旅路について二冊の本を執筆した後(1)、三冊目となる本書の執筆に取りかかりました。キリスト教徒の旅という意味合いに加え、心理的側面からも、スピリチュアリティの側面からも、旅の最初から最後までを俯瞰する視点から記録を残したかったのです。今回こうして本書を出版する機会に恵まれましたが、もし機会がなければ最初の二冊を読んでくださった方の疑問にお答えするため数冊の短編を出版していたかもしれません。しかし、それでは「無自己とはどのようなものか、どのような経験をするのか」という疑問に十分に答えられないばかりか、人生という旅において「無自己の経験」はどのような意味を持つのか、誤解が生じていたかもしれません。いま手に取っていただいている『自己とは何か』という本は、三つの短編から構成されています。これまでの旅の克明な記録というより、前著を読んでくださった方々の疑問にお答えすることが主な目的です。みなさんの理解を深める一助になれれば幸いです。

この本を執筆する当初から抱いていたのは、様々な過程を経てやがて無自己という最終的な段階に至るまでの経緯を、黙想者の視点から文章に残しておきたいという思いです。というのも、無自己という特別で最終的な出来事について、黙想者の視点から記された文章は洋の東西を問わず存在しないのではないかと思っていたからです（この点については反論もあるかもしれません）。これまで、こうした分野における古典ともいえる何百冊もの書物にあたってきましたが、それを匂わせるような文章が散見されるだけで、満足のいく記述に出会ったことはありません。しかし、書物に記録がないという私の主張をまともに受け取ってくれる人はいませんでした。学歴もなく、古典に関する学術的な知識もないことが相手にされない理由なのだろうと思うこともありましたが、問題は別のところにあると気がつきました。最後の過程を経験していない人には、それが書物に書いてあるかどうか判断しようがないのです。経験していなければ、当然のことながらそれがどういうことなのかわかりません。記述を探そうにも、何を探せばよいかわかるはずがありません。自らそれを体験し、何を探しているのか正確に理解するまで、そのことが記されているかどうかは判断できないのです。

（1）『神はいずこに』（日本教文社）は、神との合一の山場ともいうべき魂の暗夜（自我の中心の喪失）にまつわる二十年間の記録です。その後も旅を続けるうち、神との合一と本当の自己（自我ではなく）を喪失することになりました。二冊目の『無自己の体験』（『無我の体験』を改題。ナチュラルスピリット）では、魂の暗夜の後半部分、つまり神との合一と自己の喪失の始まりから二年間を記録しています。

しかしだからといって、無自己を体験していない人がほとんどだというわけではありませんし、遅かれ早かれ誰もが経験することになるでしょう。ただ現在のところ、それについて正確に記述した書物もなければ、間違いなくそのことだとわかるような説明すらどこにもない状況だといいたいのです。こうして三冊目を執筆しているのは、先の二冊ではこうした点について明確にできなかったからに他なりません。さらにいうと、無自己の体験を言葉に置き換えることの難しさを綴ったこうした本は、売れ行きを重視するような出版社からは出版しにくいのが実情です。このような体験を言葉にするのが難しいのは、何世紀かの間に私たちに備わった感覚器官が退化してしまったからなのかもしれません。そうした経験を長い間せずにいるうち、淘汰されてしまったと考えることもできます。誰にも理解できない内容の本を出版することに意味があるのかと出版社が考えるのも当然です。これから私が書こうとするような内容の書物が存在しない理由として、以上のことが思い当たります。

現在の私は無自己の境地にはないことを念のためお断りした上で申し上げると、一般的に黙想者の旅は「本当の自己は聖なるものと一体である」と発見した時に終わりを迎えます。ワンネス（文化によって表現の仕方は様々です）という一体感のある状態では、自我（自己の中心）を喪失し自我を超越した経験が継続するため、必然的に根源的な変化や意識変容が伴います。そうなると、もう旅の地図は役に立ちませんが、かといって旅が終わったわけでもないのです。一体感や超越体験は、自我という私の終わりではあったとしても自己の終わりではなく、本当の自己も、現象としての自己も実はまだ終わっていません。この点についてはお伝えしたいことがたくさんあるので、おいおいお話ししていきたいと思います。

旅には二段階のまったく別の終わりがあります。まず自我（自己の中心）がはがれ落ち、それから大分経った後に本当の自己と聖なるもの（神）の中心がはがれ落ちます（それに伴って現象の自己もなくなります）。二冊の前著では、この二種類の終わりについて、「旅における二つの重要な動き」と表現しました。この表現が適切かどうかは別として、お伝えしたいことは基本的に同じです。最初の終わりは自我の喪失で、その次の終わりは自己の喪失です。黙想者の視点から書かれた書物にも、この二つを明確に区別しているものはなく、どちらか一方の終わりについて、神との合一という表現で語られているだけです。しかし最終的な出来事は神との合一すらも喪失することで、様々な段階や合一はすべてが最終的な終わり、つまり神と合一する自己をも喪失することを目的としています。自我のない合一を経験し、やがてその無我の合一をも喪失する、そうした区別を明確にすることが不可欠なのです。こうした違いを明確にし、疑問が残らないようにすることがこの本の目的です。

無我を越えた無自己の経験や、神との合一をも喪失することは、これまでの旅の地図を書き換えるばかりか、旅の意味すら変えてしまいます。自己である意識について新たな見方をするようになり、それまでの境界線は押し広げられるでしょう。境界線を広げるには、見方を変え、旅が終わるとはどういうことなのか正確に理解しなければならず、今まで「これが旅の終着地点だ」と思われていたワンネスの融合状態は最終的な終着地ではなくなり、本当の結末へと向かう途中の中間地点に変わります。融合した状態に至り、やがてその融合を喪失するというのが旅の流れですが、一連の流れは微妙である上に無意識のうちに生じるため、最初から最後まで俯瞰した視点からの説明が必要だと感じています。

それでは、私たちの現状はどうかというと、融合した状態を喪失するなど、マインドにとってこれほど不可解なことはないでしょう。無自己の経験は、これが原因で様々な誤解を生んできました（これから詳しくお話ししていきます）。まず、無我と無自己を取り違えてしまうというのは非常によくみられる混乱です。また自らの経験に誤った意味づけをしたり、伝統的な旅の道程を誤って解釈したりしてしまうこともあります。さらに言葉の意味を不正確に定義し、意味を取り違えたまま使っていることもあります。何より、説明する当事者の不必要なプライドや先入観は、不正確な説明の原因になります。問題の根本的な本質はこうした点にあり、誤った解釈の具体例はここではとても説明しきれないほどたくさんあります。それもこれも、自己である意識にとって、それ自体が存在しないことなど想像できないからです。自己も意識もない人生とはどのようなものかと想像しているのは当の自己に他なりません。無自己の体験について理解するのがなぜ難しいかというと、言葉の意味が理解し難いからではなく、意識は意識（精神や自己といってもかまいません）を越えた何かを理解できないからです。同様に、自己である意識は本質的に動きそのものであるため、本質である動きが停止することを想像するのが非常に難しいのです。そのようなことがあり得ると信じるかどうか、問題はそもそもそこから始まるといえるかもしれません。経験したことも考えたことも想像したことすらなく、またそうすることが元より不可能な経験を、人は信じられるのでしょうか。さらに、人類に遺された文献からも見つからないとなれば、信じられなくても仕方ないのかもしれません。現在、私たちが手にすることのできる文献は、自我のない融合状態を獲得するにはどうすればよいかという点にのみ関心が集中しています。私たちの社会では、これからの二十〜三十年で徐々に自己が失われ、融合した状態が一般的になると思われますが、そのことについてもまったく触れられていません。この極めて重要で必要な点——つまり融合した状態の最初から最後までを説明することが、この本のもう一つの目的です。

本書は三つの部に分かれていますが、「自己とは何か」という問いに対してそれぞれ異なる視点から、体験に基づいてお答えする内容になっています。自己の本質に関する私の知見は、既存の理論や哲学、あるいは学問的研究に基づくものではなく、純粋に私自身の経験やこれまでの旅の過程から学びとったことばかりです。読者のみなさんが似たような経験をしていなかったり、私の見解を理解できなかったりしたら、この本から得られるのは知識だけかもしれません。本書で扱うテーマは経験がすべてであり、経験以外に理解する方法はないように思います。

第1部では節目となる重要な出来事やターニングポイントに着目し、旅の概要をお話ししていきます。旅の道程を詳細に説明するのではなく、意識の構造や機能について考えることで自己経験（これこそが意識です）が旅の行方をどのように変えていくか、手がかりをつかんでいただければ幸いです。心理的であるだけでなくスピリチュアリティの探求でもあるこの旅が、自己である意識を通して認識する道程であることを理解した上で、人間が究極的な運命へと至る際、自己である意識がどう作用するか検討したいと思います。

第2部では、三つの視点から意識について検討します。読者のみなさんの中には、自己や意識に関する私の認識は、カール・ユングの見解や正統的なヒンドゥー教の教えに則ったものと誤解している方がいるかもしれません。この部でそうした誤解を解きたいと思います。カール・ユングとヒンドゥー教、そして私の視点は三者三様で根本的に異なっています。独自性を持つ三つの視点を比較検討することで、それぞれの違いを明白にします。もちろんカール・ユング個人やヒンドゥー教を貶めようというつもりはありません。比較というシンプルな方法で、様々な見解があることを示したいと思います。

最近ある知人から、無自己を超えた先にはさらに何かがあるのか、それとも無自己の経験自体が旅の最終的な目的地なのかという質問を受けました。非常に重要な点ですのでここで取り上げたいと思います。結論からいうと、無自己は旅の終点ではありませんし、何か重大な秘密が明かされる出来事でもありません。無自己とは、究極的な真実にたどり着くために必要な手段なのです。ここでいう真実とは自己や意識を超えたところにあるもので、この点については第3部の「キリスト教徒がたどる道すじ」で触れ、人生という歩みの中で学びとった真実をみなさんと共有したいと思います。私にとって神と自己は別々に扱えるものではなく、神について明らかにするには自己について考えなければならず、自己について検討するためには神について考えなければなりません。自己である意識に経験できる最も深遠な経験は神そのものですが、神の割合が増えるに従って、自己の割合は減っていきます。こうして少しずつ自己の本質が明らかになり、それに伴って自己は減少し、やがて空洞になるのです。その過程と同調するようにして、神の本質——キリスト教徒にとっては三位一体の本質が明らかになっていきます。自己が徐々に失われていくことと、神の本質が明らかになることは結びついていて、切り離すことはできません。今も昔も、この二つは一つの出来事の別の側面なのです。

第3部では、旅路を進む中でイエス・キリストについて学んだこと、旅が終わった後にようやく理解したことについてお伝えしたいと思います。第2部の「意識である自己に関する三つの視点」でお話しする旅の重要なターニングポイントも、キリストの真実や現実と関わっています。キリストの真実を理解することは、徐々に失われていく自己について理解する手段でもあります。というのも、キリスト教の文脈から離れたところでは、無自己の出来事についても、なぜそのようなことが起きるのかについても理解できないからです。キリストの死に触れずにいると、自己の喪失は不可解で悲劇的な出来事にしか見えないでしょう。

ここまでの説明で、本書のおおよその内容をご理解いただけたと思います。もしこの本の目的がみなさんの期待に沿わない場合、あるいは自己や人生という旅に関する見解がみなさんの考えと異なる場合、これ以上読み進めていただく必要はありません。もし読み進めていただけるなら、私が歩んできたのはキリスト教徒の道であって、その他の宗教や心理学については単に本で読んだり、誰かから聞いた話でしかないことをご理解いただきたいと思います。ヒンドゥー教やカール・ユングを引き合いに出してはいますが、正式に勉強したわけではありませんし、彼らの視点をみなさんと共有したいわけでもありません。と同時に、キリスト教の黙想者の視点で話を進めていく点についても併せてご了承いただけると幸いです。

第1部

自己に関する考察

WHAT IS SELF?

用語の定義

自己を生きている限り、また私たちが自己である限り、自己の本質を知ることはできません。自己の本質は、それが失われた時にはじめて明かされるからです。自己を喪失した後、過去を振り返ってみることでしか知り得ません。結局のところ、自己とは一貫して無意識のうちに経験するものであり、意識的な自己の経験は二次的なものにすぎません。つまり、私たちが認識しているのは意識できる自己であって、無意識の自己については何も知らないのです。自己という存在は、何かを認識したり感じたりし、人間の経験のあらゆる側面を構成しています。その意味で自己とは人間そのものだということができます。常に動き続け、それでいて永遠でない経験は、人生という道程そのものです。自己である意識は、人間の実存を通してしか存在し得ない道程だといえるかもしれません。自己を失うという区切りを迎えると、この道程の全体像を把握できるようになります。自己は喪失し得るものだという視点に立ってはじめて、自己を失うことなく無意識の自己を理解することはできないとわかるのです。

本題に入る前にもう一つ、人間の知識や経験を越えた存在の次元、つまり動物や植物、鉱物、基本元素、さらには究極的な真実である聖なるもの（the divine）としての絶対や神、ありとあらゆる存在の領域について指摘しておきたいと思います。私たちを自分の経験の中心に留めおく働きをしているのは自己である意識です。私たちは動物や植物といった存在について知ってはいるものの、経験することはできません。なぜかというと、自己である意識が最初からそうした経験を排除しているからです。鳥になって鳥の経験をしたり、角砂糖になって角砂糖の経験をするという直接的な体験ができないのは、人間であることを経験していながら鳥や角砂糖に「なる」ことができないからです。「私は鳥を経験した」という人に遭遇しないのは、人間を経験するために意識がその他の経験を締め出しているからです。もし、意識というものが私たちの存在の一部でなければ、私たちの経験も動物と同じものに留まっていたでしょう。動物のような、純粋に感覚的な経験が人間の一部でなかったとしたら、私たちの経験は植物のそれに留まるでしょう。もし植物が存在しなければ、基本元素が存在のすべてということになります。こうして経験は、究極的な源である始点へと戻っていきます。重要なのは、意識とは存在の次元もしくは階層の一つであり、この次元は人間特有の認識であり、感じたり経験したりすることそのものだという点です。「自己」と「意識」は同じ経験を表しています。自己がなければ意識はありませんし、意識がなければ自己もありません。そのため、どちらも同じことを指す言葉として用いられます。自己の本質は意識です。つまり自己について検討することは意識について検討するのと同じですが、まったく同じというわけではありません。どのような経験が自己、そして意識という言葉を生じさせたか考えれば、それぞれの言葉をどう定義すればいいかがわかります。たとえば「私はここにいます」という時、ここにいる自己、あるいはここにいるという意識を最初に経験し、その経験を表現する言葉は後からやってきます。「自己」や「意識」、自己や意識という存在に伴う私、自分、あなたといった言葉の背景には、必ず経験があるのです。経験がなければ、それを示す言葉も生じません。つまり、私たちは経験してはじめて「自己」や「意識」を認識するのです。言葉や概念や理論をマインドに持っていても、それがどのようなものかを知ることはできません。

この本で「意識」（あるいは気づき）という場合、無意識や神の意識も含めた経験の様々な階層を包括する意識を意味します。「意識」や「自己」という言葉は、ユングのいう精神全体を指し、意識的な自我と無意識の自己の両面を含みます。私の理解では、東洋で意識や自己という場合、「本当の自己」「アートマン」「純粋意識」といった意味合いが含まれています。このような経験は自己である意識による経験の範疇にありますが、自己や意識の可能性はそれにとどまらず、聖なるものと共にある不変のワンネスを理解することもまた可能です。最も深い部分で自己が経験するのは聖なるものであり、理解や気づきは自己や意識が限定する枠組みの中にあるからです。また「意識」という場合は常に、意識的な階層の意識と無意識的な階層の意識の両方を含みます。自己経験を構成する根本的な経験について深い理解を得るには、何がそのような経験を可能にしているのかをまずは見つけ出すことが先決です。

意識と知覚

人間が特別なのは、知覚だけではなく意識も持っているからだといわれます。知覚は動物も持っているけれど、意識は人間にしかないというのですが、人間特有の認識方法としては意識だけでなく知覚も含めるべきです。動物は純粋な知覚を経験している一方で、意識を持つ人間は純粋な知覚を経験できないためです。人間の意識と知覚という二つのシステムは、緊密に連携しながら一つのシステムとして機能し、生まれたその日から（むしろ受胎の瞬間から）知覚の発達度合いに応じて、意識もまた発達していきます。知覚の上に意識があるという関係からすると、知覚の方が重要であるように思えるかもしれませんが、人間の知覚システムが動物と同じではない点に注意が必要です。動物の知覚はそのしくみ上、意識と同時に生じることはありませんが、人間の知覚は独特で、動物の知覚とはまったく異なっています。人間の知覚は意識と共に生じますが、意識が存在しない動物にそのようなことは起きません。動物に意識がないという意見には反論も多いことは承知しています。このような反論が出るのは、人間には意識があるため純粋な知覚を経験できないことに原因があります。純粋な知覚は意識のないノウイング《知っていること》であるため、ノウイング《知っていること》を劣ったものだと考えているのです。意識は、意識なしに知るということを理解できません。

実際、意識のないところで人間の知覚が機能することはほとんどありません。みなさんも意識があるから何かを知覚できるのであって、その逆はないときっと考えているでしょう。このような考えは、意識は永続する、魂は不滅だといった認識に基づいていることが多いのですが、事実はその逆なのです。人間も動物のように、意識のないところでも機能できますが、その逆、つまり知覚なしに機能することは、人間にも動物にもできません。さらにいうと、知覚が働くことなく純粋にただ存在するのが植物です。植物は存在の植物的次元で生きていますが、人間や動物はそのように存在することはできません。意識が少しでも残っていれば知覚と共に機能するため、純粋な知覚によるノウイング《知っていること》が機能する余地がないのです。意識から離れるか分離すれば、知覚は独自のノウイング《知っていること》を持つことができます。そうすることによって、意識には接触できない存在の次元に加わることができるようになります。

この部の目的は純粋な知覚によるノウイング《知っていること》について検討することではありませんが、もう少しこの話を続けたいと思います。知覚によるノウイング《知っていること》から意識が抜け落ちると、それまでこういうものだと信じていたのとはかなり異なる状況に置かれます。ふだん私たちは、何かを特定したり、他のものと区別したりするのが知覚で、普遍的で全体的なのが意識や知性だと考えているかもしれませんが、知覚と意識が切り離されると、事実はその逆だということに気づきます。知覚には何かを特定することはできないし、他と区別することも、特定の何かに注目することもできません。そうしたことは知覚ではなく意識の役割です。ですから、もし意識がなく知覚だけが存在するなら、一つか複数かを区別することもできません。一つがないところに複数は存在しないので部分と全体もなく、一つも全体も同じになります。知覚によるノウイング《知っていること》は何かの反映でも直感でもなく、感情などの経験でもありません。知覚される何かは、思考も感情もなくただ「そこにある」ということだけで、それ以上でもそれ以下でもないのです。知覚は、ただ「何が」そこにあるのかを捉えるだけで、区別や意味づけはしません。それは意識の役割だからです。つまり意識には識別し区別する働きがあり、どれが特定の「それ」なのか、一つしかないのか、それともたくさんあるのか、認識する側は何で、される側は何なのか、主体と客体は、などといったことを峻別しています。このような意識の次元が完全に相対的であるのに対し、知覚の次元に区別はなく、相対的でもなく、部分と全体の違いもありません。ということは、実質的に意識とは別の存在の次元にあることを意味しています。純粋な知覚によるノウイング《知っていること》と、意識による経験の次元は似ても似つきません。だとすると、意識の他にもノウイング《知っていること》の手段があることになります。

知覚と同様に、意識もまたボディとマインドが統合した全体から機能する生理的側面です。ボディとマインドが統合することによって、主観という無意識的な感覚や、個別の分離した実体であるという感覚、そのような存在であるという生理的で主観的な感覚が生じます。意識が存在しなくなると、物理的な側面の経験や認識が崩壊し、結果として肉体の不在という稀有な経験をもたらします。意識が永遠に失われると、肉体が存在するという認識もまた失われるのですが、いずれそのような状態にも慣れていきます。意識によって経験する形は、知覚だけで経験する形とも、本当の意味の形ともかなり異なっています。「色即是空《しきそくぜくう》」とは、意識と意識に基づくノウイング《知っていること》（ノウイングとすらいえないかもしれません）による経験から発せられた言葉ではなく、純粋な知覚によるノウイング《知っていること》からの言葉です。空が絶対であると理解したからこそ発せられる言葉であり、絶対であるノウイング《知っていること》の視点から生じた言葉です。ここでは、知覚によるノウイング《知っていること》は意識を越えていること、動物の知覚によるノウイング《知っていること》は意識による私たちのノウイング《知っていること》とは異なることを述べるに留めたいと思います。意識を超越したところにおける活動を捉えることは、人間にとっては前進でこそあれ動物の次元へと下降することではありません。聖なるもの（神）への道程は後退ではなく前進です。後戻りや後退は、聖なるものではありません。

意識の働き

人間は、自分自身について認識しているいわば自意識を、常に意識的に捉えているわけではありません。だとするなら、自意識は無意識に根差していることになります。これが意味するのは、「合一」や「神の意識」と呼ばれるような領域を含むあらゆる意識領域にまで、自意識が行き渡っているということです。このような無意識的な認識がなかったら、自意識もないはずです。どこかで読んだのですが、意識的な領域に何事かが上昇してくるには、意識の領域に先んじて無意識の領域が存在しなければならないそうです。つまり、私たちが気づいている領域の自己認識を把握するには、自己である意識を説明するだけでは不十分なのです。自己認識の本当の源を見つけるには、もっと深い領域を探ってみる必要があります。

深い領域とは、もちろん「無意識」と呼ばれる、ある種の容器か保存装置のように考えられている領域で、神秘的なエネルギーや力が湧き上がる領域のことでもあります。自分の意識では捉えられない領域といえるかもしれません。重要なのは、意識は自動的に、自発的に、機械的ともいえるほどに、意識的なコントロールをも超え、無意識のうちに機能していることです。このような領域の意識は生理機能も担っていて、それ以外の生理機能とつながってボディとマインドの全体を統合しています。

この統合には機能や意識、あるいは身体機能を変化させる働きがありますが、いずれか一つに変化が生じると他の部分にも影響が及びます。このことを忘れると、意識である自己は身体とは別個のものだと考えたり、身体のどこかに漂っているとか、身体とは別のどこかに存在しているなどと思い込んでしまいます。するとボディ、マインドの機能と意識を統合することもできませんし、当然のことながら生命に影響を与えることもまたできません。

無意識の重要性は、精神である意識の全体的な生理的機能の根幹をなしている点にあります。生理的機能の領域において、意識はマインド（脳ということもできます）による反射メカニズムだということができ、マインド自身の機能、経験、思考とその内容を知るために、自らを自らに対して反射させています。反射というこの行為こそ自己認識であり、マインドはマインド自身を認識しているのです。反射という行為があるからこそ、主体と客体という二極が意識の中に存在し、マインドはマインド自身を客体化することができます。だとすると、主体と客体は実際には同じであって、一つのマインドが自分自身を認識しているにすぎません。もしそうなら、自己認識は主体と客体の両方を指し、客体は主体なのです。「自己」という言葉は、反射という行為があること、マインドが自らを経験していることの表現なのです。「自己」という言葉は、反射という行為の結果を指すわけではなく、反射という行為そのものを指しているのです。

自己に気づく行為は反射のメカニズムであり、自律的なメカニズムで、意識の支配下にはありません。このメカニズムを開始したり、終了させたり、変えることはできません。私たちが意識しようとしまいと、完全に無意識のうちに自己認識は続いているのです。自らの認識に意識的になった時だけ（それが自意識です）意識の意識的な領域、つまり無意識的な反射の結果ではない反射を「させている」領域に移動できます。無意識ではなく意識的に反射させている領域であれば、ある程度のコントロールが効きますし、単純な自己認識の領域に留まることも可能です。意識的に自分自身を反射させて内省し内観することによって、単純な自己認識の領域に留まることができます。自己は様々な領域を反射していますが、最も単純な反射は自己認識で、意識的・無意識的どちらの領域にもある認識です。いずれにせよ、意識はすべて自意識です。

自己認識のうち最も良く知られているのは、反射的な意識的領域の意識ですが、これは自己認識のほんの一部分にすぎないため、実際には私たちは自己認識についてほとんど知らないことになります。先に述べたような生理機能の領域などのように、無意識的な領域についてはまったくといっていいほど知りません。そうだとするなら、反射的な自己認識（精神の意識的領域）から離れようとしたところで、無意識的な反射の自己認識からは離れられないことになります。反射メカニズムは生理機能として意識のあらゆる領域の根底を成しているため、ある一つの意識の領域から離れることは、すべての意識領域から離れることを意味し、すべての意識を終わらせることになります。意識（自己）が機能を停止する場合、あらゆる領域において同時に機能しなくなるのです。生理機能は根本的に一か百かしかなく、マインドによって「半分だけ反射しよう」とコントロールするようなことはできません。

自己である意識は唯一最大の生理機能ですから、これを終わらせることは「無自己」あるいは「無意識」の状態、あるいはそのための条件を満たすことを意味します。マインドによる反射メカニズムが機能しなくなると、意識領域や無意識領域、そして神の意識までのすべての領域にまたがる意識が終了します。反射メカニズムは意識そのものであることから、このメカニズムが継続する間は自己も継続します。これが神秘的な無意識の自己なのです。基本的に、反射メカニズムが機能しないということはありませんから、無意識の領域において自己といえばこの機能を指すのです。これまでの経験を振り返ってみると、私たちは反射の結果として生じた自己や意識という二次的な側面にばかり注目し、その根底にある生理的側面にはあまり着目していなかったことがわかります。意識を通じた私たちの歩みは様々な経験に対処することで形づくられますが、今こそ二次的な経験や内容ではなく、本質に着目すべきだと思っています。

最も深い部分の自己についてほとんど何も知らないのは、なぜなのでしょう。深遠な無意識の神秘を経験し続けているのはなぜなのでしょうか。こうした点について検討するのはさほど難しくはありません。経験の深い部分の本質はわからないため、自己である意識を聖なる神秘と定義したり、聖なるものそのものだとすることもありますが、よくわからないままにそうしています。例えば聖なる経験をすると、聖なるものを経験したと考えるのですが、経験したのは実は聖なるものに対する無意識の反応であり、反応を経験したにすぎないのです。針が指に刺さってしまった時、私たちが経験しているのは針に対する反応なのですから、自分自身を経験しているのであって、針を経験しているのではありません。針がどのような経験をしているか私たちにはわからないし、針の存在の次元がどのようなものであるかもわかりません。針が何かを経験しているかすらわからないのです。同じように、私たちが聖なるものを経験する時、経験しているのは聖なるものに対する自分自身の反応であって、経験しているのは自分、あるいは自分の無意識です。私たちの反応（結果）は、針そのものを経験したのでないのと同じように、聖なるものを経験したのではありません。私たちに聖なるものは経験できず、それが存在する次元を知ることもできません。聖なるもの（あるいは針）は、私たちに何らかの経験をもたらすかもしれませんが、経験は結果にすぎません。どれほど神聖に見えようと、経験したことが聖なるもの自体であるとか、聖なるものそれ自身を経験したというのは論理の飛躍であって、認めるわけにはいきません。私たちに理解でき、経験できる聖なるものは人間の次元のノウイング《知っていること》であり経験であって、意識という境界線の内側での話でしかないと認識しなければなりません。

　無意識の自己が聖なるものに触れたという意味において、聖なるものを経験することは自分自身を経験することと同義だということをお話ししてきましたが、そうはいっても意識は聖なるものと完全に分離しているわけではありません。いかなる物事も、それが存在する限りは聖なるものと分離していることはありません。聖なるものとは知られざる何かであり、かといって指し示すことのできる事柄というわけではなく、意識や知性や感覚によってしか経験できません。たとえ意識の構造や機能が聖なるものでなくても、未知の聖なるものの実質から分離してはいないのです。人間や宇宙の聖なるものは形や構造や機能、指し示すことの何かを超越しています。意識は聖なるものを独自の方法で経験していますが、その聖なるものはノウイングや意識による経験の次元を超えています。

知る自己

ここまで「知る自己」という反射メカニズムについてお話ししてきましたが、自己である意識は二つの経験的次元から形成されています。もう一つの次元は「感じる自己」で、知る自己と同じように神秘的な無意識に根差しています。知る自己と感じる自己は二つの異なる経験ではありますが、自己や意識では分けることのできない全体として機能しています。感じる自己がなければ知る自己はなく、知る自己がなければ感じる自己もないため、一つの結合体として機能しています。

マインドはマインド自身に向かって反射することで自己認識を形成すると先に述べまし

たが、マインドが自らに向かって反射する時に見ているのは、どのようなものなのでしょうか。もちろん自分自身を見ているのですが、自動的に生じるこの行為つまり自己認識は、無意識のうちに起き、意識的に行われることはあったとしても二次的な行為だということになります。意識が発達する過程は、気づきの領域がある領域から別の領域へと動いていくことですが、反射メカニズムはその間も安定してずっとそこにあり続けています。マインドはマインド自身に向かって反射するため、マインド自体を見て「これが私だ」とか「私というのはこの私のことだ」などといったノウイング《知っていること》として経験します。自己とは、社会との関わりの中から学んだり、条件づけられることで経験することではありませんし、誤りや幻想でもありません。自己である意識は人間の脳に備わった機能なのです。この機能なしに人間が人間であることはできません。

反射メカニズムとその機能を理解すると、マインドはマインド自身を客体化していることがわかります。自分自身を反射的に客体化していることから、実際には主体と客体は同じものであり、マインドが何をどのように反射しようとマインド自身を見ていることに変わりはありません。主体と客体といっても、自分が二つあるわけではないのですから、主体の自己が変化すれば客体の自己も変化せざるを得ません。つまり人生の歩みに伴って変化するのは反射メカニズムではなく、自己認識なのです。他人の目を通して表面的な自分を知ることもできれば、聖なるものと分離してなどいないという深い理解から自分について知ることもまた可能です。このように、自動的な反射メカニズムが変わらずにあることによって、深い部分からの変化が可能になります。

ぜひ覚えておいていただきたいのは、反射メカニズムは意識と自己を知っているあらゆる領域の基盤であること、その生理的な根本は無意識的な自己であり、そして未知の精神の側面によって構成されていることです。反射メカニズムが永遠に機能をやめる時まで、無意識の根底がどのくらい深いところにあるのかはわかりません。旅の終点である意識の最後の境界線は、完全に無意識かつ未知なのです。反射メカニズムが永遠に機能を終了し、メカニズムそのものがなくなった時に、無意識的な反射メカニズムの本質が明らかになります。

感じる自己

知る自己と同様、感じる自己もまた無意識の深遠に根差しています。人間が自己を経験する場合には知る自己よりも感じる自己が優勢だということができます。感じる自己というと感情や情動をイメージするかもしれませんが、そうした側面は感じる自己よりもっと意識的な自己の側面です。感じる自己の根本的な経験は、実際のところ生命や存在なのですが、そのことに気づいている人はほとんどいません。本当の感じる自己は生命や存在の経験で、それが反射メカニズムや知る自己と一体となって、意識全体、さらには自己経験の全体を形づくっています。生命や存在の感覚は、肉体的なエネルギーや、魂や霊を経験することで生じると思うかもしれませんが、旅がある地点に差しかかり、聖なるものとのワンネスを理解するようになると、生命や存在は「聖なるものの生命」「聖なるものの存在」だと思うようになります。しかしほとんどの場合、生命とはただ与えられたものだと考えている上に、生命の経験をしていることすら認識していないこともあります。生命と存在を主体的に経験することがどれほど難しいか、おわかりいただけるでしょうか。聖なるものを適切に表現したり、説明することなどとてもできません。そのこと自体が無意識のうちにある生命と存在を証明しています。

生命と存在の経験はボディとマインドの全体に浸透し、身体の特定の場所に引っかかりのような感覚をもたらすかもしれませんが、知覚の側に立ってみると、私たちの内ではあるけれど肉体ではない、神秘的な空間の中にそれが生じるポイントがあるように感じます。空間というのは、意識の中心だと思う場所のことです。生命の中心についてはたくさんの意見があり、哲学や宗教、現代心理学といった分野において、主観に基づくこの現象について語られてきました。このような感情の中心（感じる自己）には、肉体に関わるものから聖なるものに関連するものまで、たくさんの経験の領域が含まれています。それぞれをどのように捉え経験するかは、私たち自身のスピリチュアリティや心理的な成熟度にもよります。多くの人が、神秘的なこの中心を意識の座であり、源だと考えます。確かにその通りなのですが、成長の優先順位やその過程における経験を考えると、知る自己と感じる自己のどちらを優先すべきかは断言できません。コインの裏と表のように、二つの側面は両方で一つです。この場合のコインというのは、意識全体を指しています。

ここでは、感じる自己によって経験する力や感情、情熱、その他微妙な感情について検討することはしませんが、「意志」こそが感じる自己の最も深い部分での経験であり、意識の中心であることを指摘しておきたいと思います。意志を経験することは、「存在」の経験です。私たちは、自分の意志を常に把握しているわけではありませんが、意志は、何かに近づく、離れるという二つの方向に動くことができるというのがその理由です。「欲望」として経験されるこの動きは、深い部分の動きのない状態とは異なっています。どちらの方向への動きにせよ欲望であることに変わりはないため、意志とは力や存在であるということも可能です。最も深い部分での意志の経験を単純に表現するなら、「感じる存在」ということになります。意志に動きが生じるということは、何かを欲し手に入れようとする欲望があるからです。意志によるあらゆる動きが止まり、欲望がない状態になった時、意志は存在というシンプルな経験として残ります。意志である感じる自己には独自に判断する能力があります。そのため生命と存在をそれらが生じた源である聖なるものに降参させることもできるし、自己自身のために維持することも、どちらも可能です。ただし、どちらにするかを決めるより先に経験が生じるため私たちには選択権がないのですが、どのようにして世界に存在するかは選択することができます。根本的に人間は自由ですが、人間自身の力でそうなっているわけではなく、それゆえ自分の力で不自由になることもできません。

人間の歩みは、究極の運命を終点とした動く歩道に喩えることができます。歩道に身を任せて進むか、逆走するようにして人生を送るか、どちらかの選択肢しかありません。どちらにしてもその動きから離れられず、止めることもできません。動く歩道の行く先は決まっていますから、身を任せても逆走しても、いずれは終点に到着します。どのような人生にするかは私たちが決めることであって、生命が決めるわけではありません。意志が存在するためには、その前提として「自我」が必要ですが、自我というのは感じる自己の未熟な側面であり、本当の感じる自己ではありません。自我は欲しい物が手に入らないと悩んだり、不安を感じたり、かんしゃくを起こしたりします。だからこそ本当の自己、飾り気のない静かな「存在」の経験が喜びとなるのです。人間存在の全体が深遠なる聖なるものの中心に到達すれば、何かを欲することはなくなります。「存在」は、どこかに向かおうとする動きに先立つ意志ですが、意志は聖なる中心で休息するまで継続的な平和を見つけられないのです。意志や感じる自己は「感じる存在」あるいは「感じる生命」であり、思考する知性ではありません。意志について検討しないことには、意識や自己についても十分に検討することができません。感じる自己は知る自己と共に意識を構成しています。これら二つの側面が個人的視点から経験したことを持ち寄って全体を構成します。人間にとって、「自分は存在している」ということ以上に確かなことはありません。

意識の統合

意識の構造を逆三角形に見立て、意識の統合について説明してみたいと思います。主体と客体（マインドの反射の働き）という二つの極を三角形の上辺とし、そこから下に向かって辺を1点に集約します。上辺がなければ下に位置する中心点はなく、中心点がなければ上辺もありません。この場合の中心点は、マインドがマインド自身を見る反射メカニズムです。無意識のうちに生じる「見る」行為によって、認識が下方の中心点へと導かれます。中心点は主体と客体が集束する一点で、この動きによって生命と存在の経験が形成されています。中心点はマインドである反射メカニズム（知る自己）の本当の中心で、もともとは無意識の中心だったのですが、成長に伴って意識の中心点にもなり得ます。未熟な状態における感じる自己の中心は「自我」で、成熟するとこの中心はカール・ユングのいう「自己」となり、さらには聖なるものになるということもできます。ただし経験者でもあり経験でもある自己が失われると、聖なるものは経験できる何事かではなくなります。

聖なるものは人間が経験できるあらゆる物事を超越していますから、自己や意識にとって最上の聖なるものの経験は、それが存在しないことなのです。

カール・ユングは、無意識の本当の中心（自己）は肉体が感じる重力の中心と一致しているかもしれないと述べています。空間の中で、人間の身体は地面と垂直に、頭を上に向けていますが、身体が意識を経験するためだと考えることもできます。重心の感覚は脳ではなく、身体の中央に備わっています。日本語の肚《はら》という言葉が示すように、無意識のうちに生じるこの中心感覚は、物理的な形とその存在を感じることと関わっています。中心感覚はまた肉体の存在を感じる主な要因になっていますが、同時にマインドによる反射メカニズムが「生命」と「存在」の経験のすべてを司っていることを忘れてはなりません。このメカニズムがなければ「源」「原点」といった生命や存在の経験はできないのです。「意識の中心」は意識だけが持つエネルギーで、このエネルギーは意識ある生命にしかないもので、人間の感覚や植物の生命を司っているわけではありません。つまり、このエネルギーこそが意識であり、感じる自己であり、意識の中心です。

機械を動かすに油が必要なように、反射メカニズムを働かせるのにもエネルギーが必要です。燃料がないと乗り物は動きませんし、乗り物がないなら燃料もいりません。両方あってはじめて意味を成すのです。意識の機能について考える場合、電子タイプライターをイメージすると役立ちます。知る自己が反射メカニズムで、感じる自己がこのメカニズムを動かすための電池や電力に相当します。メカニズムは外的な刺激に反応して働きます。タイプライターでいえば、キーをタイプすると反射メカニズムが発動し、紙（マインド）に文字を印刷していきます。意識的ではないとはいえ、キーが指の動きに反応して動くことは反射的に生じる識別に相当し、その都度適切なキーを選ぶことは感覚的に受ける印象に相当します。つまり主観的な印象によって意識の内容が決まってくるのです。もしタイプライターのスイッチを切ったり、電池が切れたら何が起きるでしょうか。キー（感覚）はあるものの、キーに触っても何も反応がありません。反射メカニズムは停止し、主観に基づいた印字はできなくなります。分け隔てない、意味を持たない、自己がないとはちょうどこのようなことです。反射メカニズムとしての知る自己がエネルギー不足に陥り、停止した場合にこうしたことが起きるのです。この喩えからわかるように、意識は構造上一つのまとまりとして統合して働き、反射メカニズム（知る自己）だけ、中心のエネルギー（感じる自己）だけなどのように部分的側面だけによって機能することはできません。全体として機能するか、まったく機能しないかのどちらかしかないのです。このような意識の全体性、統一性を常に感じているわけではありませんが、認識しようがしまいが、常にそのように機能していることに変わりありません。

意識の構造：まとめ

感じる自己は意識の中心です。生命や存在、分け隔てのない意思を経験しているのは感じる自己です。感じる自己は私たちが経験する力やエネルギー、感性や感情の総体です。感じる自己と知る自己は、自己を感じ、認識しているのではなく、感じ、知ることが自己なのです。自己を感じ、知ることに先んじる自己が自己なのです。私たちは何かが意識の上に生じた時に自己を認識するものですが、その自己は馴染みのある自己であって無意識の自己ではありません。無意識の自己は認識できないからです。自己を感じ知るのは、無意識のうちにマインドがマインドを反射するからです。つまり反射という行為がまずあって、その後に感じ、知っているのです。同様に、当然のようにいつも経験している生命と存在もまた二次的な感覚です。

もしもマインドの反射メカニズムがなかったなら、自己もまたありません。反射メカニズムはマインドの機能の一つで、マインドがマインド自身を見たり知ったりできるのは、この機能のおかげです。マインドが自分自身を見たり認識したりできなければ、自己を認識することもできないですし、このような話をみなさんにする自己もまたいないでしょう。みなさんと対話するのに必要な表現が生じないからです。今、私の中では反射という行為が生じ、主体と客体という二極がつくり出されています。しかし、もし客体の側に立つ自己がなかったとしたら、主体の側の自己を認識することもできず、主体などというものもそもそもないのです。

世の中には、反射という行為が生じる前のマインドそのもの、つまり、本当の自己である主体を持つ人々がいます。もし、彼らのようにマインドの反射を停止できれば、主体と客体の自己を超えた自己に出会うことが可能です。自己の感覚がまだ残っているか、いつもの自己とは違う自己が現れたのだろうかと確認することで、そのような自己に出会えたかどうか検証することもできますが、問題は反射メカニズムを停止できるかどうかという点にあります。誰か、あるいは何がそれを停止するのでしょうか。自己が止めるのか、それともこのメカニズムが自分で自分を停止させるのでしょうか。意識的な自己を落ち着かせようと、瞑想によって静けさを感じたり、自己認識を注意深く探ることはできたとしても、知る自己であるマインドの反射自体を完全に停止することはできません。瞑想による静けさは、本当の自己、つまり動きのない自己を解き放つための舞台にはなるかもしれませんが、自己は自己から自由になることはできず、自己自身を停止させることもできないのです。反射メカニズム（知る自己）や感覚の中心によって、自己を滅すことは不可能なのです。もし可能であるなら、そのような人は完全に自己を超越しているでしょうから、自己も自己の感覚も残っていないでしょうし、自己といえるようなものの残滓も一切ないはずです。「いや、そんなことがあるはずがない」と考える人がいるとしたら、その人はおそらく自己の停止を経験したことがないのです。

自律的な反射メカニズムについて私たちが知っているのは、このメカニズムがさせている表面的な経験、つまり意識的な自己だけです。生まれた時からずっと、無意識のうちに、そして当然のようにしている自己経験は、無意識下でしています。無意識であるがゆえに、自己認識という自己の感覚なしに生きるとはどういうことか、想像することも考えることもできません。自己や自己認識を捉えようとしてもうまくできません。その行為自体が、すでに自己であり自己認識だからです。ここに人間存在特有の自己経験の神秘があります。反射メカニズムが機能を停止しないことには、意識がおよそ反射的であり、意識はすべて自己意識だということがわからないのですから。マインドの反射メカニズムがなくなるということは、認識されるべき自己が存在せず、認識する自己も存在しないということです。マインドが自らを反射しない時には、マインド自身もまたないのです。

もし本当の自己を探したなら、見つかるのは深遠な感じる自己であって、知る自己ではありません。感じる自己には反射する機能がないため、二元ではないからです。生命と存在の唯一の感覚である感じる自己は、知る自己のように主客を二分ができないのです。常に安定し、本当の自己だと思われているのは感じる自己です。覚えておいていただきたいのは、感じる自己は知る自己と距離を置くことはできず、単独で存在することもできないということです。認識者のいない感覚は存在できないのだと、きっとご理解いただけるでしょう。しかし驚くべきことに、自己である意識が失われた時に失われるのは感じる自己だけであって、反射のメカニズムは停止しないのです。マインドによる反射メカニズムより、生命と存在の非二元の経験こそ永続するのが当然だと考えるかもしれませんが、実はそうではないのです。

本物の無自己の経験とはどのようなものかについて話を進める前に、その前段階として生じる出来事、つまりエゴセルフが喪失し、それがきっかけとなって始まる変容の過程について考察したいと思います。神との合一とか、超越意識として知られる自我のない状態は、神意識などと表現される経験の後にしか生じません。自我のない合一の状態は、この世界における人間の成熟した状態ではあるものの、最終的な状態でも、最終的な運命でもありません。自我のない状態とは、そのさらに先にあるゴールや本当の終点へと導くことが目的で、そのための乗り物なのです。ですから、まずは自我のない合一状態にならないと、より成熟した存在に遭遇することも、適切な生活を送ることもできません。本当の意味で神と融合した自己だけが、この世界あるいは一般社会において十分に、怖れなく生きることができます。本当の自己が持てる可能性を十分に発揮した時、その最終的な結果として自己を喪失することになります。自己である意識が喪失するのは、人間存在の可能性を十分に生きることで目的が達成され、使命を終えたからです。そうして人間は、最終的な聖なる定めへと進んでいきます。

繰り返しになりますが、無我の状態は旅の終わりでも最終的な到達地点でもありません。エゴセルフを越えた後も、自己である意識はまだまだ存在し続けます。旅が終わった時には自我と自己の違いを明確に理解しているはずですが、自己を喪失するのは無我の状態で神との合一を経験してからかなり時間が経ってからのことです。自我の喪失と自己の喪失は、まったく異なる別々の経験です。神と合一した状態で日常生活をし、何年も経ってから生じる究極的な完了が自己の喪失です。黙想者が記録した文献からわかったのは、自我の喪失、超越、停止あるいは変容という最初の目的地にしか触れていないということでした。それ以降の道程、つまり無我の合一状態の後にやって来る、自己や意識のすべてを喪失することについては書かれていないのです。二番目の出来事がないと旅の全容は明らかになりません。無我という大きな出来事についてはこれまでにも検討されてきましたが、道程の半分を終えただけですから、旅の中間地点に差し掛かるまでの地図を記録したにすぎません。全行程を把握するためには、自己や意識の本質を理解しなければなりませんが、そのためには自己の中心である自我の喪失と、本当の自己である聖なる中心の喪失を明確に区別する必要があるのです。それでは次に、自我の喪失とそれに伴う変容の過程、そして超越的な合一状態を終わらせる過程について見ていきます(2)。

自我

自我とは何かを説明するとしたら、自己意識が妨害されたり押さえ込まれたりした際に感じるもの、ということになります。心理的な痛みやかんしゃく、怒り、反撃、復讐、心配などの裏に潜んでいるのが自我で、心理的でスピリチュアルな苦しみの原因であると共に、不安定で未熟な精神状態をもたらすのが自我です。自我は欲しいものが得られない時に感じられる動きともいえ、抑えがたいほどの感覚を抱くこともあります。このように自我とは極端な経験であり感情です。その極端さゆえに、精神や意識全体のバランスを崩してしまうこともあります。自我はあくまでも感じる自己であり、知る自己は少なくとも主な要素ではありません。ただそこに物や美徳や良いものがあるというだけでは、必ずしもそれが欲しいとは思いませんが、これが欲しい、手に入れて所有したいと思うとたちまち自我が生じてきます。だとするなら、自我というのは自己意思の経験であるともいえ、その意志は自発的に生じ、目標や利益を達成しようとするものだということになります。不満を感じた時に生じる自我の力やエネルギーは、世界に悪さをすることもありますし、悪さをするのと同じ自我が世界に善良さを表現することもあります。仮に聖なるものこそが最高の善だと考えるなら、自我という力は聖なるものを追い求め、そのことが自我にとっては真実であり、適切で発展的な方向性だということになります。ですから、基本的に自我は好ましいものなのですが、自ら定めた最善に逆らう時に限って、間違ったものなのです。

人間の発達という観点からすると、自我は元来意識の中心です。「自我意識」とよばれる意識は、自己意思という中心的エネルギーを取り巻く自己で、つまりは意識の全体です。意識を丸い紙にたとえると、自我のエネルギーは円の中心に相当します。感じる自己から生じる「欲しい」「手に入れたい」という感覚は、この中心の経験です。自我による力と決意は幻想でも誤りでもなく、人間の経験の中でも最も強い裏づけのある経験ですから、過小評価すべきではありません。「そもそも自我の存在自体が間違いなのだ、本当の中心である神聖さを意識が認識できなかったために自我があるのだ」という人もいますが、正しい考えだとは思えません。私たちは自我による自己中心を持ちつつ、自我を通じて聖な

（2）キリスト教の文脈における「神との合一状態」には複数の意味が含まれていますが、聖なるものとのワンネスのすべてを指しているわけではなく、永続的でない状態も含むことがあります。「超越的合一」という言葉は、エゴセルフを喪失した直後の、いわばさなぎの段階を指し、繭の中では今まさに変容が起きている状態です。羽化して蝶になってからが永続的な「神秘的合一」です。この本で「合一状態」という場合は「神秘的合一」を指し、蝶が繭から出て死ぬまでの期間を意味します。芋虫は自我意識で生きていますが、蝶は合一意識で生きています。ワンネスを求めて一般社会を後にした芋虫は、蝶になるとまたそこへ戻っていくことから、合一状態を旅の過程に当てはめると一般社会で生きる期間がこれに当たります。ですから、「合一状態」という言葉が示すのは、変容の後、成熟した蝶が一般社会で生きる期間を指します。キリスト教でいう「結婚」「神秘的な結婚」は一時的な経験です。

るものの中心部を認識し、経験しているからです。誰でもそのことを知っているし、経験もしているはずです。意識の働きは望遠鏡のようなもので、意識の中心はちょうどファインダーのように機能し、超越的な聖なるものを垣間見ることができます。ファインダーをのぞき込むことで聖なるものや意識の中心に意識を向けることができるのです。聖なるものは遍在しており何かの中心ではないため、意識や自己という中心からしか聖なるものを見ることはできません。ここで考えていただきたいのは、もし、聖なるものが「内在」するもので、かつ「中心」だと考えるなら、何に内在し、何の中心なのでしょう。自分にそう問いかけてみたらきっと「自己である意識に内在し、自己である意識の中心である」という答えが得られるでしょう。自己である意識があるからこそ、そこに内在することができ、中心にもなれるのです。

意識の成長につれて内在する聖なるものを認識できるようになると、自我のエネルギーや自己意志が全力で聖なるものを追い求めるようになります。人間に備わっている真実を求めるエネルギーはこのエネルギーだけなのです。自我は聖なるものを隠したりしません。そして、少なくとも最初のうちは、自我が経験する聖なるものは感じる自己を通じた経験です。何歳頃というような目安はありませんが、子供は聖なるものを経験するのが得意です。内的な神性を経験する際、自我は障害になるどころか大きな助けとなっているのです。

意識の中心を見つけようとした場合、最大の手がかりとなるのは存在あるいは超自然的なものとして経験される内的な神性です。聖なるものは自我の中心点において姿を現すことが多いのですが、というのも聖なるものはそうすることで中心へと関心を引こうとするからです。中心において聖なるものが姿を現すと、内側の奥深くの意思である感じる自己は自己中心の方向へと向きを変え、自己中心でないものから離れていきます。こうして聖なるものは磁石のように関心を引き寄せ、意識が一定の方向に向くように促します。はじめのうちは、中心に気づき続けていることには精神的な努力を伴うかもしれないし、マインドフルネスのような慎重さを要するかもしれませんが、練習を重ねると中心にいることは難しくなくなり、この新たな認識が日常生活において機能する様子がわかるようになります。こうして聖なるものの経験は認識を変容させ、意識に決定的な変化をもたらします。

当初、自己認識は主に精神的なものであることから、聖なるものも精神面による認識のように思えるかもしれません。スピリチュアリティの探求を始める時、多くの人は常に聖なるものを心がけるよう努力するものですが、そのような理由によるのです。しばらくして旅が佳境に差し掛かると、本当の自己と聖なるものは精神的な認識などではないことに気づくようになり、本当の意味での認識はマインドの中心でするものでも、精神的なものでもないと学びとるのです。それでは認識は何が行うのか、どこでするのかというと、先に説明した逆三角形の下方に集まる中心点でするものだというのが答えです。感覚と意志、そして生命力はいかなる動きにも先んじる、感じる自己です。逆三角形の中心である感じる中心からそうしたものが生じ、それによって私たちは「存在」を経験します。存在の認識は反射的な思考に先んじているのですが、その思考は自己と聖なるものに関わるマインドから生じています。

どれほど多く喜びにあふれる聖なるものを経験しようと、一時的な経験から得られる満足が継続しないことは明らかです。私たちが欲しているのは、永久に続く聖なるものの認識であり、変わることのないワンネスと合一です。思考や記憶を担当するマインドには、その特徴と性質を考えればわかるように、私たちの望みを叶えてはくれません。不変の認識に至るためには、無意識の精神という自己の最深部に根づかせることが必要となり、自我の領域での合意だけでは不十分なのです。私たちが「する」のであれば、意識的な自己がそれをしています。意識的に聖なるものを経験し認識するのであれば、意識的な自己の側面だけによる経験であり認識です。自分のことはよくわかっているつもりでも、実のところわかっているのは意識の範囲の自己に限定されているのと同じです。不変のワンネスの意識がもたらされるのは、意識的な自己があらゆる活動を停止した時で、不変のワンネスには無意識の領域の聖なるものが伴います。つまり自分でできるのは自己を停止することだけなのです。聖なるものに主導権を委ねることがどうしても必要であることから、ある地点を越えると自分で何かすることはできません。未知の臨界点に達したり、意識的にできることをし尽した後には、聖なるものに導かれて意識の中の無意識の中心を突破することになります。そうして永続する認識を得るのです。

人生という旅を俯瞰する視点からこうした出来事を見てみると、自我とその自己中心意識を突破する前提として必要になるのは、確かなワンネスと聖なるものとの合一を十分に味わっていることです。多くの人はこの時点でずっと続く合一とワンネスを手に入れたと思ってしまうため、やがてその聖なる経験から突然転落するとひどく困惑し、何が起きているのか理解できません。なぜ聖なる経験が終わってしまったのかわからず、自我が失われたことにはずっと後になってやっと気づくのです。それまでは、自己中心という自我が聖なるものを経験していたために、自我を失うと聖なるものを経験することもできなくなってしまいます。聖なるものを経験する主体が取り除かれると、経験していた聖なるものも一緒に去ってしまうのです。とはいえ、この時点ではまだ最も深い中心部の自己を失ったわけではありませんから、自己中心もまだ失われてはいません。しかし仲介物なしに聖なるものに出会うためには自己中心も自我も失われなければならず、そうした仲介物を通じて出会う聖なるものは自己中心に潜在する神（聖なるもの）なのです。

無我（無自我）の体験

聖なるものが意識の中心を突破すると自我にひびが入り、中心に穴を開けようとします。

突破の様子をご理解いただくため、精神（意識）を丸い紙に喩えてみたいと思います。丸い紙の中心を自我とすると、突破が起きた後、自分の中心は何もない穴になってしまいます。自我あるいは自己中心はもうなく、聖なるものという空洞の穴になってしまったのです。空洞になった中心には、二つのものが同時に存在しています。自己の不在と聖なるものの存在です。自己中心はなくなってしまいましたから、あるのは聖なるものの中心だけです。この様子を視覚化するためにドーナツをイメージしてみると良いでしょう。意識である自己は、自らの空洞の中心を経験しているドーナツ本体です。意識である自己にはもはや自我が存在せず、意識に根本的な変化が起きたのは明らかです。恐らく事態がのみ込めるまでは大きな混乱が生じるでしょう。

このような変化あるいは大混乱は変容の過程だというのが大方の見方ですが、私は聖なるものの中心を迎え入れる準備だと思っています。意識が何か別のものに取って変わられるのではなくて、意識である自己という塊が永遠に失われることになるわけですが、その際、自己が減じて失われるに従って聖なるものが増していきます。自己である意識が変容して聖なるものに変わるのではありません。意識の本質を知っていれば、そのようなことは起き得ないとわかります。

この変化についてですが、自己の一部分がいつまでも居座って去っていかない場合に、問題が起こる可能性があります。自己は徐々に良い方向に進み、聖なるものに近づいているように思うかもしれません。ただ、実際は自己が減じるにつれて、あるいは完全に失われた後に聖なるものの割合が増していくことから、自己を神聖化してしまう自己が増長し、失望のうちに旅路が終わってしまいかねないのです。

聖なるものが意識の中心を突破するというと、素晴らしくて喜ばしいことだと思うかもしれませんが、実際には最悪の経験です。特に自己意志にとっては衝撃的で、あらゆる物事が根底から揺さぶられます。旅のこの時点までは、自己意志でありエネルギーの中心でもある感じる自己によってこの世界に存在するという感覚を得ていましたから、意識である自己の全体に影響が及ぶのです。ここで重要なのは、自己の中心が衝撃を受けて失われると、自我が経験していた聖なるものも一緒に失われることです。聖なるものを経験する自我はもう存在しません。ありとあらゆる立脚点が自己の根底から引き抜かれてしまい、自己が自己を立脚点として自分自身を見ることがもうできなくなってしまうのです。これ以降、自己はこの状況に適応し順応し、新たな立脚点となる存在の中心を手に入れるしかありません。

キリスト教の黙想者の視点から、この出来事について説明したいと思います。聖なるものが突然消失するように見えますが、聖なるものはもちろん消失などしていません。では何がなくなってしまったのでしょうか。旅のその時点に至るまで、聖なるものを経験していた「それ」がなくなってしまったのです。そのため、聖なるものの経験だけではなく、聖なるもの自体もなくなってしまったように思えるのです。十字架のヨハネが「魂の暗夜」と呼んでいるのは、このような出来事です。意識である自己が失われると聖なるものを喪失したように感じ、聖なるものを奪われたと思うのです。自我は最初から聖なるものと固く結びついていますが、それは自我にとって深い喜びであり、生命の感覚そのものですから、自我が失われると聖なるものや生命自体が失われたように感じるのです。黙想者にとって最大の関心事は自己や自我の喪失ではなくそれに伴う聖なるものの喪失なのですが、聖なるものがなくなってしまうことはもちろんありません。自我という聖なるものを経験していた精神の側面の一つが不在になるだけです。

自我という立脚点がないことには、聖なるものを認識することもできません。大きな空虚さと虚無のような感覚が生じますが、自分（自我）の立脚点から神聖さを探している限りなかなかそれは現れてはくれません。なぜそうなのか理解できない私たちは、あらゆる意識領域でもがき続けます。エネルギー、意志、欲望、感情のすべてが完全なる聖なるもの――右も左もわからないような暗い静寂の虚無――に屈服するまで、平和が訪れることはありません。私たちの内にあるこの空虚は、事実上私たち自身の不在ですから、自分自身を屈服させるのは簡単ではなく、深い信頼が必要になります。順応していく過程では人間としての限界を押し広げることは避けられず、この時点を過ぎると人生をコントロールすることはもはや叶わなくなり、慣れ親しんだ以前の状態に戻れなくなります。できるのは不平不満をいわず黙って困難に耐えることだけです。このような状況にある時には、私たちの存在の中心で穴が燃えているように感じることもあります。[3]

多くの困難を経てようやく虚無の底に到達すると、他に選択肢がないこともあって空虚の状態への順応が始まります。最終的に浮かび上がってくるのは、内的な暗闇、無、空虚こそが聖なる土台であること。つまり、そうしたものが意識である自己として現れてくるのです。こうして意識の根本的な変化に順応すると、聖なるものは何かの後ろに隠れているものではなくなり、目の前に姿を現します。私たちの内にあるものとして、存在の最も深い場所の中心として、そうでいながら私たち自身ではないものとして立ち現れるのです。無意識の自己はこの場所から、超越した次元、自らの延長のようにも思える聖なるものに向かって自らを開きます。それと同時に、自らの実存（existence）の最も深い経験は、聖なるものの実存の経験と同じであることがわかります。つまり生命、存在、実存の経験は聖なるものの経験そのものなのです。私の命と神の命という別々の経験はなく、生命と存在による一つの経験があるだけです。

（3）いうまでもありませんが、自我を喪失するのは精神的に劣っているからだとか、そのように考えるのは誤っているとする宗教には賛同できません。東洋の文献には魂の暗夜に相当する経験に関する記述は見つかりません。自己中心（自我）が根底から失われること、この状態に慣れる必要があることの大変さ、また変容の過程、いずれは聖なるものになる内的な空虚さへの恐怖などについての説明はないのです。

聖なるものという立脚点は、私たちだけでなくすべての実存の中心であり根源であることがわかるようになると、実存は聖なるものを通じて一つだということもまた理解できるようになります。すると、これまでに出会った唯一の自己、つまり本当の自己という新しい自己が現れてきます。私の経験からいうと、本当の自己は基本的にワンネスの全体感覚で、その感覚は聖なる中心を露呈します。本当の自己は自己の中心でも自我でもなく、聖なる中心を取り巻いている全体的な自己であり意識です。さらにもっと深い感覚についていうなら、本当の自己は聖なるものと一体である自己と意識の側面の一つです。本当の自己とは私たちの内の神秘的な未知で、それが聖なる未知に触れ、経験しています。意識についていうと、本当の自己とは知られざる無意識の自己で、それが聖なるものに触れ聖なるものを経験しています。意識をドーナツにたとえた時、本当の自己はドーナツ本体の一番内側の部分であるため聖なるものに触れてもいるし、空洞になった聖なるものの中心を経験することもできるのです。

　順応の過程が終わると、また別のことを学ぶ過程が始まります。条件づけに満ちた現れの自己を変容させるべく多くの時間を使ってきた方も多いかもしれませんが、この新しい自己は変わりようがありません。これまで変えようとしてきたのは、いつも自然に気づいている自己、つまり表面的で一時的な自己です。「本当の自己」とは聖なるものと一体の自己のことです。この地点から来た道を振り返ってみると、騙されたように感じたり、完壁になどなりようのないものを完璧にしようと無駄な時間とエネルギーを費やしてきたことがわかるでしょう。永続しない現象としての自己も、自我が失われることによって以前よりずっと良くなることは確かですが、それでも完璧さや永遠の生命を約束されているわけではありません。完全に静かな状態(これも言葉では表現しようのないことの一つです)では、どこを見ても現象の自己は見つかりません。

無我の体験をすると、ここまで見てきたように意識の構造や機能が変化する様子を検討する考える機会がもたらされます。私の知っている限り、その後すぐ、考えるマインドにアンノウイング《知らないこと》の雲のようなものが覆いかぶさります。十字架のヨハネが述べているように、こうしてマインドは放心状態になるのですが、すぐに明るい光に照らされたように感じ、神秘的な変化が生じます。そうなるとマインドは、以前のような方法で自分自身を認識する状態には戻りません。無我の出来事の直後に、今度は自我の喪失が起こるのです。それ以降、マインドがいくら注意深く自分自身をのぞき込もうとしても、聖なるものに出会えていた場所にはもう何もなく、あるのは暗い穴だけだということがわかります。ただ、この穴は自己の中心である自我の不在であるのと同時に、聖なる中心の存在でもあります。空洞の中心は意識でも自己でも自我でもなく、聖なるものです。この穴が経験するのは、意識である自己の中心の不在です。自己である意識は聖なるものを経験しますが、それ自身が聖なるものであるわけではありません。中には空洞になった中心を「本当の自己」だと考え、「本当の自己とは自己の不在である」、つまり本当の自己は無我の自分であり、本当の自己とは自己の聖なる中心だと考える人もいます。当然のことながら、自己である意識はこの時点ではまだ残っています。失ったのは自己の中心としての自我であり、失われる前には自己といえばそれしか知らなかった自己のことです。意識の中心が開くことは、意識の底に到達することに似ていますが、意識の底に到達したからといって自我以外の意識あるいは自己を排除することにはなりません。ただ、これまでにはなかった領域の認識を得て、新たな意識の次元を獲得するのです。宗教や文化によっても違いがありますが、この新たな意識を神意識と呼んだり、神秘的な合一とすることもあります。

こうして意識が飛躍を遂げた場合も、マインドの反射メカニズムが変化するわけではありません。変化するのは自己の中心（自我）を反射するのではなく、代わりに聖なるものの中心、つまり虚無または空虚な自己の中心を反射するようになるという点だけです。もうお気づきでしょうが、無意識の自己や聖なるものの認識をもたらすのは反射というマインドの働きに他なりません。この働きこそ自己である意識なのですから、自己認識はその後も継続するのです。ただ無意識のうちに自己を認識するのではなく、無意識のうちに神を認識するようになります。中心の空洞には聖なるものがあるため、それが可能になりました。反射メカニズムは以前と同じままですが、意識の中心部分には変化がありました。この変化は意識である自己全体に影響を与えるものの、どこかへ去ってしまうわけではありません。この機能が働いている限り「本当の自己」について検討することはまだできないのです。

こうして、マインドは空洞になった未知の中心を反射することになります。こうして根本的に、しかもほとんど強制的に、これまでとは異なるノウイング《知っていること》の次元に適応せざるを得なくなります。馴れ親しんだ自己中心や聖なるものを反射するのではなく、何一つ知っていることのない空っぽの中心と聖なるものを反射するのです。マインドが無意識のうちに自身の内の空洞を認識することは、「第三の目《サードアイ》」としても知られているアンノウイング《知らないこと》の雲によってもたらされる「何も見ない」という現象です。マインドが聖なるものを見ようとしても、見るべきものはそこにありません。しかし、何もないことが聖なるものなのだとわかると「知らないこと」が「真実の知」になります。マインドが無を見る現象は、最初のうちはマインドの通常の機能を減じていきますが、境界線を越えてエクスタシーに変わることもあります。心理学的にいうと、第三の目は痛みを伴う不快な経験にもなり得ますし、しかも何年も続くこともあるため、深い領域から旅を完了させることを諦めてしまう場合すらあります。何年もかかる可能性があるとはいっても、いったん慣れてしまえばこの現象がトラブルを引き起こすことはなく、ほとんど気にならなくなるのは良いニュースといえるでしょう。第三の目という経験は反射的な意識としての知る自己が、自らの内にある空洞の中心を見つめることに適応するための過程です。無を見つめているうちに、やがて聖なるものを見つめていることに気づくのです。こうしてマインドは「ノウイング《知っていること》」の新たな次元、つまり「アンノウイング《知らないこと》」（不可知）に順応していきます。

この新たな状態について話を続けましょう。無意識に反射する領域から意識が変化すると、聖なるものにも気づかなくなることがあります。新たな状態に到達するということは、常に聖なるものと共に存在することだと思うかもしれませんが、その考えは正しくないなく、必要でもなく、可能ですらありません。聖なるものの認識は、反射的な、記憶や思考を司るマインドとはまた別の領域での経験として継続します。その一方で、今お話ししているのは「生命」「存在」を感じる領域でしか経験し得ない特有の経験についてです。自己の中心が聖なるものの中心に変化すると、生命と存在という深奥の経験もまた聖なるものの経験となり、聖なるものの生命と存在を経験するようになります。この中心の外側はすべて表面的で、見かけ倒しで、永続することのない何かです。もし聖なる中心の外側に何かあるとすれば、それは自己である意識です。もし自己を二つの側面に分けるとすれば、聖なる中心は「本当の自己」あるいは「高次の自己」、中心の外側にある自己は「低次の自己」あるいは「条件づけのある自己」「現象の自己」ということになります。このように分けるとコミュニケーションする上では便利なのですが、本質を表しているとはいえません。意識の本当の中心は自己ではないからです。丸い紙の中心に空いた穴を思い出していただくとわかるように、中心部分は紙ではないのです。つまり、自己である意識の中心にある聖なるものは、自己や意識でできているのではありません。自己とは聖なる中心を認識する側のことを指しており、認識される側ではありませんから、自己や意識は聖なるものの中心ではありません。ただ、何かの中心が存在するためには、同時にその周辺も存在しなければなりません。中心は周りを認識し、周りの部分は中心を認識するのです。ですから、中心を取り除いてしまうと、その周辺も存在できなくなってしまいます。合一状態において、聖なるものは自己である意識の中心ですから、周辺部分にあたる意識もまた存在するのですが、自己と聖なるもののどちらを取り除いても、両方が同時に消えてしまうのです。

ここで仮に、意識に生じた大きな変化や、自我が失われることによって実際に起きたことに一つひとつ指を差して確認すると仮定します。この時、私が指を差しているのは感じる自己、特に自己意識や自己存在の経験です。聖なるものが意識の中心を突破した後は、自己意志という特別なエネルギーを持つこの力が働くことはもうありません。聖パウロが「やりたいことはできない一方、やりたくないことはしなければならない」と訴えたように、この状態は当初、まるで自己意志が停止し、これまでの努力が水の泡になってしまったように感じます。自分で自分の面倒を見ることもできず、そのような力がなくなってしまったような感覚に打ちひしがれるのです。しかし、起きているのは本当にそのようなことなのでしょうか。自己意志というエネルギーは何かを強く求め、執着し、手に入れようとし、つながりを持とうとしますが、そうしたエネルギーはもうありません。聖なるものが無意識へと突き進んだために膨大な心理的エネルギーが解放され、自分で掌握できなくなってしまったのです。もし自分で掌握できるなら注意が必要です。探しているのはエネルギーのない中心、穏やかで静寂で平和な中心です。経験によって生じるエネルギーをすべて、この内なる静寂と空虚さへと渡してしまわなければならないのです。自我の喪失に伴う問題は、意志やエネルギーと、感じる自己において生じるのです。

キリスト教徒は「聖なるものとの一体化は意思（聖なる意志と共にある自己意志）との一体化であり一致である」という洞察を得、体験もしています。意識であるエネルギーや力、あるいは意志が聖なる力や意志と一体化するというのは真実で、この聖なる力を基盤として自己や意識である私たちが創造され、存在し、さらには聖なるものへと戻っていきます。自我の喪失はこのような旅の中では特に大きな出来事で、それ以降自己である意識は聖なるものに逆らう動きをしなくなりますし、進むべき方向に逆らうようにして進むようなこともまたなくなります。合一状態では、自分の意志がないというのは本当のことです（聖なるものに逆行するような、聖なるものと分離した意志や自己意志はないという意味です）。旅路をどんどん歩くうち、そのようなことが可能になる様子を度々目撃するようになり、その度に驚嘆させられるでしょう。自分で何かをすることで合一がもたらされるのではありません。聖なるものは、聖なるものとは相いれない自己意志というエネルギし、つまり自我を解消するために無意識の領域に侵入していき、その結果として合一がもたらされるのです。

繰り返しになりますが、自我中心を喪失するのは自我が悪いものだからではありません。自我は自分から聖なるものに取りついて、与えるものが何もなくなるまで与え尽します。自我が与え尽すということは聖なるものがすべてを受け取ることを意味しますが、自我は与えようと思っていなかったもの、つまりそれ自身まで聖なるものに与えてしまうのです。自己中心を喪失する理由は他にもあります。いかに優れた美点も聖なるものには遠く及ばないことです。自己中心がそこにある限りは、自らを自分の手に取り返して最高の善や聖なるものには及ばないもので満足することも可能ですが、いったん喪失した自己中心は取り戻せませんし、過程を逆戻しすることもできません。そうなると、別の道を一度は選択し、その後再び聖なるものの道へと戻るというようなことは可能ですらなります。合一状態の目的とその役割は、後戻りのない継続する合一とワンネスと、聖なるものへの確証を得ることです。聖なるものへの揺るぎない信頼は人間の自由の中核となって、人間という状態を冒険する勇気や、怖れることなく生きるための基盤となるのです。自我を基盤として生きている限りこのような信頼感を得ることはできないでしょう。

この地点から振り返ってみると、自我という表面的な意識だけで生きることがいかに未熟なのかがわかります。当然このような状態になる前はそのように認識することはできません。自我を喪失するまで、自我あるいは自我による意識を認識することはできないのです。私が何を話しているのか自我を喪失してみるまでわからないのであれば、今から自我についてあれこれ話すことには意味がないといえるかもしれません。「本当の自己」についても同じです。それを生きるようになるまで、本当の自己がどのようなものなのかはわかりません。本当の自己（無意識の自己）の本質と聖なるものとのワンネスは、自我を喪失した後に振り返って始めて明らかになるのです。

変容を越えて：道なき道

新たに獲得した意識に慣れてくると、旅路はさらに展開していきます。変化を越えてどんどん進むと、自我と共に生活していた頃の記憶が薄れていきます。合一状態が当たり前になり、生活の前提として馴染んでくると、当初はまだ残っていた比較すること、つまり自我に基づいてものごとを経験することが遠ざかっていきます。自我がないと、自我に基づく感情やノウイング《知っていること》を思い出せなくなっていき、やがてまったく思い出せなくなります。合一が起きた当初、それはとても神秘的で超越的なことに思えますが、慣れてくるとこれ以上に自然なことなどあるのだろうかと感じるようになります。最初はとてもすばらしく、神秘的に思えた意識の状態は、日常の当たり前のことになっていきます。

新たな意識が当たり前になると、特にすばらしいと感じることもなくなり、それ以前の意識である自己と比較してみた時にだけ、より成熟した領域に到達したということがわかります。何年も後になって変容の過程の全体を振り返ると、合一は特別なことはなく、誰でも経験しているごく一般的な過程だということがわかります。人間は誰でも成熟への過程をたどっています。いにしえの神秘主義者たちはこうした意識の変容を超越的な恩恵だと考えていましたが、実は誰もが通る進化の道だったのです。にもかかわらず、変容を経験すると何か普通ではない、高い次元の神秘的な出来事だと考えてしまうことが往々にしてあります。確かに、聖なるものがなければこのようなことはそもそも起きないだろうし、変容を乗り切ることもできないかもしれません。しかし、そう考えるのは自我の意識であり、合一した意識からすれば当然です。ここで「サムサーラ（輪廻）とはニルヴァーナ(涅槃《ねはん》)であり、ニルヴァーナとはサムサーラである」というブッダの言葉を思い出しました。これまで自我の意識が当たり前だったように、今は合一した意識が当たり前である、という意味です。自我の意識からすると、合一した意識は超越的で神秘的な至福のように見えますが、いったんそこに到達すれば当たり前になります。ただし二つの意識の間には大きな隔たりがあるのも確かです。人間存在が成熟しているか未熟なままかという違いは意識にも違いをもたらし、ひいては生き方や世界における在り方にも影響します。

変容を経験し自我がなく合一した意識に到達することは、ごく普通のことである点を改めて強調しておきたいと思います。西洋の宗教的伝統には、合一した状態、あるいは超越的な神意識に到達した人物への畏敬の念はありません。高潔さや気高さは意識の状態ではなく、無条件の思いやり（愛）や寛容として表現されると考えるからです。自己の中心がない時、寛容や思いやりは自然に表現されますから、それをもって合一状態の証とするのです。合一状態にありながら自分を第一に考えることはできません。その必要性もエネルギーも存在しないからです。自分を優先するなどしたくてもできないでしょう。そう試みたところでできないことがわかるでしょう。

合一状態は、合一が終わることではありません。合一状態の目的は本来的な人間の実存を生きることにあります。それによって成熟した生き方をし、もっとすばらしい結末あるいは運命へと導かれていくのです。合一状態を当然のこととした上で日常生活を十全に生きるまで、そのような結末が待っていることなど知る由もありません（せいぜいちらっと垣間見るくらいでしょうか）。日常生活の意味は、神秘的ではないごくありふれた普段の生活を送るというだけでなく、周囲の人々ともこれまで通りつき合うことです。合一状態では、自らの内にある聖なるものを他の人々の中にも見るようになるため、どちらが優れているといった考えを持つことはなくなります。現象の自己はいずれなくなってしまうことは、誰でも知っているのです。もし優劣を主張するようなら、本物の合一ではない証拠です。日常生活に戻った後、自分の利益のために何かを主張したり、誰かに認めてもらいたいと思うことはもうありません。結局のところ、他の誰かとまったく同じようにこの神秘的な経験をする人はいないのです。

合一状態から日常を生き、最終的な終着点に到着するまでの変容の過程では、エクスタシーと激しい苦痛の両方があること、そして新たな状態の栄光と自我の状態と比較して、どちらが優れているか感じるものだと耳にしたことがあるかもしれません。いずれにせよ、日常生活を経ないことにはバランスが取れず、変容の目的や合一状態の終わりについて十分に理解することはできません。合一状態は一つの過程の終わりではあるものの、人間存在にとっての最終的なゴールではありません。日常生活に戻ればきっとそう考えるようになるでしょう。合一状態に至る目的は、最も成熟した状態から人間を愛せるようになることです。自己の中心からではなく、聖なるものの中心から生きることだともいえます。もし、死の先に何もないなら、成熟した人間としての終着点は死なのかもしれませんが、本当のゴールは人間の経験を余すところなく生ききることです。より成熟した状態で日常を過ごすという試練を経験することなくして、旅の本当の終わりへと進むことはできません。終わりというのはもちろん自己経験のすべて、つまり自己の意識のすべてを終わらせることですが、成熟して自我のない合一状態にならないことには、そのような可能性は見えてきません。日常生活は、最終的な終着点への準備でもあるのです。

これまで、自我のない状態こそが旅の終わりだと誤解されてきましたが、それにはいくつかの理由があります。これ以上は進む先がないように思える聖なる中心が明らかになると、本当の自己が終了し、何かが始まるという確かな感覚を得ることができます。終わるのは自我から生きることで、始まるのは合一状態です。この地点では、世界の中にはこれ以上手に入れるべきものは見当たりません。聖なるものと共にあること以外に欲しいものはなく、聖なるものを手に入れた今、すべてを持っているのです。自由への帰還です。一体それから何をすればいいのでしょう。目の前に続く道は、自我なく完全な合一を生きることだけです。合一状態の始まりから終わりまでの間には、すべきことがたくさんあります。聖なる中心が始めて明らかになってからそれを喪失するまで、旅にはいくつもの段階があるのですが、そのことについて記した文献は一度も目にしたことがありません。人間存在としての究極的な状態を生き、最終的な終わりに至るまでの記録がないので、終わりがあるのかどうかもわからないのです。とにかく生き、終わりを迎えるしか見極める方法はありません。

旅の段階について説明するため、芋虫がさなぎになり、繭から出て蝶になる様子に喩えたいと思います。蝶になると、それまでとはまったく違う状態に変化し、風のように自由だということがわかりますが、これから先どうなるのかはわかりません。さなぎになるまでには決まった道すじというものがありましたが、蝶になってみると、安全な決まった道はもうないのです。さて、これからどうすれば良いでしょう？　蝶として生きた経験はもちろんなく、蝶になる前に知っていたのは芋虫としての人生と、芋虫として変化を経験することだけでした。蝶になるまでの間に何が起きるのかはもう知っていますが、蝶になってからの人生がどのようなものかについては何ひとつわかりません。蝶という新たな状態で日常を生きてみるまで、知っているのはどうやって蝶になったのかだけであり、蝶として生きるとはどういうことか、まったくわからないのです。蝶として生き死ぬまでは、蝶の人生がどのようなものかわかるはずがありません。自我のない状態についても同じです。自我のない合一状態で日常生活を過ごし死ぬまで、その全容はわかりません。死ぬ時まで、つまり合一状態を失うまでが本当の「無我の経験」です。合一状態に到達した者だけに、その先へ進む道が示されるのですが、その道はふだんの生活と何ら変わらず、特別なものでもありません。

それでは、合一状態に慣れた後はどうなるのでしょうか。まず、意識の中心は後戻りすることなく、永続的に聖なる存在（devine being）になります。聖なる存在は聖なる存在自身とも、聖なるもの（the divine）とも一体ですから、聖なるものそのものだということになりますし、存在とも一つです。真実の知る自己と感じる自己は統合され、精神（psyche）の自己つまり主観的な自己は深い洞察の領域において一つのまとまった全体となって安定します。変容の前はこのようなことは不可能です。こうしてついに本当の意味で自分自身となり、バランスがとれ、成熟した人間になる準備が整います。本物の人生を生きることができるようになるのは、この時が初めてです。それまでは、至福と恍惚という変容の過程を礼賛し重要視していましたが、安定した精神の方がより重要であることがわかるのです。健康的な生活を実現することは、至福に包まれた生活より価値があります。現代を生きる私たちが自我を超越し、目覚めへと進む際に目指すべきは、このような状態です。

聖なる源という存在の前提が明らかになると、聖なるものの経験は深い生命の経験と何ら変わらなくなります。「聖なるものとは、最も深いところからの生命や存在の経験である」という真実を理解するのです。本当の意味での自己認識と、聖なるものの認識は実は同じものなのです。「存在」は恐らく合一の経験におけるキーワードでしょう。何年か前キリスト降臨について実存哲学の見地から学んだことがあるのですが、その時に感じたのは、私たちが思っているよりも多くの人が、成熟した意識状態に到達したり、純粋な存在を経験する可能性があることでした。実存主義者は神秘主義者でも黙想者でもありませんが、彼らは宗教的に、そして経験的に存在を理解していました。このことは、現代人の意識の変化と進化について、そして超越状態に一つの見識を与えてくれました。超越的な経験は神秘主義者だけのものではなく、哲学的には誰にでも起こり得るのです。今お話ししているような道程を実際に経験した人、実存的跳躍を遂げた人の数を、少なく見積もりすぎているかもしれないのです。自我を超越し、変容の試練を乗り越えて成熟した人間存在となり、本当の存在を理解している人は、実はたくさんいるのかもしれません。

重要な転換点

合一への旅は、内へ内へと向かう旅でもあります。合一状態に到達すると、内に向かう動きも終わりを迎えます。聖なるものといってもいいし、最も内側にある存在の中心といってもいいですが、いずれにせよ私たちはそこを越えることができません。最深部より先に進むことはできないのです。もし、もっと深い部分への移動が可能であるとか、さらなる深みを理解できるのではないかと感じるなら、合一状態には到達していません。聖なるものは私たちが経験する最も深い地点であり、そこではいかなる動きも不可能であるために、あらゆる動きがそこで終わるのです。

最も深い聖なるものの中心を越えていくことはできないというこの事実が示しているのは、内に向かう垂直方向の中心には意識が引いた境界線があるということです。聖なるものは無限で境界などありませんが、私自身の経験に照らしてみると、聖なるものの中心には境界があり、その境界が意識なのです。「最も深い」「最深部」「中心の中心」といった言葉は、意識には越えることのできない境界があることを表しています。聖なる中心を越えることはできないのです。私たちの意識は聖なるものの一部しか経験できないという事実に向き合わざるを得ないのです。なぜそうかといえば、単純な事実として意識は聖なるものそのものではないからです。だとするなら、合一状態や超越的な状態には限りなどなく、境界もないというのは誤りだということになります。合一状態で注目すべきは、合一によってどのくらい境界線を押し広げることができたか、人間としての限界をどのくらい拡大できたかということなのです。合一状態で日常生活を生きてみるまでは、どこに限界があるのかはわかりません。どのような限界にせよ、それを押し広げる事態に直面してみないことには、そもそもどこに限界があるのかもわからず、何が限界なのかもわからないのです。

最も深い聖なるものの中心に行き当たり、本当の自己が現れること以外にも、変容の過程が終了し蝶が飛び立つ準備ができたと確認する方法があります。エクスタシーを含め、いかなる経験も、新たな経験として追加されることはもうないことです。変容の過程では役に立った経験や実践はもはや不要となり、それによって変化が促されたり、さらに深い中心部へと導かれることがなくなるのです。蝶になった時にわかるのは、今回の人生で到達し得る最も遠いところまで来たということで、そこに疑いの余地はなく、ためらいもありません。その時にあるのは、この新しい人生をどう生きていくか、ただそれだけです。蝶は過去を過去にし、未知へと飛び立つ勇気と怖れのなさを携えています。あらゆる物事に奉仕するという大きな挑戦と共に人生を生き、挑戦していくことに何の怖れも抱いていないのです。このような勇気がなく、リスクを取ることができないなら、まだ蝶になりきっていないのです。安全な場所から動こうとしていないのですから。仏教はこのことを「彼岸に到達したら、拠り所はもう必要ない」と表現しています。拠り所とは、これまでの経験であり、古い生活から新しい生活への移行、つまり自我の状態から合一状態への移行の過程ですが、そうしたものはもう必要ありません。合一状態では、これまで拠り所としていたものによって新しい何かが追加されることはありません。拠り所にしがみついていたら前進できないのです。

人生の拠り所を手放すとはどういうことか、ここでお話ししておきたいと思います。海の中で高価な真珠を見つけたら、辺りを探し回る必要はもうなく、それまで大事にしていた様々な道具や地図は不要になります。静寂、孤独、瞑想、インスピレーションを与えてくれる本などが道具や地図に当たります。人生を生きることが終わるわけではありませんが、少なくとも部分的には終わるといえるかもしれません。私が信仰するキリスト教の宗派は、ユーカリスト（本来的な意味でのキリストの存在）が何かを指しているわけではありません。このような考え自体が終息し、真実が現れることを意味しているのです。こうありたいと心から願っていた状態が永続すること、ということもできます。施しや慈悲は実践すべき事柄ではなくなり、存在の最も深い中心から自動的に、自発的にわき上がるようになります。聖なるものと共にあるため、静寂や孤独を必要とすることもありません。

それが日常になるのです。それまで行ってきたことを意識的に手放すのではなく、真珠が手に入れば自然と探さなくなるのと同じです。その時にすることといえば、見つけたものを他の人と分かち合うことなのです。

今この話をするのは、「わかった人」は宗教を信仰しなくなると誤解している人がいるからです。信仰する宗教の究極の真実を理解したなら、もう信仰するのをやめる必要などありません。真実を理解したら、手放すのではなく真実を生き、誰かと分かち合いたいと思うはずです。捨ててしまうことなどできません。もし諦めたり、捨てることができるなら、それは究極の真実ではなかったのです。拠り所にしていたのは向こう岸へ渡ることを助けてくれた道具や、内的な計画だったとして、それらを手放すことが意味しているのは、手助けも防衛の手段ももう必要ないとわかったということなのです。「彼岸」(聖なる中心)にたどり着くことは、すべてを手に入れることです。そうなれば、もうそれ以上に何かを必要とすることはありません。

合一の状態の始まりから終わりまでの間には、彼岸に到達するため、未知という大河を渡る必要性が出てきます。しかしそのことに気づいている人はほとんどいません。向こう岸へ渡ろうとする場合、拠り所を後にするか、そこに留まるか、どちらかを選ぶことができますが、選択するためには大きな転換点をもたらす悟りが必要です。悟りがあるかないかによって、蝶は木の枝に留まって残りの人生をそのまま過ごすか、あるいは道なき道を進み日常生活へと戻っていくかが決まります。

それでは、その悟りについてお話しすることにしましょう。自らの内へ向かう旅が終わり新しい生活が始まると、悟りの経験が生じます。その経験から洞察を得ても合一状態に影響はありませんが、合一状態をも越えた最終的な神聖さ（至福、天国ということもできますが、言葉では表せません）を垣間見るかもしれません。ただその場合、ちょうど太陽の中ではロウソクも溶けてしまうように、合一状態も打ち消されてしまいます。現在地からは、そのような最終的な段階は地上での経験と両立するとはとても思えません。合一状態は超越的ではあるものの不変ではなく、この人生に限定されていますが、最終段階では自己感覚はいうに及ばず、合一も神意識も超えています。そのような天国の状態が永続することは、究極的には死を意味するとも考えられます。とはいえ、最終段階に至るとすぐ死んでしまう運命にあるのかといえば、そうとも思えません。だとするなら、合一状態を今ここで適切に表現するにはどうすれば良いかという考えに思い至ります。

このような経験の後にも、さらなる悟りが生じます。もし、死ぬことでしか合一状態を越えることはできず、と同時に今すぐに死ぬわけではないのであれば、現象の自己を広い心をもって受け入れ、条件づけのある経験や、その条件を慎重に見返してみる必要性を感じるでしょう。こうして、神の望む通り、存分に人間という状態を生きようという決意が生まれます。また限界のある人間という状態で合一状態を生きるという選択には大きな犠牲を伴うことや、至福そして天国の経験を失うことも覚悟しなければなりません。合一の人生を生きるために喪失を覚悟しなければならないのはなぜでしょう。いくつか理由が思い浮かびます。

まず、合一状態は去ってはまた戻ってくる一時的なものですから、地上における天国の状態は永遠ではないと考えてしまいがちです。先ほど述べたように、最終段階において合一状態は打ち消されてしまうため、二つの状態は両立しないといえます。天国の状態は合一を上回るのです。このような経験は、地上における様々な事柄とは反対の方向へと私たちを引き寄せるため、精神を活性化するどころかばらばらにしてしまいます。この経験をさらに推し進めるか、それとも放棄して立ち去るかという選択に迫られるのです。選択は自分でしなければなりません。

また、この経験が合一状態を深めることはないため、スピリチュアルな人生を送りたいという欲求にも応えてくれません。どうしても必要というわけではなく、手に入れたいわけでもないのなら、しがみつく必要はないと思うかもしれません。何より注意が必要なのは、神への奉仕ではなく自分への奉仕になってしまわないようにすることです。「経験」をするには遠くまで来すぎてしまったのです。合一状態は確かにすばらしいものですが、超越的な至福を経験することではなく、より良く生きることにこそ、合一状態の意味があるのです。

合一状態を手放して日常生活に戻る選択をする場合、鍵となるのは合一状態において生じる大きな愛と寛容です。この愛は自己の中にとどめておくには大きすぎるため、外に向かって流れ出し、人間存在のみならずすべてを抱合していきます。一時的な至福による喜びには、それだけのエネルギーはありません。この偉大な愛は、地上の聖なるものを人々にはっきりと示すため、天国を後回しにします。リジューの聖テレーズは臨終に際し「私は地上に善を為すために天国での時を過ごしましょう」という言葉を残しましたが、天国の喜びを味わう代わりに、地上で善きことを行う選択をしたといっているのです。このような選択に迫られるのは、旅がこの段階に差し掛かった時であることをもう一度述べておきたいと思います。目の前にそのような選択肢が現れた時、手放すという選択肢もあることを覚えておいていただきたいと思います。

以上のことから、転換点というのは天国の経験と人間の状態のどちらを受け入れるかの選択だということがおわかりいただけたと思います。誰にでも当てはまることではありませんが、キリスト教徒であればキリスト自身がどのような選択をしたのかが大いに参考になるでしょう。キリストはふつうの人間というものを味わうため、自らの神性をあえて遠ざけ、条件つきの自己という一時的な意識を引き受けました。天国より人類を選択したのです。こうしてキリストは至上の天国という元の状態を私たちに示し、私たちをそこへと連れ帰ろうとしました。キリストが神性を喪失して人間の状態を受け入れたことを考えると、キリスト教徒はキリストの足跡に従って一般社会を経験しながら無自己を生きるという選択をするのが自然ではないかと思うのですが、いかがでしょうか。地上での使命が完了すれば聖なるものによって天に連れ戻されることをキリストは知っていましたから、それまでの間すべてを与えることにしたのです。

私は仏教徒ではありませんから、仏教徒が経験する道すじについては語れませんが、少なくとも大乗仏教の伝統にはキリスト教徒と似た転換点が訪れるように思います。仏教の実践者は、自己の非永続性を見切り、認識した時に悟りを得た本物の菩薩《ぼさつ》になります。重要なのは、自我の自己だけではなく、悟りを得た菩薩の状態をも永遠ではない自己に含めている点です。自己の非永続性を見切ったことを転換点として、仏教徒はニルヴァーナを遠ざけ、慈悲という豊かさを携えて意識を持つあらゆる存在の救済に向かうのです。出かけていく先はもちろん全ての生命であり、外へ向かう動きとして、自己のないところから与えます。蝶は芋虫に戻れないように、この合一状態を喪失することはありません。外へと向かう動きは前進なのですが、喜びに満ちた至高のニルヴァーナに背を向けなければならず、それによって悟りが深まるというようなこともないのです。この世界に存在する限り、一時的な超越体験を得ることより、愛と受容を表現することの方がずっと偉大です。また、そうしないことには世界を見ることも知ることもできません。

転換点というのは、旅の行程が方向を変える動きだということもできます。最初は内へと向かうこの動きがあり、内にある聖なる中心に到達すると、そこから先へは行くことはできないために向きを変えて、今度は外側へと向かっていくのです。外に向かって広がることは、聖なる愛と、聖なるものに対する私たちの愛を拡大することです。内へ向かう旅には終わりがあることや、ある地点に差し掛かると心理的にも霊的にも外へと向かうようになると理解している人はほとんどいません。ただし、機が熟す前に外に向かったり、一般社会に戻るべきではありません。もしそのようになれば、盲目の人が盲目の人の手を取って道案内することになってしまいます。転換点にははっきりとわかる目印がありますから、間違いなく到達したとわかります。その時に迷いはありません。この転換点は非常に重要なマイルストーンで、ここを通過しないと先へ進むことはできず、地上で合一状態を完了することはできないでしょう。本当の自己（自我のない自己）が合一した生を十全に生ききらない限り、地上にいる間に自己である意識が終わることはありません。つまり、さらに先にある終末へと私たちを導くためにこのような転換点があるのであって、終末とは自己と聖なるものの死を意味しています。キリスト教徒はそれを「キリスト自身の死」と表現します。ここまで重要な転換点と関連する動きについて、さらには転換点の後に何が起きるかお話ししてきました。簡単にまとめるとすれば、合一状態でさえ永遠ではないという理解が転換点となること、合一状態が死の中へと落ちていくまで、今ここを怖れることなく生きていかなければならないと申し上げておきたいと思います。

合一した自己を喪失することについてお伝えする前に、蝶の喩えを思い出してください。繭という安全な状態を後にして、蝶は眼前の道なき道へと乗り出します。自我のない自己とはどのようなものかは後から振り返るまでわかりませんし、「本当の自己」が何を指すのかも、この時点ではまだわかりません。この時点でわかっているのは、自己が聖なるものと共にあることと、それこそ自己の最も深い本質だということだけなのです。自己と自己の中枢は未知であり、聖なるものもまた神秘的で未知であることを考えると、合一状態とは二つの未知の結合ともいえます。起きてくることや永続しない自己についてよく知っている反面、意識についてはまだよくわからない面もあり、よくわからないのは聖なるものと共にある側面です。合一状態で日常を送るうち、最終的な自己である意識の本質が徐々に現れ、最終的にははっきりします。転換点を越えると、未知だった本当の自己は以前よりはっきりと見えてきます。

転換点を越えて：本当の自己の正体

既にお話しした通り、合一状態でも非永続的な現象の自己はまだ残っていますが、自己の経験は自我の状態での経験とは大きく異なっています。その違いを説明するため、もう一度、自己である意識を丸い紙に喩えたいと思います。紙の一番外側の端は、外部からの情報に相当し、そこで何らかの反応が生じて中心へと向かいます。自我の状態では他に行き場がなく、反応は立ち往生します。合一状態では自我の中心が存在せず、紙の中心には穴が開いています。それが聖なるものです。そのため、反応が中心の空洞に到達すると、それ以上向かうべき場所がないためにそこで停止します。動きが停止した地点は意識の境界線で、あらゆる反応はここで聖なるものの空洞に出会って溶解するか、無に帰すのです。様々な出来事や、環境に対して生じた感情的な反応が境界線を越えることはありません。そこは意識である自己の突端であり、自己や意識が聖なるものという空洞に出会う場所だからです。

自我の中心がある場合、意識は極端から極端に振れることがありますが、意識が聖なるものに出会う地点は空洞であるために意識は安定します。感情的な反応が内に向かうと空洞に突き当たり、穴に落ちて消えてしまうからです。ただし、このような地点を経験できるほどに深い反応は、実際はほとんどありません。自我のある状態では、極端な経験をすることによって心理的苦痛を感じることのないよう自らを防衛しているからです。合一状態の中心は空洞で、苦痛を感じることへの怖れはありませんし、深い感情が聖なるものの中心で溶解することを経験できるような問題をむしろ歓迎します。そのような経験ができるような問題がない場合、自分から探しにいくことさえあります。合一状態では、自己が経験する苦悩は聖なるものへと流れ込み、溶けてしまうことがわかっていますから、感情的な防御もありません。感情の溶解という経験はそれ自体が喜びで、奇跡のように感じることもあります。

私たちが知っている自己は表面的な現象の自己だけですし、合一状態で認識し経験する自己もそれと同じ自己です。つまり、現象の自己は聖なるものや空洞の中心以外のすべてだといえます。一方の「本当の自己」は、聖なるものや現象の自己と未知のつながりをもっています。現象の自己の経験は聖なるものから生じるのではありませんが、一方で本物の自己や本物の意識の未知の側面は聖なるものとつながっているため、聖なるものと現象の自己との中間地点にあります。本当の自己が存在すること、それが聖なるものと共にあることはわかっていますが、その本性や本質、そして実際にどのようなものなのかについてはわかりません。わかっているのはそれが「それ」であるということだけなのです。穴の開いた紙に喩えるなら、本当の自己は無意識が聖なるものに触れる内的な境界で、いうなれば意識へと漂ってくる聖なるものの大気のようなものです。私個人は合一の中心を消えることのない灯として、あるいは身を焦がすような愛の灯として経験しています。しかし未知の本当の自己のエッセンスがどのようなものだったにせよ、それが現象の自己へと浮かび上ってくるのは誰にでもわかります。未知の自己の本質は合一状態における神秘です。聖なるものも現象の自己も神秘ではないことは経験上明らかです。聖なるものは不動で、現象の自己に生じたりはしませんが、未知の本当の自己からは絶え間なく現象の自己が浮かび上がってきています。

次に、聖なるものと本当の自己の違いについて考えてみたいと思います。合一状態を越えていく際、大きな障害となっているのは、経験に伴って生じるエネルギーを自己ではなく聖なるものだと考える誘惑に駆られることです。これまでにお話ししてきた通り、エネルギーを経験するのは意識で、合一状態にあってもエネルギーや感情を経験することに変わりはありません。ただし、合一状態で経験するエネルギーは無意識の自己から生じ、自我のある状態での経験は自我の自分から生じます。無意識の自己から生じるエネルギーは目新しく、すばらしく思えることから、これは聖なるものから生じている、あるいは聖なるものそのものだと思ってしまうことがあるのですが、実際、そのエネルギーは無意識とはいえ自己から生じています。ユング派の観点では、合一状態のエネルギーは集合無意識のアーキタイプです。自我のある状態や変容の過程では、個人個人の無意識のアーキタイプに接続します。無意識のアーキタイプには過去の記憶や人間関係、誤ったイメージ、意識的な自己、自分自身などが含まれています。しかし合一状態では、より微細かつ力の強い無意識の自己によるアーキタイプに接続するようになることから、これまで被っていた仮面を外す必要性に迫られます。無意識の自己のアーキタイプによる力は合一状態においてのみ働くため、合一状態に至る前は接続できず、その存在に気づくこともありません。こうした理由から、合一状態では聖なるもののエネルギーとそうでないものを取り違えないように注意すること、聖なるもののように思えるエネルギーも実は無意識の自己に属することを忘れないようにしなければならないのです。簡単そうに聞こえるかもしれませんが、ある種のエネルギーを神の力だと考える誘惑に駆られることはよくあることなのです。

合一状態の無意識の自己、つまり未知の自己は聖なるもののとても近くに存在しています。聖なるものは偉大な静寂の内にあり、聖なるもの自身と静寂を区別することは簡単ではありません。さらに、静寂のすぐ外には意識である自己の経験を、聖なるものだと思いたいという誘惑があります。そうだったとしても、聖なるものはエネルギーや力ではないこと、エネルギーや力の経験は聖なるものではないことを学び、理解する時がやがてくるでしょう。エネルギーや力は無意識の自己のもので、聖なるものとワンネスの内にあることには違いはなくても、聖なるものそのものではありません。にもかかわらずそれを聖なるものだと考えたくなってしまうのはなぜかといえば、合一状態では超自然的な力を求めるからなのです。これまでにもこの点についてはたくさんの研究が行われてきました。自らを預言者、ヒーラー、救世主、その他様々なものであると考えることはこの段階においてよくあることだからです。カール・ユングによると、無意識が被る仮面、つまり集合無意識によるアーキタイプは限りなくあるそうです。アーキタイプはそれぞれの文化的背景に基づく「優れた」資質を表現していますが、ある文化で優れているとみなされる資質が他の文化で同じようにみなされないこともあるとつけ加えておきたいと思います。さらにアーキタイプは一種の自己イメージですが、経験によるエネルギーであり、だということは意識である自己のエネルギーという側面の方が大きいのです。合一状態では、このエネルギーが特定の自己イメージを持ち、自己イメージに基づいた役割を演じるようになります。通常、この役割は特別な使命を帯びていたり、伝えたいことや力などを持っていますが、それらは聖なるものではありません。聖なるものと間違われることが多いですが、実際には無意識の自己なのです。

この段階あるいは状態では、超自然的な聖なる仮面をつけ、その役割を演じたいという誘惑に駆られるのですが、ある仮面をつけたり、本当の自己ではない自己を信じ、それは条件づけされた非永続的な自己にすぎないことを忘れてしまうと、旅を先へ進めることができなくなってしまいます。本当の聖なる中心は「静寂の地点」で、エネルギーが生じるポイントではありません。静寂に留まり、聖なるもののように思えるエネルギーや力からも遠ざかることがどうしても必要になります。ただ、自己である意識のエネルギーは自分自身と調和していますから、そこから逃れることはできません。意識は自らのエネルギーを自分で終わらせることはできないのです。私たちにできるのは、ただ自己であるものを見ることだけです。他の何かではなく、ただ自己を見るのです。自己と自己でないものの区別がつかない場合、旅路は行き止まりに向かって進んでいることを意味しているため、妄想のうちに旅が終わってしまうかもしれません。

この点についてはブッダも同様の意味のことを述べています。最終的な悟りに到達する前には、エネルギーや力に抵抗するために静寂、つまりエネルギーも力もない静止点に留まるようにした、といっているのです。聖なる静止点は人類全員が召喚したエネルギーと力よりもずっと強力です。静止点にはいかなる動きもなく、それでいて私たちが知っているあらゆる動きや力にも勝るのです。キリストもまた、力を聖なるものだと思うことや、自分自身が聖なるものだと考える誘惑を退けたといいます。誘惑を断ってその正体を見極めることなくして、旅の終わりに到着することはできません。ある仮面が消えるとまた別の仮面が現れますから、集合的アーキタイプを一つひとつを経験しながら、どのようなアーキタイプも経験しなくなるまで進んでいくしかありません。あるいは、こんなふうにいえるかもしれません。限りなくあるように思えるアーキタイプも、あるテーマに基づいたバリエーションにすぎない、それを見抜くまでアーキタイプの経験は続くと。テーマとは自己を意味します。本当の自己や、現実として経験したことに基づくエネルギーがテーマとなって現れます。

合一状態で一つのアーキタイプに捉われてしまっている人と、自我に束縛されたまま自分を神から人類への贈りものだと信じている人は区別がつきにくい場合があります。両者とも、無意識のうちに聖なる力を他人に見せようとしているわけですから、同じような不健全さがありますが、大きな違いもあります。自我に束縛されている場合は、集合無意識のエネルギーに対処しているというより、ただ圧倒されてどうすることもできず操り人形になっています。一方で、自我のない合一状態は不可逆ですから、自我の中心を喪失したならまた戻ってくるということは永遠にありません。この状態では圧倒されるべき自我もなく、自我のエネルギーも存在しないため、集合無意識のエネルギーをコントロールできます。操り人形になることもありません。無意識と聖なるものの間の距離を意識的に保つことも、距離をなくして神聖なエネルギーを称えることもできます。自我に束縛され制御の効かない媒介者と、意識的に後ろに引く選択肢を持つ媒介者がいるのです。両者の違いを見分ける方法はいくつもありますが、ここでその詳細は述べずに、合一状態に潜む危険性と課題を提示するにとどめたいと思います。旅の途中で遭遇するこのような段階を越え、さらに進んでいくことが目的だからです。

合一状態に関してこれ以外に覚えておいていただきたいのは、反射メカニズムはまだ失われていないということです。マインドは自らに向かって反射しますから、対象としての自己や自己イメージから完全に自由になったわけではありません。対象としての自己から自由になるには、主体の自己も失う必要があるのです。これらはお互いに依存し合っていて、独立した存在ではありません。もし、主体の自己と客体の自己から自由になれたなら、自分を聖なるものだと考える気にはならないでしょう。聖なるものであるべき自己がいないからです。さらに、合一状態での自己イメージは、自我の自己イメージとは大きく異なることも覚えておかなければなりません。合一状態において、マインドは無意識のうちに自我ではなく聖なるものを反射しますから、無意識の自己イメージは聖なるものとの分離がないのです。でないとアーキタイプに基づく役割に捕われてしまいます。ですからここでの課題は、無意識のイメージあるいはアーキタイプには近寄らず、未知と共にあることを選べるかどうかです。経験に基づくエネルギー、感情、アーキタイプは自己と混ざり合いますが、聖なるものは何かのイメージやエネルギー、概念や感情にはなりません。アーキタイプの本質は自己であって、聖なるものではあり得ません。本当の意味の黙想とは、未知や不可知と共にあることで、既知のアーキタイプに従うグノーシス主義とは対極を成すのです。

数々の変容を経験する旅の途中で、意識的な自己と個々人の無意識による仮面を外していきます。そして合一状態では、無意識の自己と集合無意識、またそれによる直感的なノウイング《知っていること》や自己イメージなどの微細なエネルギーに基づく仮面をも外すことになります。自己である意識は常に聖なるものと一つですが、両者は区別しておかなければなりません。自己と聖なるものを同一視しない宗教を信仰している場合も同じです。アーキタイプの誘惑は、どのような宗教を信仰しているかにかかわらず、合一状態の人々に共通するからです。意識的な自我の領域における自己認識は、合一状態での自己認識とは異なります。合一状態で生活するうちに、合一レベルでの無意識的な自己認識が明らかになります。本当の自己の本質が最終的かつ究極的に明らかになる瞬間は、それが永久に失われる瞬間と同じなのです。意識である自己は自我よりずっと意義深いものであることは明らかで、自我が変容し溶解した後にも、旅路はさらに先へと続いているのです。

無我の経験を越えた後、意識が徐々に失われていく様子を追いかけることは非常に困難です。意識の構造や機能を考えればわかるように、私たちが認識している意識を越えた意識領域（キリストのいう完璧な施し）で起きていることだからです。「あなたの左手に、右手がしていることを知らせてはならない」という言葉は、合一状態における無自己の寛容さは自動的に生じるもので、施しでない生き方などそもそも存在しないといっているのです。そのように生きるうちに、自己は徐々に失われていきます。中心に穴の開いた紙の喩えでいうと、聖なる空洞の中心が外側に向かって拡大し、穴が大きくなっていくのです。聖なる空洞が大きくなると自己の空洞も大きくなります。紙は中心から外側に向かって小さくなっていきます。聖なるものの炎が内側から自己を燃やしていくからです。自我のない寛大な命と自己を生きることによって、こんどは自己がなくなっていく番です。自我はもうないのですから。自我の存在しない寛容によって紙はどんどん小さくなっていきます。自我のない本当の施しから起こる行動はいかなる見返りも望まず、与える喜びも求めません。手助けするつもりが、かえって迷惑がられる可能性はあるかもしれませんが、それでも気にしません。自己という深い感覚を喪失して自己なく与えることには、大胆さが伴います。

仮に自己が死ぬことがあったとしても、無意識や認識できない領域で起こるため、ほとんど気づくことはありません。他人への奉仕には知る自己と感じる自己が関わっていますが、自分自身の人生と呼べるようなものはどんどん少なくなり、自分のための蓄えもなくなって最後に聖なるものだけが残ります。自己なく与える人生が続くと、自己は消耗していくのです。怖れもなく、出し惜しみすることもなく、限界も設けずに聖なるものや他者、あらゆる生命に与えます。とても難しいことのように思えるかもしれませんが、絶えず感じられる不屈のスピリットと深い喜びが弱まることはありません。こうして、気づかないうちに合一状態は終わりに向かいます。与えるべき自己が少なくなっていき、最後にはなくなってしまうからです。意識である自己が満たされると、進むべき先がもうなくなるからだということもできます。紙の中心の穴が広がると、残ったわずかな部分はどんどん小さくなり、自己と無自己、意識と無意識の境界線はわずかに残るだけになります。その状態でもう一歩中心が広がると、自己あるいは意識の境界は永遠に崩壊します。

ところで、合一状態をさらに越えた、自己である意識の死がどうしても必要だと思っている人は多くないでしょうが、それというのも合一状態では自己が問題を引き起こすことはないからです。自我なく、聖なるものと共にあり、愛にあふれ、あらゆる面で善良なのに、それ以上何かを手放す必要があるでしょうか。このような合一状態でさらに自己を手放そうなどとは思わなくても当然です。縁の部分の紙がわずかに残っているだけの状態になるまでは、自己が完全に死ぬ可能性があることなど想像すらできません。たとえそのような可能性について考えたとしても、自らの努力でどうにかすることはできません。自己が自分の手で自己を遠ざけることはできないのです。そもそも、問題を抱えた自己は自我ですが、本当の自己は聖なるものと共にあるのですから、本当の自己を失うことは聖なるものを失うことになります。実際にそうなってみるまで、自己がいないことについて自己が考えることなどできるでしょうか。マインドによる無意識的な反射は常にマインド自身に向いているため、意識は堂々巡りを続けます。調和しているからこそ、そこから抜け出せないのです。しかし、最終的には聖なるものの一撃によって、自己と聖なるものは一つのまとまりとして一緒にはがれ落ちていきます。この経験は自己がないだけでなく、聖なるもののなさでもあります。人間が持つ可能性を最大限に生きることで、永遠ではない自己はそれ以上に進むべき道がなくなり、はがれ落ちていくのです。自己が徐々に失われることは、悪いことでも罪深いことでも、問題でもありません。

なぜ自己を失うのかといえば、自己は完璧でも最終的でもないからです。自己によるノウイング《知っていること》によって経験する次元も、たとえそれが合一状態からの経験だとしても完璧ではなく、最終的ではありません。自己を喪失してみると、自己という意識が聖なるものを覆い隠していたことがわかります。ノウイング《知っていること》と経験であり手段でもある自己は、私たちにとっては未知であり、だからこそ先に述べた幻想（聖なるものの経験を聖なるものそのものだと考えてしまうこと）の要因となります。確かに自己がし得る最も深い経験は聖なるものですが、聖なるものを経験することと、聖なるものそのものは同じではありません。一方で、自己である意識が経験する最も本質的な経験は、何も経験しないこと、無経験とでもいうべきものです。私たちが経験する聖なるものは、結局のところ私たち自身の最も深い自己を経験することで、最後に喪失する幻想は、あらゆる聖なるものの経験は実は無意識の自己に過ぎなかったことなのです。もし人間から意識である自己をすべて取り除いたなら、聖なるものの経験も一緒に去ってしまうでしょう。聖なるものは無意識の、そして真実の自己を越えて存在するため、自己である意識がそれを経験することはありません。自己である意識が聖なるものではないのは単純な事実で、意識は聖なるもの以上のものではありません。究極の幻想は自己を聖なるものと見誤ってしまうこと、そう信じてしまうこと、聖なるものの経験が聖なるものそれ自体であると考えてしまうことです。

エクスタシー：境界を越える乗り物

合一状態には始まりと終わりがありますが、その間に起きる変化を説明するためには、エクスタシーの本質について説明するのが適切だと考えています。エクスタシーを定義するとしたら、神の意識を含むあらゆる意識が停止することだといえるでしょう。それでは、意識が停止するとはどういうことでしょうか。意識である自己によって生じるすべての経験と、それに伴う反射のメカニズム、そしてこのメカニズムを推進する燃料（特定のエネルギー）を一時的に中断させることです。旅のどの地点にあってもエクスタシーを経験することがあるため、旅路の現在地を割り出す判断材料にはならないのですが、何度も経験するうちに恍惚状態も変化しますから、移動していることだけはわかります。変化するといっても、エクスタシーそのものの性質や停止の仕方が変化するわけではなく、停止する意識が変化します。意識である丸い紙にほんのわずかな外縁だけが残っている状態の時、停止されるべき意識はほんの少ししかありません。自我のある状態（中心が空洞になった状態）では、意識の中断は途方もなく特別な経験ですが、ほんの少ししか残っていない場合はエクスタシーとそうでない時との差はそれほどなく、エクスタシーは特別な経験にはなりません。旅が進行するとエクスタシーの特別さが薄れ、むしろエクスタシーが継続するようになります。その状態を維持する準備が整ってくるからです。

エクスタシーが問題を引き起こすのは、意識と知覚が強く結びついて、意識が中断すると知覚も中断してしまう場合です。実際はそうであっても問題にならないはずなのですが、エクスタシーが継続したり永続する場合は、意識と知覚が同時に停止していながら地上に存在することは両立不能のように思えます。意識と知覚を失ったまま過ごさなければならないとしたら、肉体は今にも死んでしまうか、植物状態に陥ってしまうと思えるかもしれません。以前読んだある本は恍惚の神秘と黙想について記述していましたが、この著者は一定の期間意識を失い、何も認識できなかったそうです。もしもそのまま意識が戻らなかったら、どうなっていたのでしょうか。意識と共に知覚も閉じてしまったのですから、死に至った可能性もありますが、もし恍惚状態でも知覚が機能していたなら、自己も意識もないこと以外は、いつも通りの日常が続いたでしょう。つまり、完全なエクスタシーとは、意識は不在である一方で知覚が機能することです。そうなれば、自己や意識がなくても生命は継続していきます。

合一状態の始まりから終わりに至る間には、微妙な変化があります。知覚が独立するようになり、意識である自己の経験に影響されて変わることがなくなっていくのです。自己である意識の様々な動きを無視する術を習得する、といえるかもしれません。意識である自己と一体化し、その動きに夢中になるのではなく、意識である自己をありのままに見られるようになるのです。これも合一状態で学ぶことの一つです。

本物のエクスタシーは努力によって生じさせることができません。無意識の反射メカニズムは意識の支配下にはありませんから、現象の自己による努力によって働きかけることができないのです。現象の自己によるエネルギーや感情、思考、反射は自己や意識による動きで、合一状態で相手にするような問題ではありません。自己である意識がなく、それによって生じる動きもなく、自己認識の可能性もまたないエクスタシーは、合一状態よりさらに完全な状態だということができます。

聖なるものという土台からではなく無意識から生じる自己の動きを見切ることができるようになると、合一状態からさらに前進します。それと同時に「純粋な知覚を認識すること」がいかに重要かを理解し、信頼できるようにもなります。エクスタシーという意識の中断は、より完全かつ自然に、そして日常になっていきますが、まだ続きはしません。合一状態の先に続いている道は、意識と知覚という二つの異なる系統の分離へと続いていますが、意識と知覚を分離する目的は何かというと、知覚を機能させておきながら意識を中断することなのです。

そう認識することはあまりないかもしれませんが、エクスタシーは意識が引いた境界線を越えるための乗り物です。自己や意識には、自己であり意識であるところの境界線を越えることができません。知覚が意識から独立するまでは、永続的に意識が中断したり、自己や意識の境界を越えるようなことは起こりません。十分な準備が整うまで、エクスタシーを経験しても、また自己や意識へと戻っていきます。中にはエクスタシーによって知覚が中断することもなく、コントロール不能にもならない人もいますし、逆に知覚の機能が低下してしまい、意識も中断してコントロールどころではなくなってしまう人もいます。なぜそうなのかはわかりませんが、文献で読む限り、洞察力の高い人ほどエクスタシーに大きな影響を受ける傾向にあるようです。いずれにせよ、エクスタシーを目安に旅の進捗状況を見定めることができそうです。知覚が失われたり日常生活を営むのに必要な機能が停止することなく、世界に反応する能力が増大できるでしょうか。知覚を保ちつつ意識である自己を中断するか、あるいは意識が機能していない状態でも周囲に反応できることを目指していきます。

先にお話しした通り、完全なエクスタシーが常態化すると、恍惚と日常の合一状態の間には大きな差がなくなります。二つの状態の間にある細い境界線は、気づかないうちに溶けてしまうのです。ただ、それに気づくのはいつもの合一状態が戻ってこなくなった時です。いつそうなるのか、またこの境界線を越えたところにある永続的な存在の状態（エクスタシー）はどのようなものか、前もって知ることはできないのですが、境界を越え二度と後戻りしないことへの怖れを、動きとして経験する場合もあります。怖れを完全に振り払うには、これからの一生を聖なるものと共に過ごしていくこと、聖なるものと共にある人生をその時々に応じて調整しつつ進むこと、そして聖なるものへの絶対的な信頼を保つことが必要です。一生涯をかけて愛と信頼を学ぶ旅は、境界を永遠に乗り越える未知の段階へと差し掛かったのです。この瞬間に至るまでに膨大な準備と経験が必要であったことは、強調してもしきれないほどです。

二つの異なる存在の次元の間に境界線があることはご理解いただけたかと思いますが、

もし、意識が中断しそれ以降二度と戻ってこなければ、境界を越えたことになります。エクスタシーが終わり、無自己の次元が始まったかどうか、境界線のこちらにいるかあちらにいるかは、こうして見わけることができます。エクスタシーが超越的であるうちは必ず合一状態に戻ります。しかし、自己である意識が永遠に中断すると二度と元に戻りません。元に戻る代わりに、まったく新しい存在の次元へチューニングを合わせる作業が始まります。それまでは想像もできなかったことが始まるのです。エクスタシーは新しい存在の次元や無自己の状態について説明してくれるようなものではなく、存在の新たな次元へと渡るための乗り物です。その瞬間に先立って経験するエクスタシーは、いずれ越えることになる境界線を乗り越える準備がどの程度進んでいるかを判断する目安になりますが、境界線上に立ってみるまで、そのような線が存在することには気づかないでしょう。

二度と戻ることなく意識が停止する瞬間は、意識にとっては未知そのものです。それは「経験」などではなく、いったん向こう側に渡るとエクスタシーについて話すこともうできません。停止する意識がもうないのですから、エクスタシーもありません。エクスタシーの経験とは比較すらできないような、完全に新しい存在の次元が始まるのです。誰かや、存在や、人や、自己である意識は、この境界線を越えられません。境界線を越えることは、自己や意識によるすべての経験が永遠に終わったことを意味します。自己や意識といったものは微塵も残りません。

エクスタシーと関連して、最後にお伝えしておきたいことがあります。合一状態の始まりと終わりに、至福、天国、究極的な聖なるものとでもいうべき経験をすることがあります。このような状態を経験すると、地上で存在し続けることはとても不可能で、人生と両立することなどできそうもないと思うかもしれませんが、最後に残った細い線を越えてしまうと、それまでは聖なるものと思われた状態や死を経験せずに地上で存続できるようになります。なぜならば、意識は長い間知覚に依存してきましたが、徐々に依存が弱まり、最終的に境界線までたどり着く頃には、意識が中断しても知覚は影響を受けないほどになっています。意識も自己もないのに、知覚は完全に機能できる段階に達したのです。合一状態の始まりと終わりの間には、知覚と意識の分離がどんどん大きくなるという過程が必然的に伴います。それは、自己である意識のない状態で生きる準備です。

無自己の経験

自己である意識の喪失は、二つの経験あるいは出来事から成っています。最初の出来事は二度と意識が戻ってこないことで、自己による反射メカニズムが停止します。二つめの出来事は意識の中心を失うことで、感じる自己だけでなく生命や存在の経験全体にまたがる聖なる中心も失われます。二つ目の経験は、真実の最終的な無自己の経験であるため、不可逆的な意識の喪失をもたらします。意識の中心は反射メカニズムの燃料となっていますから、この燃料がなくなれば反射的メカニズムも機能しません。知る自己や感じる自己へと戻らないのなら、自己に戻ることもありません。

ここでもう一度丸い紙の喩えに戻りましょう。合一状態が終盤に差し掛かると、紙は細い線のようになった縁の部分だけをわずかに残し、空洞の中心を隔てているのは細い線だけになっています。線の内側には聖なるものの中心があり、自己の内、存在の内に聖なるものがあります。この細い縁が消失すると、紙（自己あるいは意識）そのものがなくなるだけでなく、空洞の中心もまた消えてしまいます。紙はある種の器でしたから、それがなくなると内側も外側も、中心も周辺もなくなってしまうのです。こうなると、聖なるものの内在やその超越について話すこともできません。ワンネスや合一、超越についても話せません。生命や存在、エネルギー、意思、感情、形などに基づく経験も一切ありません。これらの経験は自己である意識がしていたものですが、自己も意識ももうないのです。聖なるものを経験していたのは意識である自己ですから、それがないと聖なるものを経験する手段もないのです。

無自己の経験は、意識の停止やエクスタシーの継続というより、生命と存在の神秘の経験によって意識の中にある聖なるものの中心が喪失してしまうことだといえます。この出来事によって、知る自己や感じる自己という意識の境界線が失われ、存在の次元が永遠に失われます。それ以外のどのような出来事も、自己あるいは意識が完全に溶けてしまったことを明確に示すものではありません。まず知る自己が中断し、さらに永続的に中断し、次に感じる自己のすべてと、感じる自己がもたらすすべての経験がいっぺんに停止します。

現象の自己による経験を喪失するというだけでも、想像を絶する無自己の経験に違いないのですが、聖なるものと「生命」の経験を失うとなれば、いかに無自己の経験が途方もないかがわかるでしょう。まるで自己経験の基盤である存在が、そっくり引き抜かれてしまったようなものです。長い間あった合一状態という自己経験が溶けてしまうのです。表面的で条件づけされた小さな自己による経験を喪失するというだけではなく、聖なる生命と存在の経験をまるごと失ってしまうのですから、自己が経験する中でも最も深い部分での存在の経験だといえます。「聖なるもののなさ」とでも表現しておきたいと思いますが、その真実は言葉で伝えることもできませんし、実態を表現することもできません。合一状態で自己がする最も深い経験は聖なるもので、唯一聖なるものだけが「存在」を経験する方法です。その聖なるものの経験が溶けてしまうのですから、自己にとっては最深部での経験が溶けてしまうことに他なりません。仮に「無自己の経験」と表現してはいるものの、実際の経験を説明する表現にはなっていないのです。単に精神性が減少するというようなことではなく「自己がないこと」を経験するのです。自己がないという表現がこの経験の本質と真実を表しています。旅の中に似たような経験は他にありません。

私たちの知性は、聖なるものは消失などしないと考えるでしょうが、無我を体験した人の記録はキリスト教の文献には複数残されています。ただし、消えてしまうのは聖なるものを経験することであって、聖なるものそのものではありません。消えてしまうのなら、それは聖なるものではなかったからです。つまり聖なるものとして経験していたのは、実際には自己や意識だったのです。無意識の深奥の本当の自己は、聖なるものとして経験されるか、あるいは経験における聖なるものなのですが、そうした経験は聖なるものそのものではありません。無自己の経験において喪失するのは聖なるものではなく、それまでずっと聖なるものだと信じて疑うことのなかった自己なのです。

無自己という衝撃的な経験によってわかるのは、これまで経験していた聖なるものは実は私たち自身であって、自己である意識を越えた経験ではなかったということです。確かに聖なるものがあるからこそ私たちは何かを経験できるわけですが、聖なるものそのものを経験していたのではありません。意識である自己は聖なるものを経験する手段なのです。手段というと、見たものや経験したことに覆いをする何かのように思うかもしれませんが、自己と聖なるものは同じものの別の側面にすぎませんし、自分を経験するのは意識なのですから、意識が即ち自分なのです。本質的に人間は意識で、意識が人間です。意識である自己は人間にとって、聖なるものの経験を含めた経験のすべてなのです。

人間は、認識し経験する人間の次元の全体を定義している意識が、同時に境界線でもあることに気づいていません。自己がし得る最も深い経験は聖なるものですが、聖なるものは人間の境界を超越していますし、人間や意識が存在する前から存在しています。意識は聖なるものからやって来て、そしてそこへ帰っていきますが、その間にあるのが人間の旅です。人間の旅が聖なるものの経験となるかどうかは、意識と、そして人間としての立脚点がどのようなものかに依存します。聖なるものがどう見えるかは意識である自己によるのです。聖なるものの経験はすべて、実は聖なるものそのものではなく自己の経験だとわかると、信仰心を持ちながらも闇の中にいるように感じている人、つまり聖なるものを経験したことがない人にとっては朗報となるでしょう。大きな視点から見れば、聖なるものの経験から得られるものはなく、不必要で欺瞞的ですらあるからです。実際には、ちょうど微かに聞こえるBGMのように、認識したり経験できる範囲を超越したところで流れる音楽として、聖なるものは常に流れ出ています。自己を超越した時にわかるのは、自己や意識がある限り、最も本質的かつ永続的な聖なるものの経験は、純粋な信仰心だったということです。信仰心は非常に神秘的ですから、特別なものではなく他の色々な経験のうちの一つにすぎないとも考えるのは難しいかもしれませんが、信仰心が神聖で純粋で、かつ歴然としていることは変わりようがありません。

合一を経験してからでないと、本物の無自己の経験をしたとしてもそれを認識できません。合一状態での聖なるものは、深奥のスピリチュアリティによる生命と存在の経験です。

もし、「その経験もいずれ失う」といわれたなら、死を意味していると思うことでしょう。実際それは生きながら唯一体験できる死なのですが、合一状態にあれば神秘的な生命と存在の経験を失うなどは考えも及びません。しかし、そういうこともあるとわかった時には衝撃を受けるでしょうし、「余波」や「後遺症」があるかもしれません。聖なるものだと考えていたことのすべて、あらゆる経験や認識、知識が実は自己だったという理解が一瞬にして訪れると、それまでの一生を誤った考えに基づいて生きてきたことがわかるのです。聖なる経験だと思っていたことも、その認識も誤っていたのです。それでは何が真実だというのでしょうか。経験をする人は、その経験でもあり、経験されたことでもあります。つまり、私たちは経験そのものであるだけでなく、経験すべてなのです。それがわかった時には、騙された裏切られたと感じるかもしれません。私たちの内にある聖なる経験は聖なるものそれ自体ではなく、私たち自身の深い部分の自己を経験していただけなのです。幸せな気分にしてくれる発見ではありませんが、不幸なことでもありません。今までは見抜けなかった、天才詐欺師のような自己による欺瞞を払拭できたのですから。無自己という出来事に潜むパラドックスは、自己である意識を喪失し、自己による経験をしなくなることで、逆にその本質が明らかになることです。知る自己も、感じる自己も、経験の自己も、その次元ごとなくなってしまうのです。失われたのが神秘的な聖なるものそのものに深く根差していると考えるとささいな出来事ではありませんが、この出来事の後に少しずつ、自己である意識のすべてを超越した聖なるものの本質が明らかになるのです。

するると、こんな疑問が思い浮かぶかもしれません。「自己も聖なるものもなくなってしまったら、一体何が残るのか？」。残っているものの本質を発見することは、死からの復活であり、キリスト教でいう神から神性への道です。残っているものの中にはもちろん肉体と知覚が含まれますが、肉体と知覚の本質を知ることはまた別問題です。肉体の本質を知ることは、キリストの肉体の復活という神秘について知ることです。肉体の本質は意識を超越しているため、意識（と知性）には理解できません。直感的にせよ科学的にせよ、マインドで理解できることではありませんが、ある種の感覚を捉えられるノウイング《知っていること》が、意識を経由しない方法で理解するのです。究極的な肉体の真実は、私たちの観念も、ふだん経験する肉体も超越していますが、復活によって明らかになるのは、永遠の肉体の方が「魂」や「霊」より長く存在し続けるということです。こうした経験をしてきたのは意識で、意識がないと「内的に」魂や霊が存在することも経験できません。魂や霊は肉体とは独立しているため、肉体が死ぬと魂や霊もどこかへ行ってしまうというのは本当ではありません。しかし、内なる炎として経験される生命と存在のエネルギーは、無我によって去ってしまいます。聖なる空気の中に、泡のように消えてしまうのです。消費する燃料（自己）がなくなったために、炎は消えてしまうのです。

意識を超えた聖なるものの究極の真実は、何かの内に「内在」するのでも何かを越えて

「超越」するのでもなく、永遠の存在としてのすべてであると同時に、構造や機能やエネルギーではありません。意識である自己のエネルギーは、物質の持つたくさんの機能のうちの一つにすぎず、その機能は聖なるものではありません。前にも述べましたが、自己である意識を超越したところでは、肉体や物質の本質が発見され、それによる復活が待っています。本質を理解するためには、物質に関する科学的な考え方と物質の本質を区別しなければなりません。私がいう物質の本質とは「永遠の形」のことですが、この形を感覚や知性、意識で捉えることはできません。永遠の形を別の言葉で説明するなら、意識が物質として見ているのは結局のところ霊であり、意識の観点からすれば物質の神秘性は霊にあり、霊の神秘性は物質にあるということです。物質と霊という二つの側面、あるいは分類を可能にするのは意識ですから、意識を越えたところにその区別はありません。

ところで、無自己と関連して良くあるのが「自己である意識を越えると、何が聖なるものを認識するのか？」という質問です。もし、自己がいないなら一体誰がそれを認識しているのかというのです。考えていただきたいのは、自己という誰かがいなければ、このような疑問を持つ誰かもいないということです。つまり、この質問は自己である意識の次元から生じているのであり、意識の次元でしか生じない疑問です。ただし、意識である自己はそれなりの答えを持ち合わせています。自己や意識を越えたところのノウイング《知っていること》は、知ることも定義することも、説明することも、特定することもできません。意識や意識に基づく知性からすると、意識で捉えられるものは何でも説明が可能ですが、意識で捉えられないものは説明できません。意識を越えたノウイング《知っていること》や無自己については説明できないのです。同様に「ノウイング《知っていること》」とか「アンノウイング《知らないこと》」という時も、意識に基づく場合と、意識を越えたところとではまったく違います。私はこの神秘的なノウイング《知っていること》を「ノウイング《知っていること》の雲」と呼び、「アンノウイング《知らないこと》の雲」（不可知の雲）あるいは合一状態に特有のアンノウイング《知らないこと》のノウイング《知っていること》と区別しています。「ノウイング《知っていること》の雲」にはアンノウイング《知らないこと》の側面はありません。

自己の喪失について理解する際は、神と神性を区別することが有効です。意識は神を知り、また経験もしていますが、神性は自己である意識を超越しているため経験できません。神と神性の違いは非常に大きく、その間には大いなる空《くう》（great void）があるのですが、意識でその違いを理解することはできません。空隙に橋をかけ神性の次元に至るには、神は死ななければなりません。意識である自己と、それによる聖なるものの経験は死ななければならないのです。「神性へと至るには、神を通過しなければならない」とはキリストの言葉ですが、まずは主観的な聖なるものを経験し、人間の次元での可能性を最大限に生きる必要性があるのです。神を通過していくことは神性つまり絶対への通路であり、キリストが明らかにした神性への道です。

無我と無自己の見分け方

ここまでの説明で、自己である意識は実在も存在もしないことがおわかりいただけたかと思います。個人でもなければ一時的に肉体に棲まう魂や霊でもなく、聖なるものでもなければ永遠や不死身でもありません。それでいて自己である意識は、実在、存在、魂、霊といったすべてを経験します。自己である意識は特定できる独自の経験や経験のまとまりであり、自己がなくなるとあらゆる経験も一緒になくなってしまいます。

ですから、自己である意識の本質について考える際は、誰かや存在でも、魂や霊でもなく、誤ってそう考えてしまいがちな経験だということをまずは理解しなければなりません。経験は、現実や真実ではありません。両者の間には大きな違いがあります。この違いを見抜くことは、自己や人類と聖なるものの間に横たわる大いなる空を横切ることです。自己を誰かや存在、魂や霊だと思っている限り、無自己の意味を理解することは絶対にできません。また、ここまでお話ししてきたこととは別の枠組みや定義に基づく視点から自己（と無自己）について考えようとすると、混乱と誤解が生じるだけでなく、無自己の経験にも気づけないかもしれません。自己である意識が本来はどのようなものかを理解していないと、無自己の経験をしても言語化できません。これまでにもそのようなことがたくさん起きているでしょう。適切な理解がないと、無意識や自我、不滅の魂といったものを聖なるものと考えてしまうかもしれませんが、いずれも自己なのです。

とはいえ、どのような誤りも自己と自我を混同するよりはずっとましです。現代の心理学において自我と自己は同義ではなく、置き換えることもできません。むしろその逆で、自我と自己はかなり明確に区別されています。西洋の哲学や神学では二つの言葉の意味に大きな違いはありませんが、キリスト教の黙想の伝統では常に低次の自己を自我、高次の自己を自己として区別してきました。現在では「自我」と「自己」を区別することが一般的になっていることから、黙想者の旅を一般的な言葉で説明できるようになっています。自我と自己は別の経験であるため、明確に区別しないわけにはいかず、無我と無自己という別々の出来事も明確に区別する必要があります。

既にお話ししましたが、自我と自己を区別せずにいると、自我の喪失と自己の喪失を取り違えたり、あるいは同じものだと考えて、無我の経験を無自己の経験として説明するなどして、無自己の経験が失われてしまいます。その意味でも、両者を分けて考えることは重要です。無我の経験は合一状態を見出す直前の折り返し地点です。無自己に至るのは、合一状態で日常生活を存分に経験し、最終的な自己の終わりを迎えた後です。無我と無自己の違いを認識しないと、本当の自己の実現と自我のない合一状態とを同じものとして扱ってしまい、地球上で人間が到達できる最も遠いところにある終着地点は無我であるという考え方が今後も継続してしまいます。無我と無自己を取り違えると旅の真の終わりを見誤ってしまうため、二つの出来事が別であることを理解しなければならないのです。まず自我によって機能する状態を終わらせ、次に合一状態を終わらせるのです。

現在でも、無自己あるいは合一状態の喪失と聞くと混乱する人がほとんどでしょう。そのような話は聞いたことがなく、実際に経験した知り合いもいないでしょうから、無自己というのは無我と同じだろうと思ってしまうかもしれません。あるいは、二つの言葉はどちらも抽象的に同じ意味で使っているのだろうと考えるかもしれません。「無自己」という言葉は誰にでも使えますから、その意味でも「自己」「意識」といった言葉の定義を明確にしておく必要があるのです。自己も意識も経験してこそのものであり、直接体験するのでなければ意味がありません。ですから、あくまでも経験に基づいた言葉の使い方を意識すべきです。もし、自己や意識が聖なるものと同義なら、どちらの言葉を使っても同じですが、そうであればなおさら、自己についても直接的な経験に基づいた明確な定義が必要です。でないと無自己は無我と混同され、旅の記録から失われてしまいます。それはともかく、無我については何世紀にも渡る記録があります。黙想や神秘的な文献には無自己をほのめかす記述があるだけですが、無我については様々な宗教の文献に多くの記述が見られます。

不幸なことに、古い宗教的文献のほとんどは自我と自己を明確に区別していません。自我的なものと合一状態の違い、低次の自己と高次の自己の違いは認識されているものの、「自己」という言葉が自我と合一状態の両方を指しています。ですから、自己の邪《よこしま》さ、自己の喪失と理解、神格化に関する記録がいくらあっても、自己や意識について端的に理解することにはつながりません。記録と同じような経験を自分でしてみないことには、たとえば「自己」という言葉に別の意味を持たせていることを見抜けないのです。具体的には、自我の中心を喪失し、それに引き続いて自己（現象の自己に伴って存在する聖なる中心）の喪失を経験していなければ、記録を読んだところで二つの出来事のうちどちらについて記述しているのかを見定める術はないのです。自我の位置からは、無自己の経験と無我の経験の区別はつきません。聖なる中心へと進み、合一状態に至ったばかりの人にしてみれば、命と存在の経験はいずれ溶けてしまうといわれることは「あなたは不要だ」といわれたのと同じだと感じるかもしれず、そんなことはあり得ないという誤った見識を持つかもしれません。大多数の人よりも歩みを先に進めている人ほど、無我を無自己と考えがちですが、「表現が違うだけで意味は同じ」と片づけてしまうべきではないのです。経験をよく観察した上で言葉を定義しなければなりません。

言葉の使い方が疑わしい例は、他にもあります。ヒンドゥー教は人間の本当の自己を「アートマン」（人間経験におけるブラフマン）と呼び、アートマンを理解することが究極の悟りだとしていますが、仏教徒はアートマンの喪失こそが究極の悟りであり、それは無自己だといいます。問題は、ヒンドゥー教と仏教の「自己」「アートマン」が何を意味するかです。もしヒンドゥー教の自己あるいはアートマンの喪失が偽りの自己である自我の喪失を指しているなら、二つの宗教は同じことを述べていることになり、言葉の使い方が違うだけということになります。しかし、もし仏教の無自己はヒンドゥー教の「アートマン」を意味しているなら、同じ「アートマンの喪失」でもヒンドゥー教と仏教では別のことを表現していることになります。現状ヒンドゥー教では自我（ジーヴァ、アハンカーラ）と自己（アートマン）を区別し、仏教ではエゴセルフ、本当の自己、聖なるもの、完全な自己を区別して自己を完全に滅することを目指しています。仏教はある意味で新生児（本当の自己であるアートマン）を産湯（非永続性）と一緒に投げ捨ててしまうようなところがありますが、自己やアートマンの停止や喪失について検討するのであれば、まずはそこをよく理解するのが先決ではないでしょうか。仏教の文献に無自己の経験に関する記述がないかを調べたことがありますが、それらしいものは一つしか見つかりませんでした。恐らく上記のような傾向が、その理由ではないでしょうか。もし、最初から自己もアートマンもないと考えるのであれば、それが停止したり失われたりすることを考える必要もありません。いうまでもありませんが、私は自己やアートマン、あるいは自我がないとは思っていません。自己がないと、人間は存在できないのです。

自己による経験のすべて（自我、自己、本当の自己、意識など）を哲学的にではなく経験的・神学的に定義づけることで、誤った推測や解釈、混乱と論争の大部分を排除できます。言葉の裏にある経験にもっと注意を払えば、額面通りの意味に受け取ったり、逆に妄想だと考えるのではなく、言葉が本当に表していることを理解できます。そのためには、見栄を張ることなく立場を越えて、虚心坦懐に互いの違いを受け入れる必要があります。究極的な真実を言葉によって定義づけできると考える人はいませんが、不十分な点を改めて定義し直すことは可能です。知識や経験に基づいて検討すればいいのです。

いずれ私たちは、誤った考えに基づいて道を歩んできてしまったと受け入れ、終着点は一つではなく二つあると認識できるようになるでしょう。そうすれば、西洋の心理学にも新たな時代が到来するはずです。現代の心理学では変容の過程に関心が集まっていることもあり、自我と自己との区別に注意が向けられています。自我と自己が単なる表現の違いとして片づけられることはなくなってきているのです。その点では、カール・ユングにも感謝すべきです。自我と自己は経験という灯りに照らされて、またスピリチュアリティの発展によって、明確に区別されるようになりました。そのおかげもあり、自我の喪失だけでなく、無意識の「真実の自己」の喪失に関する理解も広がっています。意識の変容や無我について知られるようになったばかりだというのに、究極的な真実である自己の喪失と、それに伴う聖なるものの溶解にまで言及するのは時期尚早かもしれませんが、かつてないほどに理解を深めるための環境が整っていることは確かです。人類の歴史は、準備ができようができまいがどんどん進んでいきます。十分な人数がある領域に到達すると、次の領域の扉が開くのです。

ここまで、自我と自己の違いについて、またそれらの喪失についてお話ししてきました。自己は意識の全体で、人間という次元の知識や感情そして経験を、意識的次元・無意識的次元の両面から統合しています。自己には超越した意識や神意識による知識や感情、経験も含まれています。一方の自我は未熟な意識であり、自己の中心を喪失する前段階の意識、聖なるもの中心を発見する前の意識です。長い目で見れば、どちらにしてもいずれすべてが失われることに変わりはなく、自己と自我をどう定義しようと同じであるともいえるのかもしれません。今現在のわたしは、最終的には溶けてしまう自己や意識による経験をしていませんが、聖なる意識である自己とでも呼ぶべきものはあります。しかし、このような表現がさらなる混乱を招いてしまうかもしれません。そのため自己について話す際には論理的な視点や観察による視点、あるいは哲学や信念に基づいて話すのではなく、経験をもとに話すことが必要です。もし自己が経験ではないなら、そこには何もありません。

自己や意識のすべてを喪失することについて、まだ喪失していないうちからその意味を理解し受け入れるようにいわれても、キリストの死（神の死）の本質を捉えるのと同じくらいに難しいかもしれませんが、いずれ直面しなければならない現実であることに変わりはありません。キリスト教徒に目を向けてみると、キリストの死の本質を誰にでも起こる肉体の死だと考え、死をもって人類を救ったという以上の本当の目的について考えようとしません。しかし、それではキリストの死の意味と、そこに含まれるメッセージを完全に見落としてしまいます。仏教徒はどうでしょう。以前、仏教の文献を調べた際、ブッダの悟りの本質について統一的な見解を読み取ることはできませんでした。無我あるいはアートマンやブラフマンを喪失するとはどのようなことなのでしょう。ヒンドゥー教によると、ブッダは悟りの前に聖なるアートマンを経験していたそうですが、ブッダの悟りはキリストの死に比べれば容易に受け入れることができます。ブッダの悟りは静けさと平和を連想させますが、キリストの死は残酷さや苦痛を想起させます。ブッダを描いた絵には、悟りを開く前の様子や死に行く姿、腹を空かせた男、様々な誘惑に惑わされる様子が描かれています。キリストの絵には、その死後栄光のうちに復活し昇天する様子が描かれています。十字架に磔になっているキリストは「悟りを開く前」、ブッダが座っている様子は「悟りを開いた後」と考えるかもしれませんが、ブッダは死に、キリストは復活したことを考えれば、実際は逆に捉えるべきではないでしょうか。彼らが経験しただろうことからすると、悟りの前か後かという一般的なイメージを入れ替えることが可能だと思うのです。キリストの磔は、無自己の経験を劇的で肉体的な方法で示していますが、ブッダは自身の経験について話し、悟りの後の長い時間をそのような状態で過ごしました。どちらにしても伝えているのは同じことです。自己は永遠ではなく、自己や意識による知識や経験を越えたところには絶対が存在するというのが彼らのメッセージです。もし、キリストを神や絶対だと信じるなら、物言わぬ十字架のイメージは、雄弁さより衝撃的で力強く感じられるでしょう。

意識に関するまとめ

意識はそれ自身の経験や知識、理解を越えた次元を認識できませんが、同時に意識の大部分はそのような限界を理解することもまたできません。限界を認識できないというだけでなく、人間の限界を超えた経験をするまで、本当の可能性を知ることもできません。つまり、自己である意識が人間の可能性の限界ぎりぎりを経験するまで、自己や意識の喪失は望めないのです。可能性の限界とは、いうまでもなく完全な成就です。それが起こるまで神秘的な喪失については知る由もなく、予見も経験もしようがありません。

自己の本質は捉えどころがありません。というのも自己は継続する自発的な経験で、それを持っていなかったことはなく、捉えようとしても捉えられないからです。これほどまでに自己を捉えにくくしている理由は何なのでしょう。意識という枠組みは、意識がないことと接する地点から生じています。自己は無自己と隣り合わせなのです。この地点は聖なるものが生じる地点であるとか、無から意識が生じる地点であるとか、意識が肉体と統合される場所であると考えることもできますが、いずれにせよ神秘や不可知を自己が経験することと関わる地点であるのに間違いありません。意識の源を考慮しないことには、意識に関する思考の枠組みは閉じたままです。もし、意識である自己に源がないと考えるなら、同時に終わりもないことになりますから、意識とは永遠の現象である、あるいは不可解で無目的な現象だということになり、意識に関する考察はすべて無意味なものになってしまいます。意識について考える場合は、前提となる条件や思考の枠組みや信念を持たずに、経験に基づいてその永続性と非永続性、源と終わりを見出すのが理想的です。そうすれば無意味な堂々巡りを防げますし、早すぎるタイミングで議論を終わらせてしまうこともなくなります。

自己である意識の本質に関する検討をどのような地点から始めようと、自分が生きた分、経験した分しか問題の本質は理解できません。その点だけ考えても、旅が終わった時に自分がどうなっているかは理解できないとわかります。もう一つの問題は、意識である自己自身がやがて終わりを迎え、存在しなくなることについて、自己自身は想像も理解もできないことにあります。

マインドには、マインドがどのようにして消滅するのか理解できません。自己は無自己を経験できません。意識は意識のないことを経験できません。マインドはマインドがないことを経験できませんから、その可能性を否定します。マインドがマインドの不在について、自己がそれ自身の消滅の可能性について考えたなら、怖れや否認、否定といった反応が自動的に生じるでしょう。意識を喪失し意識がなくなったら、何も残らないと考えるのです。意識は意識を越えた何かをつかむことができません。見る者がいなければ見ることはできないのです。

覚えておいていただきたいのは、意識は意識自身を認識する手段ではなく、意識でないものを知る手段だということです。意識である自己は自己知識の仲介者ではなく、自己自体が自己知識や自己認識の中枢です。意識は内省的な経験のすべてであると同時に、意識という存在の次元の外側にある経験をも包括しているのです。もし、自己や意識を取り除いたとしたら、自己という主体が失われるだけでなく、他の何かの存在を経験する手段もなくなります。ですから、意識が消失する可能性について検討してみたところで、意識は意識を越えた何かについて考えることはできませんし、意識なしに聖なるものを経験することもできません。自己を聖なるものとして経験することもまた、できないのです。意識を喪失すると、まったく新しい予想だにしなかった存在の次元が開きます。意識や精神の境界線や可能性を越えた、意識では経験し得なかった次元です。自己である意識の喪失は、人間にできる唯一真実の死の経験です。この他の死は、本当の死ではありません（補足Ⅱを参照のこと）。

旅の道しるべ

人生という旅は、未知、闇、無、非存在からやって来て、意識の光の中に生じるものでもあります。意識が発展すると、内なる闇の中でも見ることができるようになっていき、無や神秘を見る能力が向上していきます。すると、内なる闇や無は私たちが生じた聖なるものそのものであること、私たちはそれと一つだと理解できるようになります。源である闇は本当は光だったとわかるのです。旅の途中には聖なるもの光（あるいは闇、アンノウイング《知らないこと》と意識の光があり、どちらか一方の光が強くなりすぎないようにバランスを取っています。このような中間地点を越えると、聖なる光は意識の光よりも強くなり、終着点に近づくにつれ意識の光は徐々に弱まり、最後には聖なる光だけが残ります。見晴らしのよい地点から後ろを振り返り、旅の全体を見渡すと、意識はこの光を遮ることによって人間の次元での経験を可能にしていたとわかります。意識が人間として存在することを可能にしているなら、聖なるものと分離しているはずはなく、それを完全に覆い隠してしまうこともありません。意識である自己がある限り、それこそが聖なるものを経験する人間の能力であり手段なのです。意識を通じて経験する旅は、徐々に聖なるものへと戻っていきます。聖なるものを去る時、そうとは知らず闇の中にいますが、聖なるものへと戻る時は、それとわかっていながら光の中にいます。

聖なるものは光に喩えられることが多いですが、イメージしやすいというだけで、聖なるものと光が同じものだということではありません。絶対の本質は、マインドや意識では知ることも経験することもできず、また人間がつけた名前や標識、定義、説明で捉えることもできないのです。

補足Ⅰ　意識が経験する聖なるもの（神）

人間が経験する聖なるものについて考察する際、「自己」と「意識」は避けて通れない言葉です。なぜ「自己」と「意識」が聖なるものと深く関わっているかといえば、それらの持つ特徴的な能力が聖なるものを経験するためにどうしても必要だからです。知覚や物理的な肉体は聖なるものが顕れる際の媒質にはなりませんが、主観的な認識、つまりいつも経験している自己あるいは意識がその媒質となるのです。その意味で、聖なるものとは自分の自己や意識を経験することだといえます。ですから、ここでは聖なるものを「個人的・主観的な経験」であるという前提のもと、聖なるものは自己であるという観点に基づいて話を進めていきたいと思います。啓示は主観的なものだという前提に引っかかりを感じるとしたら、その理由は私たちが持っている傾向によるのでしょう。聖なるものがその姿を顕すのは意識である自己においてである、だとしたら、聖なるものとは意識である自己なのだ、少なくとも何かそのようなものだと思うことに抵抗があるのです。このような思い違いを防ぐには、意識が経験する物事、たとえば鳥や岩や木といったものは、意識によるノウイング《知っていること》や経験、存在の次元に属しているのではないと思い出すことが有効です。自分がそう経験しているからといって、それが経験している何事かの本質であると決めつけるべきではないのです。誠実さを持って、自身の経験を見直してみるのです。経験しているのは私たちの自己であり、私というのは私の経験です。経験以外はすべて「別の何かを介して行われた」結果として得られた知識や認識です。聖なるものの認識や岩の認識の本質は、経験によって定義することはできないのです。意識が最初に知り経験するのはそれ自身です。マインドの反射メカニズムはそのような性質を持って機能しています。次に知り経験するのは、意識とは別の何かです。自己経験をもとに意識を定義づけることはできたとしても、意識以外の何かの本質を定義することはできず、意識が経験した何かの本質を定義することもできません。

意識が何かを経験した時、経験そのものがその何かを知ることはできません。意識は意識以外の何かに「なる」ことはできないのです。意識にできるのは、自分自身という場において知り、経験することだけです。自分ではないものや、自分と同じ次元にはないものを意識が知る唯一の方法は、知っていることや経験したことの場の中に何かや誰かを持ち込むことです。意識はそのようにして、自分とは別のものでありながら知っている何かに接触することができます。意識がそのような仲介役になる場合、自分自身がそれについて持っているイメージや好き嫌いをもとに、知っている何かに制限を設けます。自身の視点に基づいて、理解する範囲を決めてしまうのです。そうであれば、意識自身ではないものについて知ろうとするなら選択的になるべきではないし、自分ではないものに制限を設けてはならないのです。意識が直接的に経験するのは、どのような場合でも意識自身です。と同時に、意識自身ではない物事、人や聖なるもの、宇宙といった知識は非直接的な知識であり、意識はその仲立ちです。顔見知りの誰かの皮膚の内側に入っていくのは不可能ですが、もし、そうしようとするなら、自分でいることや自分として存在することをやめなければなりません。ただし、その中に入ったと思った瞬間、そこから抜け出てしまうでしょう。鳥や木や岩を直接的に知ることはできないからです。私たちに知ることはできるのは、あくまでもそうしたものを経験している自分自身です。であるなら、私たちが知っている存在のすべて、実存について知っているすべてのことは「意識が許容する範囲において」になります。意識は人間の経験の境界を決めているだけでなく、聖なるものや宇宙の何たるかもまた決めているのです。境界線の範囲で、あるいは知っていることや経験の範囲内において、物事の意味を決めているのです。その意味では、意識は人間を経験や存在という人間の次元に閉じ込めてもいるのです。

それゆえ、聖なるものや宇宙の究極的な本質について話をしようにも、意識の許容範囲に限定されてしまうことは避けられません。しかし、聖なるものも宇宙も意識を越えた存在であり、意識が存在する前から存在し、意識が存在しなくなった後にも存在します。意識と意識による経験の観点で聖なるものや宇宙を定義づけることなどできないのです。意識は聖なるものを経験しますが、その経験は聖なるものそのものの経験ではありません。意意識を経験したのであり、意識が経験した聖なるものを聖なるものだと思っているのです。意識と聖なるものの違いを、原因と結果に例えることもできます。経験の原因は聖なるもので、意識が経験するのは意識である自己という結果です。先ほど、聖なるものも限定的にしか経験できないとお伝えしましたが、私たちが感知する経験（結果）は私たちの側に属しています。例えば、目の前に針があったとします。私たちがする針の経験は針の側に属しているのではありません。針が何を感じているか知ることはできませんが、恐らく何も感じていないでしょう。意識は聖なるものを感じ経験しますが、聖なるものが感じ経験しているのではありません。手厳しく聞こえるかもしれませんが、自己である意識を喪失しないと、それを検証することもできません。それまでは聖なるものを経験することはできず、意識が経験するのは意識であると認めていただきたいと思います。聖なるものは非経験的であるため、経験できることの中ではなく、経験できないことの中に求める方が妥当です。順調に歩を進めている黙想者は、自己と混同しない本物の聖なるものの経験を切望していますが、自己のない聖なるものを経験するには自己を喪失するしかありません。聖なる経験をしたのなら、その特徴や本質は意識による経験を越えています。

　なぜ、自己である意識が残っている間は聖なるものを知ることができないのでしょうか。無意識のうちに働く反射のメカニズムが存在するからです。それが隠されてきた秘密であり、自己知があるのもそのためです。これは旅の道程の全体に共通することですが、自己についてどれほど知っていようと、それは意識的な領域における自己に関する知識であって、自己の全体からすれば氷山の一角にしかすぎません。そう思わない人もいるようですが、反射という行為をする前のマインドは自己ではないのです。もし、マインドが自分の向きをマインドに向かって反射することができなかったとしたら、自己はありません。反射を停止した時に自己が残っているか確認すれば、それを証明できるでしょう。いかに言葉を尽くして説明しても、無意識のうちに反射を行っている自己を見出してからでないと、非永続だったにせよ、反射する自己を意識的に停止することはできません。自己である意識が「しよう」としないことで、自律的で無意識かつ反射的なメカニズムは終わりへと導かれます。このメカニズムこそが自己そのものだからです。

反射メカニズムに関して重要なことは、意識できる領域にとどまらず、無意識の領域にまで自己意識が及んでいることです。ふだん私たちが経験しているのは意識の中でも意識できる部分だけであって、そのような認識に先んじるのが無意識です。しかし、この考えは不正確で、それを証明することもできます。まず、認識に先立つ認識はありません。というのも、感じる中心は反射機能を持たず非二元の経験でもないことから、感じる自己は認識に先んじる認識だと考えてしまうことが多いのです。部分的には真実ですが、意識全体を考慮した包括的な考えかというと、そうではありません。仮に、知る自己（反射メカニズム）がなかったとしたら、感じる自己や非二元の感じる中心もありません。意識が自らを認識しなければ、認識すべき自己や意識はないことになります。だとするなら、意識全体が自己意識であり、意識全体が自己なのです。

基本的に私たちは、反射メカニズムである知る自己を利用して何かを認識しますが、だからといって非二元の感じる自己（あるいは意識の中心）は独立しているわけではなく、知る自己（何かを認識している主体）がなければ感じる自己もまたありません。エネルギーや意思の力、愛、聖なるものなどの感情は、何かを認識せずに持つことはできません。最も深い感情は生命と存在という基本として経験され、ほとんどの場合、私たちはそれを当然と感じているために、実はそれも「感じる経験」だとは思っていません。「本当の」自己、つまり何かを認識する主体に先立つ自己は非二元の経験だと思うかもしれませんが、そのような自己も認識の主体から分離しているわけではありません。つまり「生命と存在という非二元の経験は、反射メカニズムが働いていない時に体験する」というのは、実は誤りなのです。生命と存在を非二元として経験した場合でも、その経験は反射メカニズムからは独立していません。むしろ、生命と存在の経験という独特のエネルギーは反射メカニズムに燃料を供給し、動き続けるようにしています。この中心的なエネルギー、つまり生命力が残っている限り、反射メカニズムが停止することは永遠にありません。

生命と存在という中心的なエネルギーは、合一の経験において経験されることが多いのですが、通常それは聖なるものという基盤の上で機能し、聖なるものから生じ、聖なるものによって保持されているように感じられます。神がなければ私たちは存在できないことから「神は私たちの実存である」というのは事実です。実際、生命と存在は分かりやすい合一の経験ですが、聖なるものと切り離せないとわかっているからこそ合一の経験なのです。生命と存在は非二元として経験されますが、意識が認識する経験であることには違いなく、聖なるものとのワンネスを認識するのも、合一状態を確かなものにするのもまた認識です。マインドによる認識と、生命と存在の経験は切り離すことができません。だとするなら、合一の経験は二元でもあり非二元でもあることになります。二元であるのはマインドの反射メカニズムがその理由である一方、非二元である理由は生命と存在を経験する唯一の場面だからです。意識全体や自己を喪失すると、感じる自己と知る自己の経験を丸ごと喪失するわけですから、二元とか非二元と呼べるようなものは何も残りません。そして聖なるものはこれらの枠組みを越えています。

もう一つの秘密は、無意識のうちに生じる反射メカニズムによって、意識は自分のイメージや好みに合うよう聖なるものを作り直していることです。もちろん視覚的なイメージではありませんが、考え方や感情をもとに経験や存在、自己、意識などに似た聖なるものを作っています。こうして私たちは聖なるものを自分自身の自己経験の観点から経験し、聖なるものもまた存在や自己や意識だと信じてしまいます。しかし、聖なるものは意識や自己経験によってアクセスできるあらゆるものを越えていますし、そもそも意識や自己経験がアクセスできるようなものではありません。私たちはこれまで、自己による経験や精神の機能の構造の範疇で、聖なるものと関わる神学理論や哲学を構築してきました。しかし聖なるものが精神をつくったのであって、その逆ではありません。最後に述べておきたいのは、私たちが犯すどのような間違いも、こうであったらいいなという希望も、すべてそれで良いということです。

補足Ⅱ　死と復活の本質

旅路を歩くうち、たくさんの終わりとまた新たな始まりを経験します。「死と復活」もそのうちの一つです。旅の道すがら遭遇する見誤りようのない終わりは、自己である意識の喪失です。旅を振り返って俯瞰すると、終わりといえるのはそれだけであって、それ以外に終わりと呼べるようなものはないことがわかります。自我の喪失を旅の終わりだと思っている人と私たちとでは、旅の見方がまったく異なっているのです。「自己」あるいは「意識」という言葉は精神のあらゆる領域、精神によって経験するあらゆる物事を包括しています。自我は単に意識である自己の自己中心に過ぎず、精神や意識である自己の全体ではありません。そして、自己中心を喪失すること（無我の経験）は、合一状態あるいは神意識を根底から変えてしまいます。しかしそのような出来事は、自我のない合一状態を十全に生きることで「本当の自己」をも喪失し、同時に神意識を含む意識の全体性を喪失するに至った時に生じます。旅は自我から無我、本当の自己から無自己へと進捗し、それを理解した先にキリストの復活と、そして私たちの中に顕現するという次の段階が見えてきます。

多くのキリスト教徒にとって、十字架のヨハネが「魂の暗夜」と呼ぶ変容の過程を経験することは、ある意味において自己の死であり、自己の神を経験することでもあります。変容が実際に起きるまでは知るべくもありませんが、神を経験していたのは自我あるいは自我的な意識だとわかるようになります。自我的な意識を喪失するまでは、それが唯一の意識であり自己であるため、それ以外は知りようがありません。自我領域の自分を喪失した時には、自我が知っている聖なる経験もまた喪失することになりますから、聖なるものも自分も奪われたと感じるかもしれませんが、旅のその時点で知っていた自分と聖なるものを失っただけなのです。聖なる中心と本当の自己が現れたなら、新たな自己と新たな意識を発見します。自我と自我が知っている未熟な聖なるものの喪失によって、もっと深く降りていくよう私たちを追い立てるのです。自我という自分の領域で経験する聖なるものから、聖なるもの自体の領域へと移行するよう迫られるわけですが、そこは聖なるものから私たちという存在あるいは実存が生じる領域のことなのです。

自己の中心（自我）が無と闇、空虚さになってしまうと、最初のうちそこは何もないただの無のように思えます。しかし実際のところは、自我の自分には経験することも見ることもできなかった聖なるものなのです。それまで遭遇できなかった聖なるものが初めて姿を現したわけですが、それが不変の合一の合図になります。しかし、そうだと認識するためには自己の無と空こそが聖なるものなのだと教えてもらわなければならず、それを知らずにいると精神のすべてをそこに注ぎこむことができません。合一状態へと入るためには、精神を聖なるものへと注ぎ込むことが必要なのです。

これに関して、私自身の経験から気づいたことがあります。宗教によってはこの段階に触れていないこともありますし、そもそも宗教に親しみがない人もいます。こうした要因がもたらすのは、旅のこの段階における内的な闇と無の意味を理解できないことや、スピリチュアル面や心理面で必要とされることが何かもわからずに内的な闇を怖れ、起きていることに誤った解釈を加えてしまうことです。その結果どうなるかというと、自らの無の中に落ちていく代わりに、世界の喜びに適合させようとするのです。闇や無や空から逃げたり、闇や無の本質から生じる様々な妄想に巻き込まれてしまう場合も少なくありません。なぜ、合一状態に至る人がほんのわずかしかいないかといえば、このような経験の意味するところを理解している宗教のサポートを得られないからなのです。乗り越えるのが難しい節目に行き当たった時、全貌を見通すことができないと、壁にはね返されるだけでどこへも進むことができません。伝統的な宗教の使い古された方法論は自我しか想定していないため、喜びはいつかすり減ってしまいます。神のためだけに、あるいは究極の真実を求めて旅路を歩むのでなければ、旅路を歩いているとすらいえず、いずれは道端で行き倒れになってしまうでしょう。

さて、ここでのテーマは死と復活ですが、それが何を意味するのか理解しようにも、自我領域の意識と合一レベルの意識の間にある違いはあまりにも大きく、そのことが行く手を妨げています。しかし、自我中心の領域の意識を喪失すれば、私たちの生命は私たち自身の手の内にあるのではないと感じられるようになり、私たち自身の命など本質的にはないこともわかるでしょう。だからこそ、神聖さは空洞の中心として現れるのです。そうして、神聖さの領域こそが私たちの本当の生命であり、私たちが持っている本物で唯一の命であることがわかってきます。永遠の命を発見することはある意味での復活で、ここから新たな命と新たな生き方でこの世界に存在するようになるのです。自我を喪失してから聖なる中心を発見するまでの間には、死と復活の感覚があります。キリスト教徒にとってはキリストの顕現でもあり、キリストの正体と「本当の自己」は驚くような方法で統合されます。聖パウロは「もはや私ではなくキリストが私の中で生きている」という言葉を残していますが、その意味もきっと理解できるでしょう。

キリストの死の本質は、人間として生きたキリストの自我意識や、未熟な自己が死んだことではなく、あるいは復活というのが、キリストが本当の自己を発見し、聖なるものと不変の合一に至ったことだともいえません。最初から、あるいは死のずっと前から、キリストは聖なるものとの不変のワンネスを経験していました。キリストは、私たちも彼と同じことを経験し、同じ現実を理解するべきだといっています。キリストという著名な人物は、自身が経験したワンネスについて合一意識から語りかけましたが、それは自己が死ぬ前のことでした。とはいえ自我意識から話していたのではありません。キリストは自我意識を知らなかったのです。他の人々と同じように生活する人物として、本当の合一を理解しながらも自分と同じように生きることは可能だと語りかけていたのです。私たちも、キリストが生きたように合一状態を生きることができます。しかし合一状態に至ることは、キリストが人々の前に現れた時の状態に追いついただけで、そこからさらに最終的な死と復活へと道は続いていきます。

キリストが自我のない合一のワンネスで人生全体を生きていたのなら、死と復活は何だったのでしょうか。キリスト教の「贖罪」はその目的を説明するだけで、キリストの死の本質については語ってくれません。しかし、私たちがキリストのように聖なるものとのワンネスを理解し、キリストがそうしたように合一状態で生きれば、私たちも死と復活を同じように経験することができるでしょう。キリストに起きたことは私たちにも起こるのです。キリストがいう「道」は、自分が歩んだ道は私たちの道でもあることで、合一状態や十字架が行き止まりではないことを意味しているのです。

キリストの死は、人間として経験する聖なるものとのワンネスの終わりを意味しています。合一意識、神の意識の終わり、すべての意識、精神、自己の終わりです。誰がそれをするのでしょう？　キリストは「自分自身を諦めた」という言葉を繰り返して述べましたが、その意味を知っている人はいるのでしょうか。自己が何かを理解するまでは、その意味を理解できないでしょうし、キリストの死の本当の意味を知ることもできません。合一状態の自己を喪失することは、「神の死」と表現する方が適切なのかもしれません。神とは自己が経験する最深部での経験で、最深部の自己が知っていることでもあるからです。聖なる本当の自己を越えると自己はもうありません。合一した、本当の自己の死を越えると、自己と自己が経験する聖なるものも、結合や神意識をも超越しているのが神だとわかります。神は死にません。神の死を経験するのであれば、神は実際には自己である意識だったことと、それが死んだことを表しています。

キリストが「地獄」へと降下した後、人間（意識あるいは自己）と聖なるものの間にある裂け目に虚無の中の虚無が残されました。この空《くう》からキリストは上昇し、そして復活しました。復活が意味するのはキリストの身体（神秘の身体）の本質の開示、本質との遭遇、そして神性である三位一体の顕現です。ここでは復活が顕す真実や、アセンションが明らかにする真実については掘り下げませんが、復活の状態は実存の次元にあり、精神、自己や意識による認識をすべて超越しているというのが重要な点です（第3部で詳しくお話しします）。惑星の次元が動物の次元とは違うのと同様に、復活した状態である実存の次元は意識の次元とは違います。意識や精神には複数の異なる領域があるのではなく、意識や知性によって捉えられないため言葉で説明できない別の次元が存在にはあるのです。

キリストの死を自我や自己中心の喪失と考えるなら、復活は合一あるいは超越的な状態だということになるのかもしれませんが、キリストという存在を理解するためには悲劇的なほど不十分な認識だといわざるを得ません。これまで考察してきたように、キリスト教はキリストを非常に近視眼的に見る慣習があり、結果的に私たち自身の見方も近視眼的になっています。キリストの道は人間なら誰もが同じく可能であり、それを読み違えると人間全体を読み違えてしまいます。人間として生きたキリストの意識、自己がまったく新たな真実と顕現の次元に向かって開くなら、私たち自身と創造全体にも等しくその可能性があります。

補足Ⅲ　自己経験のあらまし

「自己」とつく言葉はすべて、意識がしている経験を指しています。ただ、意識を構成する経験の中でも最も深い部分の自己による経験はとても微細で気づきにくいため、自己である意識には認識できません。私たちは意識を生き、意識そのものであるにもかかわらず、その間に意識である自己の本質が私たち自身に対して提示されることはないのです。完全に、かつ最終的に明かされるのは、自己である意識を喪失し、自己による経験が停止してからです。そうなってからでないと、意識の不在がどういうことなのか、意識とは何なのかを知ることはできません。

意識である自己の経験は、知ることと感じることという二つの要素、意識と無意識という二つの領域から形づくられています。こうした要素から成る経験がより合わさって人間特有の経験の次元ができ、人間の特質や意義を構成しています。意識とは何かといえば、人間が知り経験することの範囲であり、人間が経験する聖なるものは意識によって設けられた境界線の内側にあります。聖なるものの経験は自己あるいは自己経験の深奥です。

知る自己

意識は、人間の脳に特有の機能です。脳（マインド）を自らに向かって反射するのが脳（マインド）の反射機能ですが、私たちが自分自身を知ることができるのはこの機能のおかげです。視覚は外側だけに向かいますが、意識は内側しか見ていません。「（視線の）向きを変えて内側を見る」という行為によって、マインドは「これは自分だ」「私は私自身だ」などとして「自分を知る」ことができます。自己とは、知ることや認識だともいえます。反射機能は自動的かつ無意識のうちに働きますが、そのことが主体と客体という二つの極をつくっています。

私たちは、客観的な自己を自己イメージとして持っていると思いますが、客観的な自己イメージは意識的でもあり無意識的でもあります。意識と無意識という二つの領域が意識の機能に同時に影響しているのです。ここまでの内容をまとめると以下のようになります。

1　意識による反射の行為は自動的かつ無意識的であるため、意識的にコントロールすることはできない。自己認識は自分で認識しようとしまいと無意識のうちに生じる。

2　反射した後の意識の領域は意識的な領域にあるため、意識的にコントロールできる。

自らの内を見つめたり、自分自身を認識したりできるのはそのためである。人間は発達の過程において無意識のうちに自分を認識するようになり、そうして意識的な自意識を持つようになる。ただし、無意識の領域にあった認識が最初から意識的領域に浮上することはない。

反射メカニズムは「知る自己」です。自己という言葉はどのような場合も「知ること」を表しています。また、反射メカニズムは、知性が発達する要因であるため、マインドの論理的機能を司っています。このメカニズムが正常に発達しないと、知性や論理的機能がうまく発展せず、発達障害となります。

感じる自己

「感じる自己」は、生命や生命力、あるいは存在による経験のエネルギーといったエネルギーを表現しています。こうしたエネルギーはそこらじゅうに行き渡っていて、言葉で説明できるようなものではありません。誰もが継続的に経験しているこのエネルギーは、「感じる自己」による最も深い部分での経験だという点には賛成していただけると思います。意志のエネルギーや、意志の力によってする経験のエネルギーが「感じる自己」のエネルギーです。自分に向かって自分を投影する反射メカニズムや、そのような作用の源を操っているのもこのエネルギーです。感じる自己のエネルギーは、「知る自己」の背後にある燃料であると同時に、反射メカニズムによって内側を見る場合の焦点という意味でも、中心的なエネルギーだといえます。感じる自己とそのエネルギーは、意識の中心点なのです。「感じる自己」のエネルギーは「知る自己」もカバーしているため、「知る自己」による主体と客体という二つの極の中心点でもあります。感じる自己の中心点は、肉体のエネルギーや肉体の形を経験する際の土台にもなっています。肉体の形状については、中心があるからその外側もあり、意識の中心があるからこそ自分が周囲とは別のものであり、外周の部分で周囲と接している形態であり存在であるという経験をします。エネルギーの中心点から立ち上るのは様々な種類の経験的エネルギー、つまり感情や情緒のシステムです。

意識の統合

知る自己と感じる自己によって様々な種類の微細な感情やエネルギーが無意識のうちに生じていますが、ふだん私たちは無意識的に生じたものを自己や意識とは考えていません。意識は内的でスピリチュアルな感覚のもとにもなっていて、内在する聖なるものと外在する聖なるもの（自己である意識を超越した聖なるもの）の感覚もその中に含まれています。

このように内と外、聖霊と肉体と魂の区別など、物事に境界線を設けているのは意識です。美醜や時間の感覚、肉体的な疲労や退屈した感じなど、挙げればきりがありませんが、こうしたことを区別しているのは意識なのです。意識を統合する場合には、知る自己と感じる自己のどちらも必要になります。反射メカニズムに燃料を供給しているのが感じる自己エネルギーの中心だとするならば、もしこの中心がなければ反射メカニズムもありません。統合した意識は実存そのものなのです。私たちは概念や領域、経験などによって意識をたくさんの部分に分割していますが、統合した意識の機能や、それによる経験は変化させることができません。

意識と感覚：二系統のシステム

動物にとって、実存や知ることは純粋に知覚的な次元にありますが、人間の場合、知る経験は意識によって知覚されます。人間を動物と区別しているのは、意識である自己なのです。人間においては、意識と自己が一緒に機能するとタイプライターのキーのように働いて反射のメカニズムを作動させることから、知覚的なインプットはすべて主観にもとづいて印字されることになります。意識あるいは反射メカニズムが残っている限り、人間は「純粋な」知覚を得ることができません。意識は感覚に依存し、感覚は意識に依存しているからです。

エゴセルフ

私たちが旅を始める頃、エゴセルフを通じてあらゆる自己経験をしています。意識の中心はエゴセルフですし、エゴセルフという中心の周りもまたエゴセルフです。旅の初期において、自己中心は自己意志であり、「自分自身だけのための存在」というエネルギーとして経験される自我です。このような自己中心のエネルギー（自己意志）は、欲しいものが手に入らないとヒステリーを起こして肉体の痛みや苦しさという現象を引き起こします。欲望、執着、怖れなどの中心になっているのもこのエネルギーです。自己意志である自我がある限り、この中心的なエネルギーからすべての意識が機能します。この中心を喪失するために意識が学ばなければならないのは、自我のない空っぽな中心の周りで機能することです。聖なる中心点はエネルギーのない静止点です。静止点において、意識である「感じる自己」のエネルギーは、それ自身に向かって向きを変えるというような動きをしませんが、自発的に聖なるものに向かうこともありません。本当の変容プロセスは自我の中心を喪失した時に始まります。それまでにも、自分を別のものに作り変えようとか、自分だと考えているものを変化させようと努力するでしょうが、本当に変えることはできません。

自我という自己中心を喪失しないことには、変容が聖なるものの業であることも、そうとしか説明がつかないことも理解できないのです。

本当の自己

自我という自己中心を喪失すると、二つのものが同時に新たな中心となります。一つは自我の不在（空っぽであること、存在しないこと）で、もう一つは聖なるもののポジティブさです。本当の自己は、統合した自己や神意識の自己と説明されることもあります。本当の自己は、どのようにして聖なる中心を認識しているのでしょうか。無意識のうちに自らを認識しているのと同じように、聖なるものも認識しています。聖なるものと自己のどちらも、無意識的な反射によって認識しているのです。統合意識とは、シンプルで一つしかない「存在」の経験です。聖なる存在と本当の自己は、深奥において一つだという経験です。存在の経験は常に一つだけであり、二つであることはありません。統合意識は主に「私」あるいは「私たち」として自己と聖なるものを指す意識で、「私とあなた」の意識ではありません。生命と存在の経験は一つしかありませんが、統合した「私たち」は二元であることを暗示しています。だとするなら、神意識もまた自己認識と同じ無意識的な反射によって与えられた、一つしかない聖なる中心の認識だということになります。反射という行為はたいてい無意識のうちに行われ、意識的な反射はほとんどありません。統合された認識もたいがいは無意識的であり、意識的であることは少ないのです。無意識的な本当の自己は聖なるものを経験する主体で、その性質は合一状態と合一の経験の神秘です。聖なるものや現象の自己は神秘ではありませんが、その中間にある本当の自己は一方で聖なるものを経験し、その一方で聖なるものを現象へと立ち上らせています。これこそ本当の意味での無意識の神秘であり、神秘が無意識そのものなのです。無意識という神秘は、現象の自己と本当の自己を喪失する時に明らかになるでしょう。変容の前、ふだんの自己経験は自我意識によるものでしたが、変容の後には本当の合一意識がふだんの自己経験となります。

現象の自己

自我のない合一状態であっても、自己経験をまったくしないわけではありません。そのため、無意識の深奥における本当の自己（聖なるものと一体の自己）と、表面的で永続しない自己を区別しておくことが重要になります。表面的で永続しない自己を、私は「現象の自己」と呼んでいますが、現象の自己はつまり人格だともいえます。人格は物事に反応する部分であり、他の人が見ている自己でもあります。その意味で「現れている」自己、つまり現象の自己だというわけです。一方、本当の自己は現れることもないですし、外に向かって何かを表現することもありません。本当の自己には動きがなく固定しているため、不動の中心のようなものですが、この自己から現象の自己が立ち上っています。何かが起こる度に、その反応として、あらゆる機会に立ち上ってきます。私の経験では、聖なるものと一体である本当の自己は、内部で燃え続ける炎のように感じられるのですが、一方の現象の自己は常に変化して動いたり移動したりして、内的な円のような本当の自己の外側の世界や状況への反応として常に呼び起こされています。本当の自己は不可知ですが、現象の自己は私たちが自分だと考える経験のすべてによって形づくられています。この場合の経験というのは、様々なエネルギー、感情、情緒、思考や精神による機能などのすべてです。こうしたことと本当の自己による経験とでは、はっきりとした違いがありますが、現象の自己が本当の自己と分離することはありません。本当の自己は、無意識的な現象の自己だともいえるのです。現象の自己は、本当の自己のエネルギーを使って本当の自己から立ち上ってくるものだからです。本当の自己がなければ、現象の自己を経験することもありません。意識的な現象の自己は、聖なる認識に留まることはありません。現象の自己のマインドやエネルギー、感情は、基本的にふだんの生活に没入していながらも意図的に内側を見て、自らの聖なる中心を反射させることができるのです。そうすると、聖なる中心は客体として、あるいは意識的に反射するマインドの対象として見られてしまいます。

本物の合一の経験は、無意識的な本当の自己に属しています。本当の自己とは燃え続ける中心としての炎ですが、この炎は生命と存在の経験です。この経験によって私たちは聖なるものと一つであることを理解します。もし、炎が消えれば本当の自己もなく、現象の自己が立ち上ることもありません。無自己の経験とは、このような出来事なのです。

無自己

自己である意識の喪失は、二つの異なる経験から構成されています。なぜ二つかというと、意識は「知ること」と「感じること」という二つの異なる経験の次元によって構成されているからです。最初に、無意識的なマインドの反射メカニズムが停止します。知る自己が停止するのです。停止は一時的なエクスタシーに似ています。次に聖なる中心を喪失します。聖なる中心は命ある炎で、感じる自己の深奥です。合一の炎という中心はあらゆるエネルギー的な経験の源であり土台であり、知る自己の反射メカニズムが働くための燃料だったものです。合一の中心を突然喪失するという二番目の経験は、同時に聖なる自己の喪失でもあります。エネルギーの中心が残っている限り、エクスタシーから戻ってきた時と同じように反射メカニズムはまた動き始めます。無自己の出来事とは、「生命」「存在」のエネルギーの源であり土台である聖なる中心を失うことですが、それだけにとどまりません。土台のないところには現象の自己が立ち上ることもできません。ですから、本当の自己も聖なる自己もなく、現象の自己や知る自己、感じる自己もなくなります。合一した自己やその中心と内側、無意識も意識も、精神もないのが無自己です。経験する主体がなければ経験することもできませんから、主体によって経験される何かもありません。

無自己を越えて

自己を喪失してなお残るのは、当然ながら身体と知覚です。純粋な知覚が残って、意識がなくても知覚がその役目を果たすのですから、神秘の業というより他ありません。復活とは身体の本質の顕現なのです。肉体は永遠ではありませんが、本質的には三位一体のキリストであり、キリストの神秘体です。神秘体は私たちがふだん経験する身体の経験ではなく、そもそも経験ですらありません。そして、この後にアセンションが顕現します。アセンションは聖なるものという天の状態が明かされることで、キリストの神秘体は永遠にこの状態に居住しています。三位一体に当てはめるとすれば、天の状態は父なる神ということになります。もし、アセンションの状態が少しでも継続したなら、知覚は機能をやめ、続いてすべての身体的機能が停止するでしょう。医学的な死を迎えるのです。神秘体は被創造で、あるあらゆる不滅の形態あるいは物質です。形態は聖なるものであり不滅のキリストです。キリスト教の言葉で表現すると、以下のようになります。

1　永遠かつ明らかな形態あるいは物質とは、キリストの聖なる本質である。

2　永遠の非顕現（父なる神）とは、顕現が永遠に居住する輝かしい状態である。

3　永遠の動きあるいは創造的に顕現する聖なるものは聖霊である。

このような三位一体の絶対性は顕現と非顕現であり、顕れつつあるものです。意識である自己を越えたところでこのような顕現を支えることができるのは、身体だけなのです。

第2部

意識にまつわる三つの視点

THREE VIEWS OF CONSCIOUSNESS

ヒンドゥー教

カール・ユング

ロバーツ

はじめに

意識の本質に関する私の見方は、正統派のヒンドゥー教やカール・ユングの心理学とは根本的に異なる点があります。上記の二つの概念と私の見解との関係については混乱する部分もあるようなので、正確さを期すため私の考えと違う点について比較・検討を行いたいのです。私が「自己」「意識」「自我」「無意識」といった言葉を使う場合、読者のみなさんはヒンドゥー教やユングの学説で使われているような意味だと思うかもしれませんが、自己や意識に関する私の理解は、東洋の宗教にも西洋の心理学の概念にも基づいていません。ヒンドゥー教やユングの見解を知った時にはもう引き返すことのできない地点にまで来ていたため、今さら言葉の意味を変えることはできなくなっていました。ですから、まったく違うとはいわないまでも、宗教や心理学による定義に基づいてこうした言葉を使っているのでもないですし、そこから生じた考え方だというわけでもありません。しかし、ある人から問題を提起されたのです。私がたどってきた道程を正確に記すために使う言葉が、ヒンドゥー教やユングの考えを参照した言葉だと誤解されてしまうかもしれないというのです。私は自分の旅路を記録しているつもりでも、使う言葉が別の旅に属する意味だと理解されたら、私の意図とは別の終着地にたどり着いてしまうかもしれません。また、経験そのものと表現方法が乖離《かいり》していたとしたら、まったく別の概念に基づいた経験に置き換えられてしまいかねません。

私たちはそれぞれ異なる経験をし、異なる見方をしていますが、そこに問題はありません。自分が持っている概念や文脈でないものに、自分の経験を無理に合わせて定義しようとして元の経験が失われてしまうことが問題なのです。なぜ経験が失われてしまうかといえば、まったく別の概念や見方に即して言葉を定義し直すことによって、経験が別の何かになってしまうからです。経験を自分のものではない概念に無理に合わせようとすると、経験は別の概念の中に組み込まれ、薄められ、わかりにくくなって混乱し、オリジナリティが失われます。もし、経験したことを表現するために自分とは縁のない定義を与えたとしたら、その経験は旅の中から、やがては記録からも失われてしまうでしょう。そうならないようにするには、言葉の意味を線引きし、明瞭で正確な区別をしなければなりません。他の概念を批判するのではなく、他の概念や見解の独自性を尊重しつつ人間の知恵に新たなページを加え、聖なるものへと向かう旅に少しでも貢献することが目的です。

さらにいえば、私たちの経験における真実と誤りを指摘し、何が本質で何が表面的なものか区別することも重要です。単に言葉の意味を定義するだけでは十分ではなく、全員の合意を得られたことにもなりません。スピリチュアルかつ心理的な旅は、それだけではうまくいかないのです。人間は、同じ経験、同じ定義、同じ見方を持つ画一的なロボットではなく、どこをとっても違う存在です。ユングもヒンドゥー教も「自我」「本当の自己」「無意識」といった言葉に対して、それぞれの経験に基づいた定義を与えているでしょうが、その定義に納得するのはその枠組みの中にいる人々だけではないでしょうか。だとしたら、それ以外の人々の経験には当てはまらないのです。人間の旅は始まりから終わりに向かって徐々に変化し、途中では新たな発見があり、それまでとは違った視点を得ることもあります。スタート時とゴール時では同じ物を違った視点から見ているかもしれません。つまり、みなそれぞれに異なる視点から書いたり読んだりしているのであって、それが多様性です。多様性の例は他にもあります。聖なるものは一つしかなく、完全に同じものを二つ作ることはできません。永遠に新しく独自のもの、それが神聖さです。多様性は聖なるものという共通の基盤から生じているため、たとえ聖なるものと分離しているように見えたとしても、聖なるものと同じように無限です。人間は聖なるものと共にあることは歓迎しても、多様性は対立を引き起こすことがあり得ます。しかし、新しい経験の次元に心を開き、毎瞬が真実を観察する瞬間であるとすれば良いのではないかと思っています。

私が、黙想という枠組みにこれまでにない新しいもの、これまでと違う何かを組み込もうとした時、経験から得た定義を既存の言葉につけ加えていかなければなりませんでした。言葉の定義は極めて神聖で、変更も修正も許されないとする考え方もあるのでしょうが、言葉の意味を決める際の決め手は、辞書の記載や他の誰かの経験ではありません。意味や定義は自らの経験から生じるもので、経験の中から発見し学んだことの結果が反映されます。経験する前から定義を受け入れてしまうと、不正確な予測や誤解にもつながり、結果として間違った、あるいは不完全な概念へと導かれてしまいます。本物の自己認識は紋切り型の公式には収まらないのです。世間一般に知られ、受け入れられていることを簡単に受け入れられなかったからこそ、真実を探求してきたのです。いったん真実の探求を始めたら、あらゆる疑いが晴れ、疑問が何もない状態まで続けるべきだと私は考えています。

さて、ここからは「ヒンドゥー教」という言葉を使いますが、様々な宗派やヨガ理論を包括する言葉としてご理解ください。究極の自己や意識について、賛同できる点、そうでない点をみなさんと共有したいと思います。ヒンドゥーの哲学は非常に奥が深く多様で、自己や意識については複数の解釈がありますが、最も一般的で良く知られているのはシャンカラ［訳注：インドの哲学者］によるブラフマンとアートマンの意識です。このシャンカラによる解釈が正統派のヒンドゥー教と考えられています。ヒンドゥー教に関する書籍も、多くの場合、正統派とされるシャンカラの見解に基づいています。参考文献一覧に記載した書籍は、この部で論じるテーマと関わりがあり、また包括的な内容でもあるので参考にしていただけると幸いです。

ヒンドゥー教とユングの心理学は、人間の経験的な領域を広範に渡ってカバーしていますから、この部で触れる内容がすべてではないことをどうぞご理解ください。この部の主題は、自己や意識の本質とそれによる経験で、私の見方とヒンドゥー教やユングの見方との違い、また同意できない点についても洗い出していきたいと思います。単純に類似性を指摘するというより、意見の相違の原因となっている、無視できない考え方の違いを明らかにしたいと思います。誰かの見方や信念にけちをつけようというのではもちろんありません。代替案や異なる見解、別の信念にも常に扉を空けておきたいのです。

意識である自己に関する三つの視点：

ヒンドゥー教

「究極の真実（ブラフマンあるいは絶対）は意識であり、ブラフマンである意識はすべての存在の本質である」というのがヒンドゥー教の基本的な信条です。またブラフマンを経験した人間をアートマンと呼び、アートマンはサット・チット・アーナンダ（存在・意識・至福）を体現します。ブラフマンとアートマンの間に違いはないように思えますが、一つの物事に二つの言葉を当てていることを考えても、何らかの差異を示唆しているように思います。[1]

ヒンドゥー教の人生の終着地点は、アートマンを体現し、私たち自身がそのアートマンだと悟ることです。アートマンは私たちの本当の自己であり本質だからです。さらにアートマンはブラフマンであることから、アートマンを体現することはまたブラフマンという私たちの本質に気づくことでもあります。自己の究極の現実はブラフマンであり意識であるというエッセンスに到達することが、ヒンドゥー教の終着点なのです。ブラフマン・アートマンの意識と、幻想や誤りで分離した自己（ジーヴァ、アハンカーラ）の意識の違いを区別するため、ヒンドゥー教ではブラフマン・アートマンを「純粋意識」、個人の自己が経験する意識を「反射的意識」と表現しています。

（1）私自身は、ブラフマンとアートマンの間には大きな違いがあると考えています。神（God）と神性（Godhead）の違いを想起させるからです。どういうことかご説明しましょう。神というのは、神性のうち人間が経験したり知識を得たりできる部分のことで、神性は人間の経験や知識を超越しています。人間が経験したり知ることができる神性を神と呼び、人間には知ることも経験することもできないのが神性です。神性は人間の経験や意識の範囲を越えています。意識は人間が知り経験する限界ですから、その範疇を越える何事かは経験できません。それと同じように、アートマンというのは人間が経験できるブラフマンの限界ではないかと私は考えています。限界とは本当の自己である意識を指します。アートマンとは意識が経験するブラフマンである点には同意しますが、アートマンという経験はそのままブラフマンを意味するというのであれば同意できません。一言お断りしておくと、私の見解は常に非顕現のブラフマンというヒンドゥーの考え方ではなく、三位一体の神性に基づいています。

このような区別がありながら、純粋意識であるブラフマン・アートマンと通常の自意識は途切れることなく保たれるようです。純粋意識は高いレベルの意識であると同時に、高いレベルにある自意識なのです。つまり聖なるものと人間の意識には連続性があり、その間に空隙はありません。しかし同時に、自意識は誤りであって一掃すべき幻想と見なされています。この考え方によると、自意識と純粋意識は実際には連続性がないことを示唆しています。ある意識から別の意識へと到達する方法を考慮していない点が、ヒンドゥー教の問題のように思えます。

ロバーツ

あらゆる意識（無意識を含む）は自己であり、意識である自己は人間特有のものです。宇宙を見渡してみても、このような意識を持つ存在は人間の他にはいません。意識は「人間」という言葉が表現するものの基盤を成し、人間を人間たらしめています。意識があるから聖なるものを知ることが可能になり、聖なるものが明らかになるのも意識の上でのことです。ただし聖なるものは意識の範疇を越えたところにあり、意識によって知ることができるのは聖なるものの一部分にすぎません。ヒンドゥー教の経験的な純粋意識（サット・チット・アーナンダ）は、私の考えでは無意識の経験である絶対とのワンネスです。

純粋意識の経験は無意識の自己に属し、聖なるものに属しているのではありません。「純粋意識」「神意識」あるいは「合一意識」はどれも人間がする人間の経験であり、聖なるものの経験ではありません。私たちが意識の側にいる限り、聖なるものの経験は「愛」「存在」「至福」などと表現ができますが、意識を越えた聖なるものとなると、表現できるような言葉は見当たりません。言葉で表現できるようなものはどれも聖なるものではないのです。意識によって知り、経験できるものとなるつながりを持てますが、意識によって知ることも経験することもできないものとは、つながりの持ちようもありません（補足Ⅰを参照）。

カール・ユング

もし、カール・ユングに「神や絶対のような意識（特に無意識）を越えた何かは存在すると思いますか？」と問いかけたとしたら、わからないと答えたのではないでしょうか。そして、仮に意識を越えた何かが存在するのであれば、意識によって捉える以外に方法はないと答えたでしょう。この答えは、意識や精神を超越した絶対の存在を排除してはいないものの、肯定もしていません。肯定している点は、意識によって聖なるもの（そのようなものが存在する場合）を捉えて経験することは、すべて意識の枠組みの中で起きているということだけですから、少なくともこの点に関するユングの考えは、私よりヒンドゥー教の見解に近いことになります。ユングもヒンドゥー教も、意識によって知り得ることを限定しています。ユングは人間を、ヒンドゥー教は聖なるものを限定しています。ユングでもヒンドゥー教でも、意識を越えた何かを信仰することは、理由は異なるにせよ不可能なのです。

ヒンドゥー教は「絶対とは永遠の意識だ」という前提からしか意識について検討していませんし、ユングは永遠や絶対であるものなどないという信念から「始まりもせず終わりもしないもの」を意識だとしてとしています。ユングが「無意識の自己は絶対だ」と主張したことはなく、自己は死後も続く魂だと示唆したこともありません。その点でユングの「自己」は、ヒンドゥーのアートマンとはかなり異なっています。ただ、もしユングのいう無意識の自己が永遠でないなら、死後に聖なるものをとらえる方法はありません。だとすると、人類が聖なるものを経験することはなく、聖なるものとは壮大なつくり話のように無に帰してしまいます。

永遠であるどのようなものについても立場を鮮明にしないのは、意識や精神に関するユングの概念の全体的な特徴です。究極の現実はないことにしているわけですが、だとするとユングの心理学には根拠がありません。このような理由で、ユングは神話をアーキタイプやグノーシス的経験に根拠を置くより他にないのです。しかし究極の現実は神話や象徴やアーキタイプを越えていますから、究極の現実を認められないのは不幸なことではないでしょうか。一方で、ユングの概念が最終的には無に帰し、現実は空虚だという結論に達するという事実は救いにもなっています。宗教や真実が神話として崇められるようになると、ブラフマンや神、キリストはアーキタイプとしか考えられなくなってしまいます。アーキタイプはイメージや概念であり、無意識の自己の経験ですが、究極の真実へとたどり着くにはあらゆるアーキタイプや無意識の自己を越えていかなければなりません。マイスター・エックハルトによる「神と別れるために神に祈りを捧げる」という言葉が意味しているのは、まさにこのことなのです。最終的にはすべてのアーキタイプから離れ、殺してしまわなければならないのですが、アーキタイプを作っているのは無意識ですから、無意識の自己が残っている限りそれから離れることも殺すこともできないのです。経験的に考え得る限りのアーキタイプを破壊することは、無意識を破壊することでもあるのです。無意識の自己が残っていない状態では意識的な自己ももちろんいませんから、アーキタイプもありません。

興味深いことに、ユングが考察をやめてしまった地点は、ヒンドゥー教が意識に関する考察を始めた地点と一致します。ヒンドゥー教の起点は絶対で、そこから下あるいは内に向かってマインドや知性や現象的経験と向き合っていきます。ユングの起点はマインド、知性や現象的経験で、そこから無意識による「霊的自己」へと向かいます。ただしユングがヒンドゥー教の考察の開始地点である絶対に到達することはありませんし、そもそもそこに向かっているのでもありません。私の出発地点はその二つの始点の中間にあります。意識（とそれに関するすべて）は聖なるものから生じているというのがその中間地点です。一方に聖なるものが、もう一方に意識があるため、一方に展開する意識は人間特有の方法で知り経験するし、もう一方に展開する意識は聖なるものへと向かい、やがて引き返してきます。意識は聖なるものではないことから、聖なるものとは別の方向へ向かっているように見えるかもしれませんが、意識がある限り聖なるものと別れることはありません。意識である自己の命は聖なるものによって与えられているため、いずれは聖なるものに返すことになるのです。

ヒンドゥー、ユング、そして私の見解は三者三様ですが、共通点は自己である意識という点から考察を始めていることだといえます。ただし、始まりの地点は同じでも検討方法がかなり異なるため、結果的に別方向へと展開していきます。ユングのスタート地点は完全に人間に属していて、究極的な本質や源、宿命などではなく意識の中身や経験に基づいています。ヒンドゥーのスタート地点は完全に聖なるものの側にあり、この聖なる地点を本当の自己（アートマン）あるいは内的なブラフマンによって体現することが最大の関心事です。私のスタート地点は人間と聖なるものが出会う場所であり、人間と聖なるものの両者を同等に取り扱う地点です。

ところで、ユングによる自己の見解と、私の意識に対する見解は完全に一致しないまでも、重なる部分があります。無意識を精神の最も深い領域だと考える点です。私は「自己」というのは精神つまり意識の全体だと考えていますが、ユングの「自己」は無意識を指し、「エゴ」という言葉を意識の意識的領域だとしています。私が「自己」という場合、意識や精神の全体を指し、ユングのいう意識的なエゴと無意識の自己の両方を含みます(2)（ただし「自己」という言葉では、意識である経験もその意味に含むことを十分に表現できません。自己は言葉を発することはできても、経験を生じさせることはできません）。

ユングが最も深い領域の「自己」と呼ぶものを、私は「無意識の自己」と呼んでいますが、無意識が経験の最も深い領域であるという点では一致します。良く耳にする「本当の自己」という言葉について、ユングは無意識的・霊的自己という意味で用いている一方で、私は「本当の自己」とは意識の深奥での聖なるものとのワンネスの経験を知っていることという意味で用いています。「本当の自己」の一方には聖なるものが、もう一方には既知の現象の自己があり、その間にある事実上の不可知（アーキタイプではありません）であ

(2)「精神（phyche）」「意識」はどちらも自己経験を構成し特に区別していませんが、「意識」という場合は自己知の意識的・無意識的領域の両方を指しています。例えばユングのエゴのように「意識」という言葉が自己知の意識的な領域だけを指すこともあります。「精神」には無意識の自己知という意味や、エゴより上位の自己を意味する傾向があります。

る中間地点です。聖なるものが無意識の自己に触れる、不可知かつ神秘的なポイント、それが本当の自己です。ですから、私が「本当の自己」という時に意味することと、ユングが「自己」という時に意味することはかなり異なります。ヒンドゥー教で「本当の自己」といえばもちろんアートマンであり、アートマンはブラフマンと同じものを意味します。

仮に、ヒンドゥー教が「アートマンとは本当の自己である意識のことだ」というなら同意できますが、「自己であるアートマンつまり意識は絶対と一つだ」となると、同意できないばかりか不正確ですらあります。単に言葉の定義や解釈、信念体系の違いではなく、私自身の経験からそういわざるを得ないのです。

ヒンドゥー教における神秘主義、黙想者の究極的な経験、そして本質の顕現によると、本当の自己であるアートマンはブラフマンであり、これらは一つの絶対です。だとすると、「私は誰か?」という問いに対して「私はブラフマンである」と答えることになります。これはヒンドゥー教に特有の経験で、キリスト教や私が知っている他の宗教でも「私は誰か」という問いの答えは「不可知」です。言葉の使い方や定義が違うというだけではなく、多くの人々が経験に基づいてそう信じているのですから、本当に違うのです。言葉の意味や定義、信念体系については議論できますが、経験したことについては議論の余地がありません。他の人の経験には触れられませんし、変えることもできません。できるのは自分自身の経験を認めることだけです。もし、ヒンドゥー教が「自己とは絶対である」というなら、私も自らの経験に基づいて「絶対である自己などない」といいたいと思います。この二つの立場は真逆で、相いれないのであれば、寛容になって多様性を尊重するしかありません。

ヒンドゥー教もユングも、絶対と人間は意識によってつながっているとしているため、もし意識である自己を取り去れば聖なるものと人間のいずれも存在しないことになります。ヒンドゥー教では意識の外には何もないといいますし、一方のユングは、意識の外に何かがあったとしても、意識がなければそれを知ることはできないといいます。どちらも意識を中心に据え、意識によらない「ノウイング《知っていること》」を認めていません。しかし、「意識」や「自己」を伴って人間が現れるずっと以前から、聖なるものは知（the know）の中にありました。それにもし、人間だけが聖なるものを知っているというのなら、物事の中心にいるのは人間ということになり、宇宙広しといえど人間以外のものは聖なるものにとって取るに足りないことになります。「聖なるものは存在の中心である」と思うのであれば、この思いは興味深い方法で思いを抱く人に戻ってきます。このように一回転して自らに戻ってくることは、反射的である意識の特徴を裏づけています。ぐるりと回って戻ってくる反射的な意識がなければ中心はなく、中心がなければ聖なるものもありません。本当の自己である意識は、聖なるものを取り囲む円となって聖なるものを自分のものとし続けています。弧を描くように反射して円をつくったその中心にある聖なるものは、外周がある場合の相対でしかありません。聖なるものは、私たちの自己の相対としての聖なるものなのです。この円から脱出することこそ、人間の宿命を打ち破る冒険です。脱出するには中心を通り抜けるしかありません。外周である自己がなくなれば、中心も内側もなくなります。ほとんどの人が見逃しているのは、結局のところ聖なるものは「内側」にあるのではなく、いつでも目の前にあるマインドの反射メカニズムそのもので、その別名は「意識」だということです。

ヒンドゥー教の教義は、聖なるものとは意識である自己であると神学的に申し述べるところから始まり、人間の知ることや経験は、聖なるものや純粋意識には及ばないことを解説していきます。残念なことに、ヒンドゥー教は聖なるものに劣る弱点に「意識」という言葉を用いているのです。また聖なるものと、人間の通常の状態の両方を「意識」という言葉で表現しています。どちらの意味で使っているのかを区別するため、聖なるものを「純粋意識」、悟りを得ていない人間の通常の認識を「反射的な意識」あるいは「自己意識」と呼んでいます。この複雑さはヒンドゥー教の意識に関する議論に混乱をもたらしています。意識である自己には複数のレベルがあり、聖なるものとのワンネスの経験にも複数のレベルがあると考えられているのです。初学者ほど本物のワンネスを経験していることもあるし、子供がそのような経験をしていることも珍しくありません。黙想の旅に関する文献にはある誤りが散見されます。それは、実際にはそうではないのに、最終的で究極的なワンネスの状態に到達したと思ってしまっていることです。その理由は、ヒンドゥー教における究極的な状態にたくさんのバリエーションがあり、またバリエーションのそれぞれに複数の異なる説明があることが原因なのではないでしょうか。自己の意識を聖なる意識と取り違えることはよくあり、どれが最終レベルなのか、人間としてどこまで到達できる可能性があるかを見極めるのは難しいものです。聖なるものと、純粋に人間的な知識や経験（心理的作用）との区別は不明確で、違いを見わけるツールもありません。ですから、これは聖なるものなのだと思うと、聖なるものというのは私たちのことだと誤解してしまいます。ヒンドゥー教も聖なるものと私たちの二者を区別していません。区別すること自体が非現実的で、いずれにせよ誤りだというのです。その「誤り」の中には、反射的な意識（ジーヴァ、アハンカーラ）である現象の自己によるあらゆる経験が含まれています。現象の自己がする経験は人間のものだという点をはっきりさせ、それも人間にとって必要なのだと認める代わりに、ヒンドゥー教ではそれを間違いであり、悪いカルマ、あるいは単なる幻想だとして追い払うべきだというのです。

誤りである何かや、受け入れることもできず存在もしないものの上には、反射的な意識を助けるような賢明な心理を築くことができません。純粋意識は何千回も生まれ変わってようやく手に入れられるといいますが、それは反射意識の頑固さや根深さを証明しているように思います。何千年も続いた頑固な根っこは幻想で、間違いであり無知だとして追放したところで、悟りという稀な出来事の証明にはなりません。反射的な意識が間違いなら、人間や人類もまた間違いだということになります。私には、問題は人間や人類にあるのではなく、自分自身や聖なるものについて抱いている信念の誤りにあるように思えます。

キリスト教は人間と聖なるものの違いを認めていますが、人間という制約ある状態を前向きに捉えています。人間から聖なるものとのワンネスを奪うような見方はしません。人間を絶対とみなすと、人間という状態の非力さに説明がつかず、無理に理論立てしようとしても理屈や信念をこねくり回すだけになってしまいます。輪廻という信念あるいは理論によると、人間は自分が絶対であると理解するまで生まれ変わり続けるといいます。もし絶対が自分は絶対だと知っているなら、私たちは聖なるものをこれほどまでに高尚だと思うでしょうか。少なくともキリスト教の信念とは矛盾する考え方です。キリスト教に置き換えてみるとするなら、人間は「私は神である」と理解するまで待つ（生まれ変わる）ということになりますが、そのようなことはいずれにせよ起きず、何度生まれ変わろうと無駄なのです。人間と絶対の間に違いはないと信じる東洋には、その信念に基づき「私たちは絶対である」と理解するという終着点があります。しかし、そう信じない者にとって、それは終着点ではありません。

他にも指摘したい点があります。「意識は心理的に構築された、脳あるいは神経系の機能である」とするユングの指摘に異存はありません。しかし、ヒンドゥー教は意識について他の考えを持っています。意識を反射的だと考えないばかりか、精神的無知の表れであり、身体や脳による心理機能でもなく、非物質の魂あるいは霊だというのです。自己である意識は身体の中にはなく、心理的な生命体でもないというのがヒンドゥー教の見解です。聖なるものが「存在のすべて」であるなら、そこには身体も含まれるはずなのに、なぜ自己や意識を除外するのか、私にはわかりません。身体もまた聖なるものだと考えることと、聖なるものである意識は肉体と完全に分離しているというヒンドゥー教の主張は相いれないのです。ヒンドゥー教にはたくさんの解釈があり、多くの解説者がいて、非物質と物質の間に橋を渡そうとする試みが今も継続中ですが、こうした努力にもかかわらずヒンドゥー教の心理に関する見解は今も物理学や自然科学ではなく、形而上学に根差しています。キリストを発端とするキリスト教が自然科学を切り離したことはありません。形態にもよりますが、身体は永遠に保たれます。

　ユングの場合はどうでしょう。意識は心理に根差していると認めてはいるものの、これを翻すような発言もしています。ユングの心理学の導入部分では、意識の構造や機能は研究の対象ではなく、特に興味を引かれないとしているのです。ごく短い文章でこのように述べたすぐ後、次の話題に移ってしまい、前の文章の意味については説明していません。有無をいわせぬ彼の調子から、乱暴な印象すら受けました。肉体が死ぬと意識も死ぬか機能を停止し、意識の中身や聖なるアーキタイプも死ぬ、つまり存在することをやめてしまうのです。それから後はどうなるのでしょう。「それから」はあるのでしょうか、ないのでしょうか。「わからない」というのがユングの見解です。わからないというなら、意識は持続する実質あるいは目的であるとする彼の研究は無に帰してしまうことになりますが、これは何か単純な動物を相手にしているような研究ではありません。絶対や永続する何かに触れることがないなら、ユングの心理学は文字通り行き詰まりです。この点では、ヒンドゥー教が人間の道程を幻想だというのとあまり変わりません。すべてがブラフマンのマインドが見る夢であるなら、肉体を構成する必要はあるでしょうか。

以上、意識に関する見解のうち、私の考えとは異なる点についてお伝えしてきました。意識は心理的な構造であり機能であるというのが私の見解のポイントです。意識というものは、エネルギーと物質（構造と機能）が聖なるものから生じる「ポイント」であり、意識が聖なるものから生命を持ち込んでくるため、聖なるものと分離することはありません。意識は聖霊と物質を永遠に一つにする地点といえ、その地点の本質は人間の知性による物質の定義や、聖霊の経験を凌駕しています。聖なるものとは機能ではなく意識でもありませんが、何らかの機能や意識が残っている間は聖なるものと離れることはありません。意識が停止すると、意識による心理機能もまた停止します。知覚のない単なる物体としての肉体は、聖なるものへと戻る動きです。意識の停止は後ずさりといえなくもありませんが、実際には聖なるものへ向かって前進する動きです。肉体はその機能や複雑な構造だけに意味があるのではなく、肉体の元をたどることで聖なるものにたどり着くことも、その意義だといえます。だとすると、究極的には身体と聖霊の間に分離はありません。もちろん肉体が死ぬと魂や聖霊がどこかへ抜け出てしまうわけではありませんが、ヒンドゥー教はそのように考え、ユングはその問題にまったく触れていないのです。

自我にまつわる三つの見解：

ヒンドゥー教

ヒンドゥー教の「ジーヴァ」と「アハンカーラ」は、反射的な意識を含めた偽の自己を表す言葉です。私とか私自身という感覚や、現象としての自己経験のすべてをこれらの言葉で表現しています。ジーヴァやアハンカーラは西洋の自我と同じではありませんが、一致している点もあります。ジーヴァやアハンカーラという言葉の意味には西洋の自我を含みますが、それだけではなく、少なくとも西洋でいうマインドを包括し、自己の経験の全体が含まれています。西洋では個人に属する自我や自己本位の感覚を認めていますが、ヒンドゥー教はこうした経験を偽の自己と見なします。ヒンドゥー教を会得すると、本物の自己でないものを見わけることができるようになりますが、絶対が本当の自己でありアートマンだと見抜いた後もジーヴァやアハンカーラ（反射的な自分という人物）は残るため、当面の間はジーヴァが神聖さを「演じる」といいます。当然のことながら、絶対（ブラフマンとアートマン）は演じるようなことではなく、常に非顕現で不動なはずです。しかし、もし残っているジーヴァあるいは現象の自己が聖なるものを演じるというなら、ジーヴァと絶対は両立可能で、ある種の二元、両者が融合する状態があることになります。一方で、もしジーヴァやアハンカーラが停止して失われた場合には、非顕現のブラフマンとアートマンだけが残ります。

カール・ユング

ユングのいう自我は、意識（あるいは精神）のうち意識的な領域の全体を指すことから、私たちが自分自身について知っているあらゆることが自我の中に含まれています。そのため自我は常に、どのような場合も、いかなる一瞬を切り出してみても「既知の自己」であり、自分自身が知っている範囲内に収まっています。既知の自己は、いうなれば表面的な領域の意識や精神であって、本物の中心的な自己ではありません。本当の中心は無意識の

「霊的自己」であり、エネルギーと深奥の自己の感覚を統合しているのは、霊的自己です。自我である意識的な「私」は、無意識の自己を発見して統合し、同調するようになるまでは偽物です。無意識の自己に同調するようになり、自我中心から本当の自己の中心へと変容するという動きがあった後でも、自我は意識の意識的領域に留まります。

ユングのいう合一状態（成熟した状態）は、自我が自己とのワンネスを経験し、意識の意識的領域が無意識的領域と完全に統合して一つになることですが、率直にいってこのような合一は機能的な合一に過ぎないように思います。意識はもともとそのような状態なのですが、そうだとわかっている人はほとんどいないというだけです。ユングによると、合一状態に到達する人もいるにはいて、ただし深い宗教的信仰心を持っている人々に限定されるといいます。確かに、信仰心の篤い人々はユングのいう「結合」を達成するでしょうが、それは宗教的経験としての聖なるものとのワンネスです。この事実を前にしたユングは頭をかきむしり、自らの理論を改善する必要性を感じたに違いありません。ユングのいう合一状態と、宗教的な合一状態の違いには目を向けず、宗教的で神秘的な出来事を自身の心理解釈にそのまま当てはめようとしたことは、ユング自身にそのような経験がなかったこと、そのために両者の区別がつかなかったことを証明しています。独自の心理学的概念に宗教的な経験を適合させようとしたのは、そのせいなのでしょう。変容を経験した黙想者は、変容の本質が自我が無意識の「中身」と統合するということ、そして自己は霊的なアーキタイプであるという点には賛同するでしょうが、合一状態が意識と無意識の単純な統合だという点には納得しないでしょう。意識的領域と無意識的領域の統合は、むしろ聖なるものとのワンネスによってもたらされる副産物です。二つの領域の意識が機能面で結合して全体性を持つことに、聖なるものはありません。このような結合は単に自己、つまり精神の結合です。問題にすべきは、聖なるものとの全体性あるいは結合が、宗教的でも神秘的でもないところで達成されることがあるのかという点にあります。質問に対してユングは断定的に、また一貫して、そのようなことが起こるのを目にしたことはないと答えています。

ユングはある時、ヒンドゥーの体系、つまり自我である個人的な自己経験は究極的には喪失すると聞き、何のことだかまったく理解できなかったそうです。私からすればそれもそのはずで、ヒンドゥー教とユングとではまったく異なる別々の視点から、自我や偽の自己について考察しています。ユングは、もしエゴを喪失するような場合どうなるかというようなことについて検討したことはありません。彼の理論によると、そのようなことは不可能だからです。ユングのいう「霊的自己」はそれだけでは存在できず、自我や自己は「膨張」こそすれど失われることはありません。膨張とは、むしろ精神のある領域が別の領域を圧倒し、無力な状態にすることです。ヒンドゥー教にそのような概念はありませんが、ユングの目で東洋を見るとそう見えたのでしょう。(3)

抜け目のないユングは、ヒンドゥー教の聖者ラマークリシュナの発言を取り上げました。ラーマクリシュナは合一状態にある偉大で愛された預言者でしたが、個人的な「私」という感覚がわずかに残っていること、その私は聖なるものと一体で分離していないと述べています。彼の名声を傷つけたいと考える人物がこの発言を持ち出したとしたら、ラーマクリシュナはこう答えたでしょう。いかなる「私」であろうと、私がある限り神への奉仕のためにそれを差し出すと。ユングは、ラーマクリシュナの名声をおとしめるためにこの発言を持ち出したのではなく、合一状態においても「私」（ユングのいう自我）の感覚は残ることを証明したかったのだと思います。しかし、ジーヴァとアハンカーラはヒンドゥー教特有の考え方であって、単純に「自我」を指すと解釈することはできません。ユングは自らの定義に縛られてしまったのではないでしょうか。定義によって足枷をはめられてしまったのです。「意識的領域における自我は、それを知る側だけが経験できる」と定義して以来、彼にとってはそれが絶対的な見方となり、他の見方ができなくなってしまったの

（3）ユングは「膨張」というアイデアをヒンドゥー教から得た可能性が高いと私は考えています。ヒンドゥー教の膨張は、西洋の自我や反射意識、つまり、いかなる私も現象の自己もない最高の状態を指しますが、ユングにとっては馬鹿馬鹿しい考えだったのです。もし、そのようなことがあるとすれば、無意識の自己が自我を吸収あるいは咀嚼して「私は神である」という膨張した状態になったであろうとしています。ユングはまた、膨張は逆方向にも働き、自我が無意識の自己に服従したり統合されたりする代わりに無意識を独占すると、ヒトラーのような神になるとしています。

だと思います。私自身もまた、ヒンドゥー教のジーヴァやアハンカーラについては理解できないことを率直に認めなければなりません。ただし私の場合は、聖なるものと分離した個人的な自己という感覚を持っていないというのが理由です。

ロバーツ

自我に関する私の見解は、ヒンドゥー教とユングのどちらとも異なっています。自我は自己意志に端を発する独特のエネルギーで、意識の感じる中心に属しています。経験上、自我とは欲し、願い、要求する自己意識の力です。もし、この意識が自分のやり方で獲得できないと、内的な軋轢や不安、落ち込み、怒り、嫉妬などを経験します。自我は、精神的でただ反射するだけの無害な「私」ではありませんし、誤りでも幻想でもありません。自我は嘘偽りのない感情に基づいた経験で、人間の苦悩の主な要因でもあります。自我がいくら非利己的になったところで、利己的ではない利他的な行動をすることで見返りを得たかったり満足したいのは変わりません。見返りを得られない自我は、長期間に渡って与え続けることができません。聖なるものに対しても同じです。こうして自我は自身の最善と満足を探求し、やがて聖なるものや絶対を求めるようになります。すると自我は、聖なるものを手に入れるために、世俗的な執着や自分自身への執着を手放したいと思うようになります。世界ではなく聖なるものが、自我による熱望や欲望などの対象になるのです。いうまでもなく、本来的に自我は悪いものではなく誤りでもありません。自我のエネルギーがあらゆる物事に内在する聖なるものを探している限り、自我は標的を捉えているのです。もし、私たちが自分自身を誤った存在だと思うなら、自我は思う通りに進めません。

自我的な自己意識の中心へと聖なるものが突入すると、変容の過程の端緒が開かれます。聖なるものが突入する前の自我は健全な状態にあり、形のない聖なるものの存在を満喫し、結合すらしています。しかし、その状態は一瞬にして破壊され、聖なるものとのつながりは砕け散ってしまいます。聖なるものあるいは聖なるものによってもたらされる喜びを無理矢理奪われることに比べれば、世界を手放す方がずっとましだと思うでしょう。苦悩する自我は、意思の力やエネルギーのすべてを意識の「本当の聖なるものの中心」へと投入し、そしてそれを明け渡さなければなりません。当初、聖なるもの中心はエネルギーも意志も、まったく何もないように見えます。エゴ中心と比較すると、聖なるものの中心は神聖に見えず、かといって自己でもなく、静寂な空以外の何ものでもありません。ただ、空洞の穴のようなものが私たちの存在の中心にあるように感じられるのです。

このような突破あるいは自我エネルギーの破壊は、最終的に自我を終了させることになります。意志や聖なるもの、世界や私たち自身の経験を、自我からではなく聖なるものから知り経験するようになるのです。自己中心あるいは自我の視点から、空洞の聖なるものの中心へと視点が移動するのです。前にも書きましたが、中心が空洞であるということは、エゴセルフの不在と聖なるものの存在という二つの状態が同居していることでもあります。意識が空洞になった中心の底に到達すると、持続的なワンネスあるいは生来の聖なるもの（人間によってもたらされたのではなく、神によってもたらされた結合）とのつながりを理解するようになり、その後、何かを欲することはもうありません。聖なるものがすべてを持っているからです。こうして渇望、深い欲求、探求などは終わり、自我による苦悩も終わります。これ以降に苦悩がないわけではありませんが、その性質が変わります。意識（感じる自己）が聖なるものの空洞の中心に出会う地点が内的な境界線となって、あらゆる感情はその地点で停止するようになるのです。それまであった感情は空洞の中心で溶け、平和、愛、思いやりの感覚に取って代わられます。いうまでもなく自我中心はもう存在せず、二度と経験することはありませんから、それまであった欲望が生じることももうありません。自我である自己意志を生じさせる源がなくなってしまったのです。自己あるいは意識の中心に、自己はもういません。その場所には、空洞になった聖なる中心があるだけです。

自我に関する私の見方は、ユングのそれとはまったく異なることがおわかりいただけたでしょうか。ユングは自我は喪失し得るという考えを持っていませんでしたから、当然彼の理論にも組み込まれていませんし、ヒンドゥーの概念にも含まれていません。ユングの残した業績のうち、変容の過程に関する記述を調べてみましたが、やはり自我の喪失への言及はなく、ヒンドゥーの解説の中にも見つけることはできませんでした。ヒンドゥー教は徐々に進むにせよ突然にせよ、変容の過程について考慮していないため、変容の後には大きな苦悩と努力の必要性を残しています。偽の自己という問題に関する説明と、解放された自己であるアートマンに関する説明との間には壮大な空隙があり、偽の自己を乗り越えるのを邪魔しているのは知性あるいは精神的な無知だといっているような印象を受けます。まるで、無知の働きを観察し理解できたなら、ある日突然にして偽の自己から自由になり、終わりのない至福へと着地するかのように思えるのです。私には、黙想の道を乗り越えた後に背負う十字架つまり苦悩についてては知らせたくないというように読めるのですが、前もってこの苦悩について知らされていないと、誤った方向へと導かれてしまう人も多いのではないでしょうか。ここでの真実は、向こう岸へとたどり着くためには人間の限界を目いっぱい拡大し、一度だけではなく何度も挑戦する必要があるということです。このような重荷を背負える人がどれほどいるでしょうか。十字架がキリスト教の象徴であることには意味があるのです。

自我中心を喪失すると、「私」という意識から「私たち」「私たちの」（自己と聖なるものという意味で）という意識へ移行します。移行に伴う葛藤、変化、悪戦苦闘は感情の自己において生じます。感じる自己の深奥には生命、存在、実存の経験があり、それより上の領域にエネルギーと意志の力の経験が、さらにもう一段上の領域にはあらゆる感情を扱う感情の系統があります。この世に誕生してから死の瞬間まで、悪戦苦闘の中心は無力な知る自己ではなく、感じる自己の周辺にあるのです。マインドはマインドに向かって曲がり、継続的にマインド自身（私、私自身）を見て、知っていますが、感じる自己にはそのような働きはほぼありません。知る自己を喪失する時がついにやって来たその後も、旅が続く限り、感じる自己は変化を続け、だんだんと小さくなっていきます。意識の中の感じる中心点（円の中心）を起点として、聖なる空洞は外側に向かって徐々に大きくなっていきます。聖なるものが拡大すると、感じる自己の感覚は徐々に小さくなります。感じる自己による自己の感覚が小さくなっていくのです。

旅の全体像を俯瞰すると、知る自己の重要性について誤って認識されていることがわかります。スピリチュアル的で心理的な人生では、葛藤の重要な部分は感情の中心の周辺にあり、変化しているのは何なのかとか探したい場合や、聖なるものに目を向けたい場合に注目すべき点となっています。私とヒンドゥー教とでエゴの見方に似ている点があるとすれば、ハートの「結び目」に関することだといえるでしょう。結び目がほどかれると、糸は別のもの（聖なるもの）になって現れます。ヒンドゥー教のいう「結び目が永久に失われる」ことは、私が経験した自我中心の喪失に似ています。しかし自我を「結び目」と呼ぶことは、ネガティブな側面だけに注目し、自我も至福やエクスタシーを経験できるということは表現していません。自我には二つの側面があるのです。二つの意図の結合が自我だということもできるでしょう。

他にも指摘しておきたいことがあります。変容の後は「本当の自己」という最も深い部分の本質を聖なるものに隠された不可知として経験するようになります。合一状態の自己は聖なるものにつき従うことから、自己もまた不可知となります。経験上、聖なるものと自己が存在することは明らかですが、その本質（実態）は不可知のままです。最も深い部分の自己が不可知である理由は、二つの階層から構成されています。まず、それまで知っていた自我による自己と比較すると、新しい自己は不可知です。こうしてまったく新しい、それまで生きたことのない人生が始まります。同時に、本当の自己の本質はまだわかりません。本当の自己は日常を過ごすうち徐々にわかってきます。自我の本質は喪失した後でないとわかりませんが、本当の自己の本質もまた、完全に喪失してみないことにはわからないのです。私たちはまずエゴセルフを十分に生き、その上で不可知の本当の自己を生きる段階へと移っていくのです。

ヒンドゥー教と異なり、キリスト教の黙想者は自分が聖なるものだという経験をしません。その代わりに聖なるものとのワンネスを経験します。理論的で非経験的な立場からは、キリスト教徒は知的側面において容易に飛躍を遂げ、本当の自己の不可知の本質と聖なるものの不可知の本質は同じものだと理解できると考えられています。しかし合一を経験したことのあるキリスト教徒は、それによって知的な側面の飛躍はもたらされないことを知っています。あらゆる存在の源である土台は人間（本当の自己）にはないため、それは自分の経験ではないのです。逆に、聖なる中心こそ彼自身の最も深い存在あるいは生命の経験の源で、その源とはすべての生命と存在の源と同じものです。キリスト教徒が「神とは、人間の深奥で経験する生命と存在である」という時、その経験は人間の経験であって、神の経験ではないと理解しています。神が経験しているのではありません。これはヒンドゥー教徒の経験や解釈には当てはまりません。ヒンドゥー教徒にとって、聖なる「ハートの洞窟」は本当の自己（アートマン）であるだけでなく、本当の自己はブラフマンという聖なる土台です。キリスト教徒の合一の経験（自己と神とのワンネス）と、ヒンドゥー教徒の認識（自己は神である、ブラフマンはアートマンである）という経験には決定的な違いがあるのです。ヒンドゥー教徒は「神とは自己である、ブラフマンはアートマンである」と本質を宣言していますが、キリスト教徒の合一は存在の証明です。聖パウロは「私にとって生きることは神（キリスト）を生きることです」と述べましたが、これは「私は神である」という意味ではありません。経験に基づいて、自己があるのは神の存在があるからだといっているのですが、自己という実存が神という実存だとはいっていません。聖なるものは私ではありませんし、自我ではない自己であっても、聖なるものは自己ではありません。

ここでの目的はキリスト教とヒンドゥーの究極の真実、つまり顕れ方の違いについて検討することではありませんが、指摘した違いは念頭に置くべき重要な点であることに変わりありません。黙想者は論理的な差異や類似には興味がなく、経験にのみ注目します。違いや類似を本当の意味で理解するには、経験するしかないからです。初学者にとっては重箱の隅をつつくようなことかもしれませんが、経験に基づいて見出された真実から、二つの宗教の間にある大きな違いを指摘したかったのです。もし、本当の自己あるいはアートマンがブラフマンであるなら、アートマンやブラフマンを喪失することなどには考えも及ばず、その方法にたどり着くこともまたないでしょう。ヒンドゥー教徒にそのようなことは絶対に起こりません。しかしキリスト教徒にとって、そのような出来事はキリストの死という本質として十分に理解することが可能です。キリストの死は神の死とほぼ同じ意味を持ちますが、ここで検討しているのは自我なく聖なるものと一体化することであり、旅の中間地点で起きる出来事についてです。個々人の経験に基づく報告によると、ヒンドゥー教徒の「自己は神である」というアイデンティティと、キリスト教徒の「自己と神との合一」は同じ経験ではありません。キリスト教徒の目から東を見ると、ヒンドゥー教徒は本当の自己を過大評価しすぎているように思えます。ヒンドゥー教徒が西を見ると、キリスト教徒は本当の自己を理解していないと思うでしょう。こうして二つの宗教を並べてみると、二つの別々の事柄を比較しているように思えてなりません。宗教の真理や経験はそれぞれ特徴があり、同じではないということを認めなければならないのかもしれません。

ユングは本当の自己（無意識あるいは霊的自己）は聖なるもの、永遠、あるいは絶対であるとは述べていませんし、無意識の自己は不可知だともいっていません。ユングによると、自己とは統合の力であって、引き継がれてきたアーキタイプであり、人間の全体性や完全性のモデル、あるいは二極の合一だとしています。つまりユングにとっての無意識の自己の本質は、自我が「本当の自己」として解釈した、これまでにも人間が引き継いできた経験なのです。いい換えるなら、自我である意識的な自己が「不可知」の経験を本当の自己だと解釈しているのです。宗教的な人なら、本当の自己を「聖なるもの」であるとか、あるいはユングのように高位の概念的アーキタイプだというかもしれません。ただこの経験が自身にとって意義深いものである限り、どう呼んでも同じことです。無意識の自己とは、私たちがアーキタイプとして解釈し、経験したものだからです。だとすると、アーキタイプからわかるのは意識の本質であり、機能は解釈することであって、意識的な自己である自我が霊的経験を翻訳していることになってしまいます(4)。

仮に無意識の自己がアーキタイプ、つまりひな形や理想的な全体性、神秘的な象徴などであるなら、聖なるものや絶対でもあり得るはずです。解釈によるアーキタイプは永遠であると信じなければ、永遠の自己や絶対もないことになります。ユングは、解釈によるアーキタイプを越えた存在や、私たちが考える真実を越えた真実、無意識を越えたいかなるものについても言及していません。彼は永遠を超越した何かについて示唆していません。

人間の経験はマインドによるアーキタイプに依存し、すべてそこに行き着くというような思考体系を真面目に受け止めることはできません。聖なるものもまたマインドによる経験の解釈に過ぎないというユングの立ち位置からは、暗く虚無的な終焉が導かれてしまいます。アーキタイプ（意識の内容）はいつかすべて失われるはずですが、だとするとその後は一体どうなるというのでしょう。

ここまで三つの視点から自我について見てきましたが、精神の側面から三者三様の見解があり、経験もまた別々のものだということがわかりました。ユングにとって自我は意識的な精神の領域の全体ですが、ヒンドゥー教のジーヴァやアハンカーラとは異なります。私が経験した自我は自己意思の中心点で、それ以上でもそれ以下でもありません。ユングによると、自我は変容することはあっても失われることはありません。ヒンドゥー教と私は、自我は永久に失われることがあり得ると考えます。ユングにとって本当の自己は無意識の精神領域ですが、ヒンドゥー教徒にとって本当の自己は絶対です。私にとっての自我

（４）「経験」と「顕現」の違いについて説明しておきたいと思います。私たちが霊的経験を解釈しているのなら、それは本物の顕現には含まれません。精神から生じた霊的経験は本来の顕現にはなり得ません。霊的経験を顕現だということはできますが、その場合でも聖なるものではなくて精神による顕現だということになります。聖なるものは精神を超越しています。そのような霊的経験が究極の、永遠の真実を明らかにすることはありません。

は、無意識が神性に触れる地点です。このように自我の捉え方は三者三様です。こうした立場の違いによって、終着点や宿命も異なってきますし、経験する意識状態も違います。三つの概念には類似点もありますが、だからといって同じだと判断するのに十分な根拠とはいえません。私たちにできるのは、経験に基づく表現を比較することだけです。それ以外にできることは何もありません。

無意識に関するその他の見解

ここからは無意識について検討したいと思います。まず、西洋の心理学とヒンドゥー教では、完全に見解が分かれています。ヒンドゥー教によると、無意識は意識以外のすべてであるものであり、聖なるものや自己、主体ではありません。つまり無意識は意識という主体にとっての客体であるあらゆるものということになり、その意味ではテーブルや動物、身体、感覚、マインド、知性、思考、自己イメージや自己といったものも、自己にとっての客体です。そうであるなら無意識は反射機能のあるアハンカーラで、アハンカーラの客体として対象を認知していることになります。

この見解は、西洋の意識に対する見解をちょうど半分に割ったようなものです。というのも、西洋人にとって自己の主な対象物は自己だからです。もし心理学が自己という主体に基づいた考察でないのなら、一体何を考察するのかわからないのです。一方のヒンドゥー教は、自己を検討の対象にすることなどあり得ないというでしょう。検討の対象となる自己は偽物なのですから。ヒンドゥー教が心理学ではなく宗教である理由は、この点に端的に現れています。それではユングはどうかというと、精神と自己は対象物として検討することが可能だとしているため、彼の主張する心理学は科学であり、形而上的な体系や概念ではないのだといいます。精神科医であろうがなかろうが、意識的な自己について検討する主体が意識的な自我であることに変わりはありません。自我による自己知なしには、いかなる「科学的」主張もできないでしょう。対象を認識する土台は自我だからです。この点についてヒンドゥー教は、科学的に調査できるようなものはすべて経験的な（永遠ではない）現象に過ぎず、現象の自己であり意識的な自我だとしています。本当の自己であるアートマンは検討対象に含まれませんから、ユングが主張するアーキタイプ（無意識の自己の理論）とは一致しません。

ちなみに、ヒンドゥー教は心理学的視点から、反射的な意識を二つに分割しています。自我と自己、意識と無意識、感じる自己と知る自己は分かれているというのです。それぞれがどのように機能するかについては後ほど触れますが、もしそう考えるなら、ふだん私たちは意識のうちの半分だけが機能した状態だということになり、西洋の心理学にとってはあり得ないことが常に起きていることになります。ヒンドゥー教徒に「客体としての自己がないのに、主体の自己がいると認識できるのはなぜか」と尋ねたら、聖なるものに意識を向ければよいというかもしれませんが、つまりは、客体の自己がなくても主体の自己があり得るといっているのと同じです。西洋人は意識と無意識を両方合わせて精神の全体だと考えますが、ヒンドゥー教ではそれを「反射的な意識」だと考えます。本当の意識、純粋意識はもちろんブラフマン・アートマンで、ヒンドゥー教で意識について検討する場合にはこのことが起点であると共に終点にもなっています。それが彼らの信念体系なのですから、「意識は聖なる自己だ」という考え方は西洋人の見方とは相いれません。もし、このような違いを指摘したら、西洋人の見方に問題があるのであって、自分たちの問題ではないというでしょう。

個人的な印象についてお話しすると、意識を考察する方法は東洋と西洋とではまったく別の道を進んでいるように思います。もし意識がブラフマン・アートマンなら、西洋人のいう反射的意識は東洋から見ると幻想や現象の自己による経験だということになり、アートマンの顕現がない限り、すべては幻想か現象の自己による経験に過ぎないことになります。(5)

もし、反射的意識に関するヒンドゥー教の見解を信じられるのであれば、ヒンドゥー教では意識をどのように考えていようと気にならなかったでしょう。しかし、アートマンや絶対の顕現もまた反射的意識の中でのことだとなると、どうしても同意できないのです。(6)

ヒンドゥー教ではアートマンである自己を検討する場合、反射的意識を排除したがっていますが、私にはそうできません。ヒンドゥー教が純粋意識、自己あるいは主体とするものは、私は反射的意識という場の中でのみ可能な状態であり顕現だと考えます。反射的意識を取り去った時に主体となる自己が残っていないなら、アートマンやブラフマンもまた残りませんが、ヒンドゥー教はそうではないといいます。反射的な意識を取り去ると絶対の主体あるいは自己、つまりアートマンやブラフマンが残るというのです。私の経験とヒンドゥーの経験は対極的で、どちらも正しいということにはなりません。私の考えに基づいていうなら、アートマン・ブラフマン（聖なるものと本当の自己とのワンネス、合一状態）が溶けるか消えてしまう前に、まずはアートマン・ブラフマンに到達しなければなり

（5）西洋の心理学が経験的・現象的な非永続の自己に着目している点は妥当だと考えています。無意識の自己が聖なるものに解釈を与えているという意見もありますが、西洋の心理学は自我とその癒しを十分に考慮しています。

（6）「自己反射」が意味するのは、ある程度自分でコントロールできる、意識の中でも意識的な領域で生じている意識の機能です。ただし「自動自己反射」はコントロールの及ばない無意識の領域における自動的な反射機能を指しています。機械のスイッチを切るのと同じように意識のスイッチを切ることはできません。もし、そうしたいなら無意識の機能を変えようとするのではなく、あらゆる生命を念頭に瞑想すると良いかもしれません。ただその場合も一時的な静寂を「自己反射」の機能にもたらす程度のことしかできません。「純粋意識」は「反射意識」を超越していることはいうまでもありませんが、純粋意識にも実際には自己が残っていますから、無意識的な「自動自己反射」を超越しているわけではありません。ヒンドゥー教は意識の根っこにある完全に自動的な「反射」を無視しているか、まったく知らないように思えます。

ません。到達しないことには、失われることもないからです。もし自我を体現することとアートマンである本当の自己を体現することの違いがわからなければ、無我と無自己の違いも理解できません。ユングは自我の出現と自己の出現を取り違えてしまうことはよくあると書いていますが、私も自我の喪失を自己の喪失と取り違えるのはよくあることだと思っています。ただ、ヒンドゥー教にしろユングにしろ、無意識の自己やアートマンを失うなど考えも及ばないのはいうまでもありません。

客体がなければ主体もないことや、他者との関係があってはじめて私があることなど、ヒンドゥー教の信者にとっては議論するだけ時間の無駄です。彼らにしてみれば、これは反射意識に関する立場の違いで、アートマンは反射意識による主体と客体を超越しています。本当の自己が反射意識を超越している点には私も同意しますが、自動反射意識をも越えているとなると同意しかねます。もし、反射意識を越えると主体がなくなるのであれば、主体であるアートマン、つまり「私にとっての私自身」はどこからやってくるのでしょうか。人間は自己を喪失するまで自己について完全に理解することはできませんが、その理由は今も無意識のうちに自己自身を生きているからです。自己を生きている限り、自動反射意識は完全に無意識的に働く機能です。無意識の自己は聖なるものを経験しますが、経験する聖なるものはアートマンです。自動反射意識あるいは無意識の自己が失われればアートマンもまた終わり、アートマン・ブラフマンは終わります。仏教は何世紀にも渡って、自動反射意識を越えたところには主体や客体ばかりでなく、永遠の自己も、主体も、アートマンあるいは絶対の自己もないとしてきました。仏教はこの理由からヒンドゥー教とは別の宗教になりました。もし仏教が永遠の自我、ジーヴァやアハンカーラ、反射意識を否定するだけなら、ヒンドゥー教と違いはありません。しかし究極的で永遠のアートマン・ブラフマン、自己や主体はないというのが仏教の主張です。仏教が誕生して二千五百年、もし仏教に妥当性がなければ、ヒンドゥー教でなく仏教を試してみようと思う人はいなかったでしょう。ですから客体のない自己という考えは、何世紀にも渡って続けられてきたこの主題（主体のない主題ではありますが）の研究者たちに委ねたいと思います。

西洋の心理学は無意識についてまったく違う見解を持っていますし、ユングの見解はヒンドゥー教とは正反対ともいえるものです。ユングのいう自己は無意識で、ヒンドゥー教の自己は意識です。私はユングの自己とヒンドゥー教のアートマンの間に関連があるとは思いませんが、自己とアートマンがそれぞれにたどり着く結末を比較することはできると思っています。ただし、無意識の自己の見解は聞くことができないかもしれません。

ユングの思考体系において、無意識というものは本物の主体的自己であって、自我や意識できる領域の意識にも認識できます。無意識の自己は意識的領域の自我の対象で、意識と無意識が一緒になって、意識全体あるいは精神を形作っています。意識も無意識も、知る自己（私）と感じる自己（意思、エネルギー、感情）という主体による経験という意味では同じだといえます。自己はそれ自身を客体として、自らに向けて反射させることができますが、客体といっても椅子などの対象物を意味するのではありません。もしマインドには自らに向かって自分自身を反射させる能力や、マインドがマインド自身を対象物とする能力がなかったとしたら、自己意識もまたないでしょうし、主体や自己、心理学もありません。つまり西洋の精神や意識は完全に反射的で、根本的には無意識も同じように反射的です。ヒンドゥー教において無意識は自己の否定ですが（ヒンドゥー教の無意識は自己ではないもののすべてであることを思い出してください）、西洋ではそうではありません。

一方、ヒンドゥー教の自己やアートマンは本質的に反射されるようなものではないため反射されません。自己やアートマンは対象を認識できず、自らを客体化することもありませんから、客体化によって自己が自らを認識することはありません。ではどうするかというと、その教義に反することになりますが、反射的意識では説明できない「ノウイング《知っていること》」という方法、つまり純粋意識を持ち出すのです。純粋意識は反射意識に先立つと共に、後続するものでもあることから、いったん純粋意識を獲得すると反射意識は機能しなくなるといいます。もし、本当に純粋意識が反射意識を停止させるのであれば、純粋意識と反射意識は基本的に両立しないことになり、両方同時に持つことはできないはずです。だとすると、純粋意識は同じ意識のうちより高いレベルの意識ではなく、何かまったく別の意識だということになります。さらにいえば、純粋意識（聖なるもの）と反射意識（現象あるいは幻の自己）の間につながりはないということになります。なぜ両者を行き来できないかというと、反射意識は無知やカルマであり、いずれはなくなってしまうものだからです。合一状態において、現象の自己（自我あるいはアハンカーラ）は反射意識の主な対象でない点には同意するとしても、聖なるものと一つである本物の無意識の自己が自動反射意識の主な対象であるというのであれば同意できません。聖なるものとのワンネスに気づいているという事実は、自己認識が継続していることを表しているからです。私の考えでは、ヒンドゥー教はその体系の中に無意識や不可知の自己（意識の自動反射的領域）を取り込めていません。無意識の自己に気づいているのは意識的な自我ではなく、無意識の自己がそれ自身に気づいているのです。聖なるものを経験するのはこの無意識の自己であり、無意識の自己は経験そのものでも、聖なるものでもありません。つまりヒンドゥー教の純粋意識あるいは神の意識は、自動反射意識の最も深いレベルにおける合一状態の経験のことだと私は考えています。

　あれこれ述べてきましたが、ヒンドゥー教のいう純粋意識は理解が容易な部分もあるもののの見方がまったく異なります。無意識（あるいは自己のすべて）を越えて残るのは、私の言葉でいうと純粋な知覚であり、純粋意識ではありません。純粋な知覚には対象がありません。対象が鳥やライオンだとしても、人間的なノウイング《知っていること》によってそれを「知る」ことはできません。純粋な知覚の次元と、意識の次元とは完全に異なるからです。動物の目に映るものは「対象」ではありません。人間が「対象」と呼ぶものは常に自己にとっての対象、意識にとっての対象です。ヒンドゥー教のいう「対象がなければ無意識もまたない」という点にはその意味で同意できます。しかしそこからさらに、その状態では対象がなく、自己や主体（聖なるものや人間）もまったく何もないとヒンドゥー教はいっているのです。繰り返しになりますが、今しているのはヒンドゥー教と私の二つの経験の比較検討です。ヒンドゥー教では、対象なしに主体（自己）が存在する状態があるといい、私は主体（自己）と対象のいずれもない状態があると主張しています。この二つは同じではありません。ヒンドゥー教が純粋意識と呼ぶものは、私が純粋知覚（添付IIを参照のこと）と呼んでいるものと同じではないのです。

ユングはどうでしょう。ユングの無意識は本当の自己を意味し、表現することの難しい神秘的で霊的な経験あるいは感情だということですが、それを認識している自我が無意識にアーキタイプという解釈を与えます。自我とは認識者（私）で、自己は神秘的な感じる主体、あるいは霊的自己の感覚です。自我は自発的により深い自己を理解しようとし、そのことがアーキタイプを生じさせます。アーキタイプは私たちが知っている考えやイメージのことですから、考えやイメージに基づいて深い自己を理解することになります。アーキタイプが表現しているのは、自分は自分自身をどのように思っているかという見解であると共に、現実の見方でもありますから、個々のアーキタイプは意識にとっての客体ということになります。合一状態の反射意識という意味では、ユングにしてみれば自我（知る主体）は常に主体である自己あるいは感じる主体に向かって自らを反射させているため、知る主体である翻訳者がないことには感情もありません。つまり、もし感情自体が聖なるものだった場合も、感情を認識する主体が常にいなければなりません。

より高いレベルの意識について、東洋と西洋の考え方の違いを描き出すにはいくつかのポイントがあります。ヒンドゥー教の純粋意識・純粋主体は、西洋からすると感じる自己の深奥で、知る自己がなくてもそれ自体で存在し得るものです。サット・チット・アーナンダ（存在、意識、至福）という深遠で筆舌に尽くし難い経験は、ノウイング《知っていること》によってもたらされる感情ですが、ヒンドゥー教ではマインドによる反射的な認識から独立していると考えます。私はこの点についてよく考えてみました。そうしてわかったのは、感じる自己は知る自己の客体になることができる一方で、知る自己は感じる自己にとっての客体にはなり得ないということでした。感情を含めたどのようなことも、認識の主体であるマインドの客体になり得ますが、感情にとって客体となり得るものは何もないのです。感じる自己は認識の主体を認識することも、反射することもできません。そのような機能を持っていないため、感じる自己は自らを客体化できないのです。感じる自己はただ感じる自己であるだけで、客体なしに存在しています。ヒンドゥー教は、感じる自己の深奥をアートマンとして、客体を認識できないといっているのです。感じる自己はただそれであり、シンプルな実存あるいは存在です。

感じる自己を他の言葉で表現するとしたら、「愛」「平和」「悲しみ」といった経験ということになります。こうした感情はただそうあるものです。このような感情に表札を下げたり、意味を与えたりすると（隣人を愛す、神の平和など）、たちまちにして認識する主体である自己の客体となってしまいます。感情は、感情に標識をつけるようなことをしません。私たちは自分の感情を反射させることができますが、感情は感情を反射させることができません。感情は認識の主体ではないからです。感情は何も知ることなく、ただ存在します。知ることと感じることは互換性のない二種類の経験のためにある経験様式なのです。

合一状態における最も深い主体の感覚は、存在（being）、生命、実存（existence）ですが、これは聖なるものと一つという感覚です。問題となるのは、生命と存在の経験は意識にとって客体と成り得るか、ということです。認識するマインドは感情に気づいていますが、だとすると知る主体が残っていることになります。サット・チット・アーナンダを経験するなら、認識する主体が残っているのです。もしそうであるならヒンドゥー教のいう純粋意識は生命や存在というごくシンプルな感覚に属しているように思えると同時に、この感覚は本当の自己、主体あるいは意識であるといっているように思えます。ユングと私に共通するのは、この感覚は同時に、知るマインドの客体でもあると考えていることです。認識の主体がなければ感覚はありませんから、両者は一体となって意識を形成しています。つまりユングや私の考えと、ヒンドゥー教で異なっているのは、西洋から見るとヒンドゥー教の純粋意識という高い意識状態は、反射機能を持つ知る主体の認識を無視あるいはまったく考慮していないように思える点にあります。アートマンや自己というのは、感じる自己やその深奥であって、認識の主体が反射しようがしまいが独立して存在しています。しかし聖なるものへの不変の気づきは、第一に無意識の感じる領域においてであり、その認識は経験上、二次的なものなのです。

無意識に関するユングの考え方には同意した上で、さらにユングが考慮していない部分について議論したいと思います。合一状態には精神の意識的・無意識的な領域を結合する全体性がありますが（ユングのいう結合）、この結合は二次的なものであり、意識による聖なるものとのワンネスの認識からは完全に独立しています。意識が本当の源つまり聖なる土台を理解するまでは、安定しバランスのとれた意識の結合は達成されません。その理解を得るまでは、危機に直面して精神のバランスを崩したり、旧態依然とした自我によって苦しみがもたらされることもあるでしょう。ユングはこれを理解していなかったようです。ユングのいう結合は、基本的に知る自己と感じる自己、意識的な自我と無意識の自己の機能面での結合です。意識や自己の土台を掘り下げようとしないことは、ユングの概念に制約を与えています。ユングの結合という概念には、キリスト教徒の合一状態や、ヒンドゥー教の純粋意識に相当する説明がありません。ユングはその深みにまで達していなかったのだと思います。

さらにつけ加えるとすれば、聖なるものとの合一を体験する際、アーキタイプに基づくイメージや概念、経験や見解を越えた何かを認識します。イメージをつくり上げるマインドとはつまり思考ですが、思考と聖なるものを比較してみるとわずかな類似性もないことがわかります。聖なるものにはマインドを満足させるアーキタイプのような被せ物や解釈がありません。無意識の自己と神聖さを区別する方法は、アーキタイプが存在するかしないかだとすらいうことができます。一瞥した聖なるものにアーキタイプのような解釈や説明がある場合は必ず、無意識の自己がそれを与えています。聖なるものとは解釈したり説明できるものではありません。それを忘れるとアーキタイプを聖なるものと取り違えてしまうという重大な誤ちを犯すことになりかねません。

無意識の自己とアーキタイプによる経験に聖なるものが関わっているということは、ユングもまた考慮していたと断言できますが、彼の検討には不足している点があります。ユングのいう無意識の自己は精神の不可知の深みを指しているのでしょうが、それは聖なるものではありませんし、彼自身そのように述べてはいません。そのためか、ユングの著書や経験に基づく文章に、自己と聖なるものの本物の結合の体験を表した記述は見つかりません。合一状態での本当の自己の本質は不可知であり、その本質は聖なるものという不可知に隠されている一方、アーキタイプは既知そのものです。ユングは静寂、不動、エネルギーのなさ、空、静止点、あるいは存在や生命に関する対験について述べたことは一度もないのですが、こうしたものはいずれも人間や聖なるものに対してアーキタイプによる解釈を与えることができません。黙想者はいずれ〝不可知《アンノウイング》（unknowing）〟や知らないこと（not-knowing）と向き合うことになり、そのようにして「見る」ことが主な見方になります。その見方はイメージや標識、アーキタイプなどと一線を画すことはご理解いただけるでしょう。

アーキタイプというのは、意識が経験したことへの解釈です。知ることのうち表面的な領域を統合しようという試みであることは心に留めておくべきです。本質的に、不可知を解釈に当てはめて見るのがアーキタイプで、本物の聖なるものの経験はアーキタイプに当てはめられるようなものではありません。黙想者は既知よりも不可知において寛げるのはそのためです。しかしユングは、知らずにいることが知る方法なのだということについては考えませんでした。代わりに既知だけを取り上げ、グノーシス主義のように本質を軽視したのです。神秘的な、あるいはグノーシス的な解釈は意識の中身にすぎません。それは意識そのものでないだけでなく、もちろん聖なるものでもありません。自己である意識は、聖なるものと同じく意識の中身ではないというのが真実です。グラスをグラスに注ぐことはできないのは、グラスがその中身ではないからです。グラスに注ぐことができるのはグラス以外の何かです。それと同じで、意識の中身は意識そのものでも自己でもなく、自己や聖なるものによる概念にすぎないのです。グノーシスの神話を真に受ける必要はありません。逆にそのような重荷を捨て、解放されるべきなのです。本当の黙想者が不可知論者であるのには、そのような理由があります。

ユングの考察にはこのような欠点があるものの、図らずもそのことが重要な真実を指摘しています。意識は、意識が経験した聖なるものを聖なるものそのものと勘違いしてしまうことを明らかにしたのです。ユングは、霊的経験のすべては聖なるものや自己を越えたものではなく私たち自身に属するとしています。自己を経験しているということは、自己に端を発しているわけです。紛らわしい表現ながら、聖なるものや聖なるもののもとになる何かは自分の思考体系には不必要だといっているのです。もし自己や無意識が原因と結果を自作自演しているなら、自らを越えたものを持つ必要などあるのか？　自己と聖なるものを取り違えたことは本当にあったのか？　というのです。

自作自演という閉じた環を提示しながらも、意識は意識による聖なるものの経験を、聖なるものそのものだと思ってしまう傾向があるとわかりにくい言い方でユングは指摘しています。手で炎に触れる経験は私たち自身のもので、炎がした経験ではありません。炎は原因であり、手は原因の結果を経験します。これと同じで、聖なるものが意識に触れる経験は、私たちがした経験ではありますが、その経験は聖なるものそれ自体ではなく、聖なるものがした経験でもありません。

一般に、聖なるものに触れたり、見たり、声を聞いたりエネルギーを感じたり、内的な動きを感じたりすることは霊的経験や超常現象と考えられていますが、こうした現象や効果、経験を聖なるものがもたらしたものと見誤ってしまう危険性と私たちは常に隣り合わせです。原因と結果は別物だということを忘れてしまうと、自分自身だけでなく他人も欺くことになるかもしれません。

空、無、存在、生命、不動、静寂、中心などの経験でさえ、私たち自身を聖なるものとして経験しています。ユングのアーキタイプの理論で存在や生命の経験を何と呼ぶのかわかりませんが、私たちはこうした経験を自らの生命、聖なる生命、あるいはそれらが一緒になったものとして解釈します。ユングはアーキタイプに基づく経験についてあれこれ説明していますが、原因と結果に関するこの誤りを指摘するほど深く説明してはいません。誤りはもちろん原因と結果を分けていないことですが、この誤りはユングも気づかない領域に根強く存在しています。無意識的な自己を喪失するまで、この誤りに気づくことはできないのではないでしょうか。自己がなくなってしまえば、聖なるものの経験はすべて聖なるものそれ自体を経験したのではなく、無意識の自己を経験していたとわかります。事後的に、意識がもたらす経験は聖なるものでなく、無意識の自己が聖なるものに触れた経験だったことがわかるのです。この衝撃的な発見によって、とうとう意識と不可知である自己の本質が明らかになるのです。

私たちが経験する聖なるものは、実は無意識の自己だったという意味で、結果的にユングは正しかったということもできます。と同時に、ブラフマンは本当の自己あるいはアートマンだというヒンドゥー教も正しかったのです。ただ、ユングもヒンドゥー教も、無意識の自己もアートマンも最終的には失われてしまうことを考慮していません。まったく存在しなくなってしまうのです。アートマンもユングの自己も、聖なるものや永遠ではありません。人間の深い自己が聖なるものを経験しているのであって、人間自体が聖なるものだというわけではないのです。聖なるものとはそうした経験のすべてを超越したところに広がっており、あらゆる意識も、意識あるいは自己と呼べるようなものも超越しています。つまり、最も本質的な意識が経験する聖なるものすら、聖なるものではありません。聖なるものの経験を聖なるものそのものであると信じることは、無自己を経験する前に自己が見る最後の幻想です。キリスト教の黙想者は、自己と聖なるものは同じではないことを知っていますが、聖なるものを経験したと信じている点においてはまったく間違いがないわけではないことも述べておきたいと思います。私も同じ過ちを犯していました。聖なるものは経験の原因ではありますが、その経験は聖なるものそのものではありません。哲学的な意味において、仏教はこの誤りを回避しようとしているように思えます。そもそも仏教は永遠の自己や聖なるものを信じていませんが、それでもこの誤りを回避するのはほとんど不可能です。空《くう》あるいは仏性の経験は、知識を基盤とする相対的な経験です。絶対でもなければ「無条件の独立自存」でもありません。まるで意識は本質的に、この間違いを犯す以外の選択肢を持っていないようにすら感じます。人間が進む通路を大きな誤りへと向かう通路であるとするヒンドゥー教は、ある意味正しいのかもしれません。

そうであろうとも、これが私たちの生命であることには変わりません。道を切り拓きこのような事実を経験しながらも、最終的な真実へとたどり着かなければならないのです。宗教だろうと哲学だろうと、内在する同じ誤りを経験の中で犯すのです。さらにいうと、自己を喪失するまで、誤りであることを見抜ける人はいません。その意味で、悟りの本質とは誤りあるいは間違いを喪失することだといえるかもしれません。誤りを事前に見抜くことはできず、誤りだとわかった後にも、誤りであることを誰かに教えてあげることはできません。それがこの間違いの性質です。誤りの中で生きている限りは、それを見抜くことができず、もし見抜くことができるようなら、それはこの誤りではありません。自己である意識を生きている限り完全に見抜くことはできず、自己が去ってはじめてその本質が明らかになります。一般に公開されている知識や考察で、このような事実を伝えることはできないのです。

アーキタイプ

ユングを象徴するのは想像上のアーキタイプかもしれませんが、彼の心理学が本当の意味で世界に貢献したのは、解釈という意識の性質を指摘した点にあります。知る主体は絶え間なく感情や経験を解釈していて、それをせずにいることはできません。意識による経験は、感じることと知ることという二つの経験様式によって構成されているからです。

アーキタイプとは、粗雑で明白なものから微妙で曖昧なものまでを含めた、様々な感情の解釈です。既知の自己を理解することは誰にでもできますが、未知の自己を理解するのは簡単ではありません。私たちは未知の自己や無意識の自己を経験する者であると同時に、それを解釈する者でもあります。つまり、無意識の自己を知っていると考える限り、知っていることにはならないのです。そのため、深い部分の自己に対して様々な解釈を与えることは、本当は自分ではないものを自分だと考えるという意味で欺瞞にもつながります。しかし、深奥の自己は不可知であることを理解し、不可知の自己と生きることに適応できたなら、解釈からも、あらゆるアーキタイプからも自由になることができます。無意識の自己をアーキタイプに当てはめている間は、それが神聖であろうがなかろうが、完全に自由とはいえません。心理学的にいって、スピリチュアルな自由とはわからないまま生きていく能力です。自分自身を含めたすべてをわかろうとする限り、本当の意味で自由になることはできません。

もし、解釈を与えるマインドを停止できないなら、アーキタイプに捉われなくなるまでその良い面も悪い面も含めよく考えてみてみることも、一つの対処法だといえます。数限りなくあるユングのアーキタイプは未知の自己がつける文化的な仮面だとはいえ、未知の自己が既知の自己に対して反映しています。つまり、アーキタイプは私たちが自分自身に与えるセルフイメージだということもできます。こうした仮面のすべてから自由になるためには、むき出しの未知と直面し、私たちは知らないのだということを認めなければなりません。そうするまで無意識の自己を越える準備が整うことはありません。ユングがアーキタイプに関する情報を私たちに共有しているは、それらを一つ一つ外していく上で役立ててほしいからだとは思えませんが、意識には解釈という性質があると示してくれたことが大きな貢献であることに変わりはありません。

アーキタイプについては他の場所でも詳しく述べていますので、ここでは合一状態でも生じるアーキタイプに焦点を絞って指摘しておきたいと思います。合一状態でもマインドは自らに向かって曲がり続けます。そうでなければ、自己や聖なるものを認識することもできません。(7)

すべてのアーキタイプが自己の反映であるなら、自我の状態と合一状態とではアーキタイプの現れ方が異なることも納得がいきます。自我の状態では、自己イメージという自己の反映は自己の深奥そのものではないために、この表面的なイメージを脇に置いて本当の自己を探し始めるのです。人間は神のイメージに基づいて創造されたと信じるキリスト教徒は、本当の自己の模範として神を探し、やがて神の中に本当の自己を見出します。合一状態の自己イメージはこれよりずっとあいまいで、簡単にアーキタイプだと見抜くことができません。既知のエゴセルフではなく、無意識で未知なる、本当の自己を反映しているからです。私は「個人的無意識」（自我によるアーキタイプ）と「集合無意識」（本当の自己によるアーキタイプ）とでは異なっていると思っています。前者はずっと表面的で、認識することもたやすいのです。

合一状態のマインドは聖なるものや合一の中心を自分に向かって反射するため、アーキタイプも合一状態で経験する自分自身です。この時、未来を予言する者、神の言葉を伝える者、ヒーラー、母なる地球などといった特別な存在として自分を解釈する誘惑に駆られます。自分を聖なるものそのものだと考える誘惑に駆られるのがその理由です。合一状態にあっても無意識の自己は自己を認識していることから、こうしたあいまいな考えや経験が仮面やアーキタイプとなり得るのです。合一状態の無意識の自己は聖なるものとのワンネスを認識しています。

ですから、私たちは合一状態の無意識の自己はあらゆるパワーの源に触れることができると知った上で、薄氷を踏むように注意深く歩みを進めていかなければなりません。私たちの力の源は実際には自己なのですが、聖なるものを源として力を経験していると考えてしまいがちなのです。聖なるものの力は経験できませんし、パワー、エネルギー、力などとして認識したり経験できることは、どれも聖なるものではありません。聖なるものがそのような経験をさせることはないのです。逆に、無意識が聖なるものに出会った時に経験するのは、パワーやエネルギーがないことや、動きがないことです。パワーの不在は、私たちが考えるどんなパワーよりもずっとパワフルです。ビッグバンの背景にはパワーのない根源が実際にありました。私たちがエネルギーやパワーだと思うすべてがそこにあるのです。この静かでエネルギーのない「無」から、あらゆる物事が実存になります。

私たちが経験するパワーとエネルギーはすべて無意識の自己に属していて、アーキタイ

（7）ブラフマンやアートマンがあるのは、自己を反射したり認識しているからだという事実から逃れることはできりません。「私はブラフマンである」ということ自体、反射や自己認識がある証拠です。しかし聖なるものに自己認識はなく「自らを知っている」こともありません。意識にとっては思いもよらない事態かもしれませんが、聖なるものにとっての事実は思考がなく、考えることすらできないことです。もし聖なるものが「認識」することがあった場合、いかなる意識的解釈もしないでしょう。聖なるものについていえるのは、マインドがつかめたり、思い描くことのできるどのようなものでもないということだけです。「これ」や「あれ」といったものではないのです。人間が自分自身や聖なるものを認識できるのは意識があるからです。意識や自己認識がなければ、聖なるものは意識であるとか、自己認識だということもできません。

プという解釈もまた自己の解釈です。仮に合一の位置からキリストやブッダを経験したなら、アーキタイプとして解釈する誘惑に駆られるでしょうが、それよってキリストやブッダの経験というパワーは停止してしまうでしょう。こうした誘惑を退けることは非常に難しいのですが、意識はアーキタイプという分類をしたがる傾向があり、それが意識の本質なのだと知っていることは、無意識の自己と聖なるものとを区別する強力な手段となるはずです。

聖なるものへと続く道は、あらゆるアーキタイプ、意識と無意識、既知の自己と未知の自己を通り抜けることによって形づくられていきます。あらゆる種類の意識を経験するこの道を通り抜けると、無我であり意識のない「彼岸」に到着します。生じる可能性のあるあらゆる解釈を見抜けるようになるまで、この道が終わることはありません。だとしたら、すべてのアーキタイプが尽き、彼岸が顔をのぞかせるまで、怖れなく生きるしかありません。何かを回避したり、究極の現実をアーキタイプ的思考で解釈しようとすることも、道の終点へと到達することを妨げます。アーキタイプという仮面がどう機能するか見抜けるようになると、仮面に欺かれたり、動かされたりすることもなくなります。そうなった時には知る自己も感じる自己も使い古され、もう機能することはなくなっているでしょう。そうして私たちは川の向こう岸へと導かれていきます。自己である意識が川の向こう岸へと渡る道をつくってくれることはありません。向こう岸へと渡るには、自己によるいかなる経験も意識もなく、意識を暗示するようないかなることもない中で生きることに、身体と知覚が順応するしかありません。それが彼岸への道です。

結論

もし、意識を越えたところには何もないなら、絶対も永遠のアーキタイプもないことになりますが、これは洗練された考え方とはいえないように思います。ユングがアーキタイプは永遠であると主張しなかったことを考えると、プラトンのイデア［訳注：完全で永遠の真実］を信じていたとも思えません。アーキタイプを越えた何かについて一切述べていないという事実は、ユングの見解や経験は不完全であるという結論に私たちを導くのです。その意味で、ユングの概念はそれ自体の中に閉じ込められ、自己によって押しつけられた環の中から脱することができないのです。

このような不運はあるにせよ、「意識や精神は、知ることや経験することの媒質になっている」という点は賛同に値します。と同時に、知ることや経験することは人間の可能性をその中に閉じ込めてもいます。科学的な知識や宗教的な経験も例外ではありません。意識という主体がなければ経験もまたありませんが、意識による経験こそが心理学の研究や調査の主な対象になっています。心理学とは、自己という自己にとっての対象を研究する学問ですが、科学の研究対象は知覚による対象物や観測可能な現象です。自身の心理学は科学だとユングは主張していますが、科学的な対象と、自己が自己という自分自身を対象とすることという二種類の異なる対象を混同しています。二つの対象物と二つの研究様式を混同していることが、ユングの心理学に限界をもたらしています。

ユングは絶対である神を考慮せず示唆さえしていませんが、自身の研究が科学だと主張することで、その言い訳にしているようにも聞こえます。絶対について論じないことで宗教間の対立を避けられますし、それぞれの宗教の心臓部から自分に都合のよい部分だけを抜き出して解釈することも可能です。もちろん「科学」という名の元にそうするのです。絶対を心理学にとり入れると、理論は形而上学になってしまうというのが彼の言い分ですが、ユングは形而上学者や宗教的な人物としての信頼を得ていたわけではありません。完全に主観的でとりとめのない理論によって科学者としての地位を得ようとしたように私には思えます。ユングの心理学を科学だと信じたり、彼の理論に非宗教的な信念が投影されていることを見抜けないなら、ユングの優れた知性に騙されているのでしょう。ユングは絶対や神や宗教を扱うことができなかったために、人間の経験は絶対や宗教、神学あるいは形而上学がなくても成立すると示すべく努力したのです。ユングの心理学は、自己経験を越えた絶対は必然ではないという心理学です。ユングは宗教や神学からアイデアを盗んだ上で、その真実や信念や経験を非宗教的で非絶対の論理体系に解釈し直しましたが、もしそれがなければ、私がユングの理論をそれほどひどいと思うこともなかったでしょう。

しかし実際にユングしたのは、自己に関する考えをヒンドゥー教から盗み、西洋の精神性に合うように翻訳することです。ユングのいう無意識の自己はアートマン・ブラフマンに酷似していますが、東洋と西洋のどちらに対しても不誠実だといわざるを得ません。キリスト教に「意味」（彼独自の意味）を与えるためだといって、ユングは変容の経験（死、復活、変容）を盗用し、グノーシス主義を基盤とするアーキタイプとして提示しましたが、こうしたアイデアは本来のキリスト教神秘主義に基づいたものではなく、それでいてその説明はありません。宗教をもっと意味のあるものにすることが目的だといいますが、宗教の代替品を提供する狡猾な言い訳にしか聞こえません。ユングは宗教に意味を見出すことができず、何とか探し出そうとしたそうですが、ここまで見てきたように彼のとった行動の目的は社会の利益ではなく、超自然的な解釈を提示することで伝統的な宗教を廃止しようという意識的・無意識的な試みとすら私には思えるのです。個人的で根の深い理由によって、ユングは宗教に共感するのではなく競合しています。信仰に意味を与えるという彼のごまかしには悪意があるともいえ、弱い精神を振り回すことになっています。

ユングは個人の精神の影響範囲を限定していますから、その点は良いと思いますが、精神を探求したからといって究極の真実に出会える確証はどこにもないということは覚えておくべきです。精神自体に真実が含まれているわけではないからです。内在しないものを埋め合わせるためには、精神の領域の真実を持ち出して穴を埋めようとするしかなかったのです。精神は主観に基づく真実を自らつくり出しています。一方の宗教的な真実は、私たちの外側にあり、精神に対して課題を与え続けます。真実に出会うのが難しいのはなぜかといえば、直面することが難しいからです。真実と直面するには、精神が慣れ親しんだ考え方、真実の経験を中断しなければなりません。究極の真実は私たちを追い立て、困惑させることで目的を果たそうとしているのです。正面から向き合うより、真実を否定したり都合良く解釈する方がずっと簡単です。もし究極の真実は限界のある私たちの精神を越えたものでないなら、真実は私たちの考えが及ぶところにあることになり、絶対や究極や客観的な真実はないということにもなります。

結論を述べたいと思います。ユングの心理学を科学の範疇に留めておくには、絶対や神、あらゆる宗教を意図的に排除しなければなりません。絶対を持ち出すや否や形而上学的となり、「科学的な」心理学ではなくなってしまうからです。ですから、ユングの科学的な心理学は絶対のないところにおいてだけ有効です。ユングの概念は究極の真実を考慮していませんが、それにはこうした理由があるのです。

次にヒンドゥー教に関する結論を述べたいと思います。意識は聖なるものだと定義すると、それ以上の検討ができません。もし意識について検討するというのが聖なるものについて検討するというのと同義であるなら神学の領域に踏み込むことになります。西洋の宗教では、聖なるものは意識とは考えず、認識論や心理学的見地から探求することによって人間の認識や経験を研究します。ただし、西洋のアプローチには、意識もまた聖なるものを経験するという事実を無視しているという問題があります。キリスト教では「神秘神学」という分野で聖なるものの経験について研究してきたため、心理学や認識論と交わることはありませんでした。心理学は神秘的な経験に近寄らないようにしているため、この分野の研究が進展することもなく、ユングにとってキリスト教は意味を成さなかったのと同様に、私たちにとって心理学を意味のないものにしています。西洋の心理学の穴を埋め、西洋の宗教に欠けている部分を埋めるため、人々は東洋、もっと具体的にいうとヒンドゥー教に目を向けてきたのです。

ヒンドゥー教にとって、意識とはあくまでも信念の中に住まう住人だということを西洋人は理解していません。ヒンドゥー教を心理学だと考えることは適切ではないのです。ヒンドゥー教を学ぶことはヒンドゥー教の心理学を学ぶことだと西洋人は考えるかもしれませんが、実際に学んでいるのはヒンドゥー教という神学です。ヒンドゥー教の心理学は「絶対とは意識である」という信念から生じているため、いずれにせよこの一点へと戻るより他にないのです。中には西洋の心理学と東洋の神学の本質的な違いを理解するのに必要十分な研究をした人もいますし、実際西洋人はヒンドゥー教という東洋の神学を当の東洋人より良く理解しているのではないでしょうか。ただ、様々な実践や技術に東洋の心理学を採用するのであれば、宗教とその神学、特有の精神性や見方などを丸ごと、説明や解釈の一切をすべて適用しなければならないことは理解しきれていないように思います。そのことを理解できるくらいに研究が深まった時、どこをとり入れ、どこは捨てるのかという意識的な取捨選択ができるようになります。見分けることができないなら、選択もできません。

「ヒンドゥー教はすべての他の信念体系を包括し組み込んでいる」という意見をよく耳にしますが、この主張は「絶対とは意識である自己（アートマン）だ」というヒンドゥー教の考え方に賛同する人に限った真実です。様々な宗教には共通する点ももちろんあり、同じ体験を共有することもありますが、深い部分においては差異があり、深遠な違いがあるからこそ別々の宗教になったのだと思います。

ヒンドゥー教の問題点について、私はこう考えています。本質的に意識が聖なるものであるなら、意識が拡大していない現状をどう説明するのでしょうか。もし人間が聖なるもののような意識であるなら、悟ることができないということがあり得るのでしょうか。この問題を解こうという取り組みは、ヒンドゥー教の中核的な哲学と思索において行われてきました。輪廻という考え方がこの矛盾を解く鍵だと考える人もいるようですが、輪廻の輪から抜け出すにはやはり悟りが必要です。こうして堂々巡りは今も続いています。

とはいえ、ヒンドゥー教は東洋の宗教ですから、東洋で解決すべき問題です。意識を聖なるものや絶対と混同しなければ問題は生じません。一方の西洋にも、西洋なりの問題がありました。西洋の神学は意識や自己というテーマに正面から向き合ってきませんでしたが、キリストの人間性、経験、究極の真実と復活について完全に理解しようと思うならとり組まないわけにはいきません。キリストの自己や意識は永遠だという場合と、そうではないという場合とでは、キリストの全体像やその意味はまったく違ってきます。確定した見解は現状ではありませんが、一般的にはキリストの自己や意識は永遠だと考えられています。逆に、キリストの自己や意識が非永続であるなら、西洋はそれによって生じる問題と直面せざるを得ませんが、キリストの復活に新たな視点をもたらす要因にもなります。キリストの自己や意識は永続し、永遠だというなら、私たちの自己や意識もまた永続することになり、キリスト教とヒンドゥー教の相違点はなくなります。だとすると、キリストは世界を啓蒙するために定期的に転生する存在の一人ということになってしまいます。

結局のところ私がいいたかったのは、哲学や神学と同様、心理学においても東洋と西洋では埋まらない差異が潜んでいるということで、そのことにもっと注目するよう注意を促したかったのです。心理学や認識論、宗教などの違いから、意識や自己、自我や無意識に関する一つの定説というものは存在しません。表面的な違いなら指摘できても、深遠な違いであれば譲歩は難しいものです。人間のマインドや経験は千差万別ですが、もし同じでもいいというなら、聖なるものは人間ではなくロボットをつくったでしょう。認めるのが難しい場合もありますが、この世界に多様性は不可欠で、偉大な目的に奉仕する鍵にもなっています。違いを排除したいという欲求は、マインドの同一性と合一への憧れを表している一方、違いを認め受け入れる能力のなさや、聖なるものによる創造物の多様性を受容できないことの表れでもあります。私には、聖なるもののワンネスとユニークさが創造に反映され、多様性が生じているように見えます。一つのものをそれぞれがそれぞれの視点や立場から反映しているのですから、同じにはなりません。どのような道も愛すべき道ですが、すべての道を歩いたり、一度に複数の道を歩くことはできないのです。一つの道を完全に生きるには、与えられるすべて、あるいはそれ以上のものを差し出すように要求されるのです。

私たちにとって、ある日突然自分の信条を変え、次の日にはまた別のことを信じるのはほぼ不可能ですが、仮にそうできたとしたら、得られる結果はいずれにせよきっと同じだと、無邪気に信じているようなところがあります。心理学や意識に関する見解は様々ありますが、異なる土台の上に構築されているのですから、異なる視点を提示し、その結果得る経験も違ってくるのは当然です。宗教や信条によって「自己」「意識」といった言葉の定義は違い、同じ経験をすることもありません。聖なるものとは意識である自己だと信じ、実際そう経験した人に対して私が何をいおうと無駄なのです。

ふだん私たちは、すべての荷物を一緒に持ち運べると考えている節がありますが、今までと違う考え方や宗教、心理学へと乗り換えることは簡単にはできず、慣れ親しんだ荷物を降ろさなければならない事態に遭遇して驚くこともあるでしょう。「西洋人が東洋の精神性に触れる時、持っているものはどれも諦めずに両方の良い点だけをとり入れることはできない」というのはユングからの警告です。西洋人は、何ひとつ諦めることなくあらゆる文化（そしてマインドセット）の良いところを吸収する能力があるように思われていますが、別々の道を行き来したり、ある宗教と別の宗教を継ぎ合わせたりできるというわけではありません。できるのは、自らの道にとどまりながら他のものの良いところを吸収することだけです。そうすれば自らの道だけでなく、同じ道にいるすべての人々への奉仕にもなります。もちろん誰の役に立つこともなく終わってしまう場合もあるでしょう。宗教から何かを盗もうとしている人ばかりが目につく昨今、お返しをしようとする人はいないのでしょうか。後に続く人のため道を豊かにするにはどうすればよいでしょうか。盗んだ後は急いで逃げ、自分の持っている何かと継ぎ合わせようとする人は、すぐにとり残され、忘れ去られてしまうでしょう。伝統的宗教という大きな川は、私たちがそれと一緒にいようといまいと、いつでもあるべきところを流れています。

補足Ⅰ　聖なるものの本質

「聖なるものとは意識である」という言葉は、その本質を表現しています。私は聖なるものの本質は意識だとは思いませんが、意識は人間の本質であり、人間とはどういうものかを表現するものであると考えています。キリスト教神学は「聖なるものの本質は完全に未知であり、マインドや意識でつかむことはできない何かで、定義することも名づけることもできない」としています。キリスト教は沈黙を守っているのです。「聖なるものの本質と実存は同じか同様である」というのは聖トマス・アクィナスの言葉です。聖なるものの本質は実存なのです。聖なるものとは何かという問いの答えは「それ」だということになります。よくできた公案だと思うのですが、いかがでしょうか。

補足Ⅱ　仏教に関する発見

ここからは、経験に基づいて得た知見からお話したいと思います。東洋の文献の中に、私がしたのと同じ経験が記されていないか探し始めたのは、無自己を経験した直後のことでした。「究極の経験は、アートマン・ブラフマンが自分自身だと理解することである」というヒンドゥー教の文献を見つけるまでにそう長くはかかりませんでしたが、この経験や理解が自分の体験と同じものだとは思えず、それればかりか私が探していたのとは正反対の経験であるように思いました。ヒンドゥー教のアートマンという言葉は、人間がブラフマン（サット・チット・アーナンダと説明されることも多い）を経験するというだけではなく、究極的にはブラフマンそのものになることを意味しています。私が無自己を経験した際は、聖なるものと自己の両方が一つのまとまりとして失われました。生命と存在のすべての経験を伴って、中心（聖なる静寂点あるいは愛の炎）へと向かって去っていったのです。聖なるものが「ハートの洞窟」へと落ちていっただけではなく、洞窟そのものもなくなってしまったのです。ヒンドゥー教の文献には、そうした経験に関する記述は見つかりませんでした。

次に仏教の文献をあたると、永遠の自己などないことや、自己が停止することについて記されているのがわかりました。すぐに「これは本物だ」と思いましたが、私の経験と比較できるような、具体的な説明は見つかりません。禅師といわれるような人々が示唆していたのは見方の変化に関することで、心理的経験が停止してしまうことについて記載された文献はありませんでした。また「見方」というのは無我の経験を示唆しており、それよりずっと後に起きる無自己の出来事に関してではありませんでした。無我と無自己という二種類の異なる出来事と、それらによる見方には、特徴も説明の方法にも似たところがあり、混同してしまいがちです。しかし二つの出来事は同じではなく、それぞれの経験から発見する真実もまた別なのですが、言葉にすると同じように聞こえてしまいます。文章にすると違いはわかりにくくなりますが、個々の経験は似て非なるものです。この紛らわしさのせいで、無自己の経験は文献から失われてしまったのだと今では確信するようになりました。今日私たちが耳にするのは一つめの出来事——無我についてですが、実際にはそれからかなりの時間が経過した後に二つめの出来事が起きるのです。いつの日かこの二つの出来事が間違いようのない別の出来事として説明される日がくることを願っています。

いずれにせよ、私は文献を探すことをやめてしまいました。仏教の記述は、ヒンドゥー教のそれと比較すると、個人的な説明がほとんどありませんでした。それでどうしたかというと、個人的に所有していたキリスト教の文献に当たり、黙想者の体験の中に私と似たような経験をした人がいないか探すようになったのです。それから三〜四年後、ブッダの人生について書かれた本を見つけると、ブッダ本人の発言と思われる彼自身の経験を示唆するほんの数行の文章に出会いました。自己を家に喩えて「棟木《むなき》」が一瞬にして崩れ去り、あるいは裂けて、倒壊したという記述でした。倒壊した後、家あるいは自己はもうなかったというのです。(8)

この詩で注目すべき点は「棟木」です。棟木は頑丈で、永遠に倒れることのない聖なる中心を連想させます。キリスト教でいう神、ヒンドゥー教のアートマン、仏教の空、あるいは仏性に相当します。全体的にこの詩は「自我よ、やっとおまえを捕まえたぞ、とうとう本質を見つけたぞ！」という調子で書かれており、まるで強盗が盗みを働く現場を捕まえたかような興奮が感じられます。人生全体に欺瞞をもたらした犯人をとうとうつかまえた、そういっているかのようなのです。私の場合も、三十年以上もの間、頑丈な中心は神だと確信していましたが、ある日その信念は崩壊し、同時に「愛の炎」も消えてしまいま

(8) だが家の作り手よ。
お前は見られたのだ。

もう二度と家を作ることはできない。その垂木はすべて折れ、棟木（むなぎ）はくずれた。

心はもはや消滅転変することなく、割愛の終息へと到達したのだ。

この詩にはいくつもの翻訳があるのですが、ご紹介したのは今から五～六年前にメモしたものです。そのメモを失くしてしまい、誰の手による翻訳かわからなくなってしまいました。

した。結果的に未知そのものであった無意識の自己を発見できたわけですが、その自己は「生命」と「存在」の経験のすべてでした。このように自分が欺かれていたとわかった時、私は衝撃を受けました。ただし本当に崩壊したのはもちろん神ではありません。経験と、経験されたもの（神）と共にある、経験する主体が崩壊したのです。もし、経験する主体がいなければ、経験も経験した何事かもありません。意識である自己は神を経験する際の媒質ですから、この媒質がなければ意識も自己も神もありません。神というのは、意識である自己がとらえることのできる神の経験をはるかに超えているのです。

無自己の経験には欺瞞的な側面がありますが、その欺瞞が失われるまでそうと見抜くことはできません。真実が明らかになるとき、同時に欺瞞が明らかになります。自己が崩壊すると真実が明らかになるのです。聖なるものはあらゆる経験を越えたところに横たわっているものなのに、無意識の自己がした経験を聖なるものと取り違えていたのです。自己による欺瞞を見抜くことは、無自己を経験した証しでもあります。倒壊するのは「経験」そして「経験する主体」ですが、これらは「経験したこと」（絶対）と共に崩壊します。こうして合一の意識のすべてが一度に失われ、自己欺瞞が明らかになります。

キリスト教徒にとって、このようにして起こる「神の死」はキリストの死の本質という特別な顕現ですが、これで顕現が終わるわけではありません。仏教の「棟木の崩壊」という喩えと、キリストの死に際して「神殿の幕が二つに裂けた」という表現は、大変興味深いことに酷似しています。仏教では個人の経験として、キリスト教では外的に発生した出来事として説明していますが、意味するところは同じです。絶対である聖域をそれ以外の世界と分けているもの、つまり人間と宇宙を分けているのは自己あるいは意識という幕だといっているのです。この幕は自我によるぼろきれではなく、神聖で、神秘的で、侵すことのできない神の究極の真実への扉です。その幕がなくなってしまうと、絶対と人間、絶対と宇宙全体との間の区別や分離がなくなってしまうため、幕を裂くことは冒瀆ですらあります。不可解で想像もできないこの真実は、キリストの死、ブッダの悟りによって明らかになりました。自己という意識は幕であり、破壊することなど不可能だと思われた精神の中心的な棟木なのです。

棟木は、運命という風に飛ばされてしまうかもしれない頼りない留め金ではありません。留め金とはもちろん精神の自我中心です。棟木は微妙なバランスの上に成り立つ聖なる中心であり静寂点で、世界という環境の変化によって影響を受けるようなものではありません。不変の中心である棟木は、自我中心を喪失しないと見ることはできません。先ほどの詩（２１５頁の注）には、この点がこのように表現されています。

だが家の作り手よ。お前は見られたのだ。
もう二度と家を作ることはできない。

「二度と」という言葉から、棟木は以前にも崩れたことがあり、新たな棟木の周りに家を再構築したことが読み取れます。もし、以前倒壊したのが自我中心だったのなら、その時には粉々に砕けてしまったように感じても、新たな絶対（のように見える）の中心、聖なる中心とある棟木を見出して、その周りにまた新しく合一を構築することも可能です。しかし二番目の、聖なる中心である棟木が倒壊すると、再び家を建てようにももう何も残っていません。自己がないために中心もなく、周辺もないのです。仏教は家の建直しは輪廻によって可能になるというかもしれませんが、もし輪廻という信念がなければ（キリスト教にはありません）いずれ私たちは不変の中心、避難所あるいは静寂点である不変の中心に行き当たることになりますが、それは自我中心を喪失した後の話です。自我が中心に居座る限り、バランスが取れて安定した、朽ちることのない精神の合一はありません。神の力によって固定された静寂点だけが、安定した不変の棟木になり得るのです。もちろん仏教はこの詩に私の解釈とは別の解釈を当てているでしょうが、いずれにせよこれが悟りの瞬間であることに変わりありません。私には、時間が始まる時に放たれた矢が、荒れ狂う牡牛の目に命中するように感じられた瞬間でした。仏教の文献から無自己の経験について、経験に基づいた記述だと思われたのはこれだけでした。他はすべて的を外しています。

五蘊《ごうん》[9]について知ったのはそれから数日後のことです。５つ蘊の意味を説明する短い翻訳を読んだ時、自己経験の全体像を理解しました。繰り返しになりますが、無自己を経験することなく自己の全体を把握することはできません。自己を生きている間は、自己の全体を見渡せないのです。五蘊を特定することができた人物は、これらが永続的に停止するとわかっていたのです。これらが一体となって自己の性質を構成しています。自己の経験には聖なるものの経験を含めた自己経験の全体が含まれます。経験の全体が永続的に停止した時、自己として五蘊が開示されることはエソテリックな知識に分類されています。私たちは自己経験の全体に気づかずに生きています。もし、意識で捉えられるなら経験を認識することもできますが、経験の根本を成す無意識は認識できません。私たち自身がそれそのものだからです。自己とは「生命」「存在」の経験の全体である、合一状態では「生命」と「存在」を聖なるものの深奥として経験すると思う人はどれほどいるでしょうか。自己というのは、私たちが経験できる最も深い部分の絶対ですが、そのように体験する人はど

(9) 五蘊［訳注：色、受、想、行、識の5つの集まり］
色蘊：意識に関わる肉体という形やその他の肉体的な経験
受蘊：「自分」とは考えたことのない感性や微かな感情
想蘊：知覚。意識が残っているうちは知覚と意識が連動して機能する。この連動した機能からあらゆる知識、思考、概念が生じる。純粋な知覚は意識がない時に生じる。
行蘊：エネルギー、生命力、意思の力の経験。マインドの反射メカニズムを機能させる燃料。
識蘊：無意識を含めた意識や認識。マインドや脳による反射機能、知り区別する主体、イメージを創造する主体など

のくらいいるでしょう。自己または蘊を失った後に何が残るのか、その状態でどうやって生きていくか想像できる人はいるでしょうか。ほとんどの場合、それはつまり死を意味すると思うでしょう。どちらにしても、棟木と五蘊の他に仏教の中に見るべき点はありませんでした。いうまでもありませんが、仏教には深遠で達成することが困難な真実を含んでいることは確かです。

たくさんの本を読み、たくさんの人と意見交換するうち、五蘊が永続的に停止することがすなわち「無自己」だと考える仏教徒はいないことがわかりました。一般的に五蘊は穢れを祓うことで変化し、改善し、より完全になったり、永遠の自己だと思っていたものが実は「空」あるいは虚無だと発見することがあると考えられています。ただ、これは私が「無我」と呼ぶ経験のように思います。自己の中心が無であることを発見すると、蘊（自己経験や、自らの存在を経験すること）の根本において、自己という存在は空であることがわかります。これはキリスト教徒が中心の虚無や魂の暗夜に遭遇することに酷似しています。自己の中心にあるのは自己（聖なるものといってもよいでしょう）がないことであり、いつの日かこれと同じ無、闇、あるいは何もないことが根源であり存在の土台であると開示されることになります。自己は土台ではないのですが、土台なくして自己は存在できません。このような合一状態の様子はドーナツに似ています。ドーナツの穴の部分には生地がないのと同じで、聖なる中心に自己はありません。そうでありながら、何もない穴の部分も含めてドーナツなのです。合一あるいは二元でない状態には聖なるものと自己の両方が必要で、合一状態でも現象の自己による経験や五蘊の存在は除去されていません。キリスト教でも仏教でも、自我のない合一状態は浄化され変容し、自我という汚れのない状態だと考えます。そうなった時、五蘊は機能せず、経験されることもありません。五蘊は非永続的で、現象的で、条件づけのある自己経験であり、永遠ではないのです。

ワンネスを経験してターニングポイントに差し掛かると、その後は一般社会で生活することになります。社会生活は現象の自己を自由に表現する場で、自我ではないところで与え、生きる場でもあります。現象の自己から与えるものが何もなくなると、自我はその機能を終えて停止します。十全に生きることによって、人生の課題がどのようなものだったとしても、現象の自己に影響を与えることはなくなるからです。課題を一つ一つ片づけていくうち、同じ課題が繰り返し現れるようなこともなくなり、課題が何も残っていない状態になると、条件づけのある自己は使い古され、その機能と目的を失います。現象の自己が停止するというのも確かに予期せぬ驚きですが、道の後半で起きる無自己という経験が本物の無自己の経験です。根本、土台、空洞の中心が失われると現象の自己は停止し、その後、聖なる棟木が崩壊すると無の中心も失われます。自己経験がすべて、最終的に終わると五蘊も停止します。仏教の言葉を使うなら、無自己の出来事を「五蘊の喪失」と説明できるのではないかと思います。蘊というのは絶対である空の中心を経験する媒質です（器は中身の相対であるように、五蘊もまた無の相対です）、いうまでもありませんが、仏教はこの媒質がないことには絶対もないとしています。「無条件に独立自存」であればこそ、自己や蘊などのあらゆる意識を越え、越えているからこそその次元は沈黙し、話すことがなくなります。

無我の経験からわかるのは、根本的に五蘊というのは自己のなさであって、自己がないという空は無条件の独立自存だということです。それからずっと後になって起きる無自己の経験ではさらに、五蘊とその空洞の中心をも喪失し、永続的な停止を経験します。ドーナツそのものが無くなってしまうのです。生地の部分も空洞の中心部も含め、ドーナツの存在自体が無くなります。この時人間は、人間と聖なるものの間の偉大な空隙、空洞になった蘊の中心とはまったく別の空に橋を渡さなければなりません。蘊がなければ空洞の中心もありません。自己あるいは蘊を容器や周辺に喩えるとすれば、中身が詰まっていようが空っぽだろうが、容器や周辺はある状態です。しかし、それを取り去ると中身は存在できず、あるのは大いなる空《くう》だけなのです。あらゆる形が単に空っぽであるだけではなく完全な空である時、その形は絶対です。私の経験からも、単に「空っぽであること」と「絶対の空」との間には大きな違いがあります。

私の考えでは、ブッダはアートマンを体現したヒンドゥー教徒です。アートマンは本当の自己でありブラフマンと一つです。しかし、ブッダにはこの状態は完全でないことがわかっていました。自我によるのではないにせよ、まだ苦悩することができたからです。ブッダはこの位置からより完全な状態を垣間見たか、あるいは実際に経験し、それを手に入れる決心をしました。本物の無自己は究極的なアートマン（アートマン・ブラフマン）を喪失することですが、まずアートマンでない限りそれを喪失することもできません。つまりブッダが永遠の自己について述べているのは悟りの後、あるいはアートマン（自己）を喪失した後だと考えられます。だとすると、最初から自己がないと信じることはそもそも間違いです。アートマンや自己がないことは、それらの存在を経験し、そして否定しない限り意味がありません。ブッダはヒンドゥー教のアートマンから一歩理解を進めましたが、彼と同じ一歩を体得し、ブッダの後に続いた者は誰もいなかったのだと思います。自己やアートマンを失うには、まず自己やアートマンでなければなりません。それがあるべき道すじです。最終的には失われるアートマンは、ブラフマンだということにはなりません。自己はブラフマンは自己ではありませんから、アートマンはブラフマンだと考えることは欺きです。しかし「欺瞞」だからといって自己の存在も幻だということにはなりません。自己は相対的な真実であり、絶対の真実ではないというだけなのです。

結論として、ブッダ（他の誰かでもいいのですが）は、自己経験の全体を五蘊という短く簡潔な文章で説明しました。これはすばらしい業績です。世の中には自己や自己経験に関する書籍があふれていますが、確心に基づいて結論を導き出したものにはなかなか出会えません。正確を期すために申し上げると、自己あるいは五蘊について正確に記したことは、人間の本質を表す本物の開示です。この情報によって、仏教を実践する中で自分について知り、理解し、現在の状況や目の前に広がる終着地点、つまり手に入れるべき運命がわかったのです。これが人間への偉大な貢献でなくて何だというのでしょう。すべての宗教には偉大な真実が含まれていますから、少なくとも道程の各地点での真実であることに間違いはありません。真実について読んだり聞いたりしたら、次は自分で実際に道を歩いてみることになりますが、その時はまだ明かされた真実の重大さを理解していません。真実は、真実を喪失した時に全体像を理解でき、自分で経験してはじめて顕れるものです。そして最終的な真実は、喪失することのない「それ」なのです。

［第2部の参考文献］

以下、ヒンドゥー教関連の文献でこの部のテーマと最も関連性が高いと思われる書籍をご紹介します。この部では述べたことはすべて以下の文献から引用しています［訳注：すべて未邦訳］。

Beidler Wiliam "The Vision of Self in Early Vedanda" 1975, Motilal Banarsidass
Seksena, S.K. "Nature of Consciousness in Hindo Philosophy" 1971, Motilal Banarsidass
Sinha Jadunath "Indian Psychology" 1958, Sinha Publishing House

第3部

キリスト教徒がたどる道すじ

THE CHRISTIAN PASSAGE

1　概要

はじめに

どのような宗教を信仰しているか、またどのような道を歩んでいるかにかかわらず、そこに道があるなら必ず、意識である自己という基盤が横たわっています。心理学は意識の発達について考察する学問で、発達の途上にどのようなマイルストーンが存在するかを明らかにするのが考察の目的です。宗教はこうした考察をさらに一歩進めようとしています。というのも、意識とは聖なるものがその一端を人間に見せるための媒質だからです。心理学とは違って、宗教の終着点は自己理解に留まりません。聖なるものとはどのようなものか理解することも宗教の目的であり、そのための道が宗教です。つまり宗教は自己理解を目的とする心理学を包摂していることになりますが、心理学には宗教も、聖なるものの理解も含まれません。その意味で、もし宗教がなければ心理学による意識の研究が完成を見ることはないでしょうし、宗教的な領域における啓示を考慮しない心理学の枠組みだけからでは、人間の全体像を描写することもできないでしょう。宗教は、意識や自己に新たな次元を一つ追加し、その上で意識や自己のたどる道すじと運命を明らかにするものです。

ところで、私は宗教を「人間に聖なるものという究極の真実を開示するもの」であると定義したいと思います。世界の主な宗教を見てみると、聖なるものはそれぞれ独自の方法で顕れることがわかります。宗教によって真実は異なり、そのため聖なるものの顕れ方も異なるのです。しかし究極的な真実や聖なるものの存在の是非は宗教の別にはよりません。ただそれぞれの宗教には特徴的な「真実」があり、真実が異なるために顕れ方にも差異があるだけであって、究極の真実である実存を認めている点はどの宗教にも共通しています。

ある宗教に特有の顕現には、それに伴う特徴的な道すじが現れ、顕現を実現する助けになります。絶対の顕現という圧倒的な出来事から、実存と私たち、実存と私たちの日常との間にある際立った違いを認識すると、この違いを埋めるにはどのような道すじをたどればよいだろうとその方法を探すようになります。差異を埋める方法が異なれば、たどるべき道すじもまた異なりす。私たちと絶対、つまり神や真実の間には確かにかい離がありますが、道の終点においてその本質と一つになれるような道が用意されているのです。ただし、道すじが現れるのは顕現が聖なるものの本質を開示している場合に限ってのことです。つまり、その顕現が私たちの内的な聖なるものの現れだった場合には、道の終着点で発見するのは自己の深奥にある聖なるものということになり、最初にお話ししたような道を歩いた場合とは別の結果がもたらされます。最初にお話しした、完全に超越的な聖なるものが顕れた場合でも「人間らしい、ふつうの生活」を送ることを前提とするのであれば、顕れる道すじも、また道の終着点も前提に則ったものとなり、人間らしい生活を保ったままで歩みを進めた結果の到達地点もまた前提に相応しいものになるでしょう。もしもキリスト（聖なるもの、私たちの究極の本質の化身）が顕れたなら、キリストの真実に気づき、キリストこそ真実だと理解する道と、それに相応しい結末が展開するでしょう。重要なのは、同じ道は二つとないことです。いずれの場合も、真実を成就することは単に真実を「経験」することではありません。それぞれの顕現には対応する終着地点があり、顕れた真実によって何が最終的で完全な成就かもまた異なります。ですから、仮に世界中の人々が聖なるものを経験したとしても、究極の真実には人によって特徴があり、その結果として宗教の違いが生じるのも当然なのです。顕現が異なれば、最終的な真実もまた異なるのです。

私たちは「彼岸の最終的な真実は、結局すべて同じだ」と考えがちですが、真実といえど私たち人間の実存に付随しているものです。実際、個々人のたどる道すじは多様で、生活様式も、信仰する宗教もそれぞれです。もちろん、地上ではないあちらの世界（天国）にはあらゆる可能性が同時に存在しているため、宗教も顕現も、道すじも終着もありません。それと同時に、各々の宗教の道すじは特色ある聖なるものや真実に至るためのものであることから、あらゆる宗教の本質が実存だというわけではないのです。つまり、宗教的な顕現によって聖なるものを理解した場合も、他の人にはまた別の顕現があることから、すべてを理解したことにはならないのです。例えば聖なるものという本当の自己を理解することは、仏教徒にとっての終着点ではありません。自己は永遠ではないと理解することは、ヒンドゥー教徒の終着点ではありません。同様に、聖なるものは人間も自然も超越していると理解することは、キリスト教徒にとっての終着点ではありません。ユダヤ人にとって、三位一体や三位一体のキリストが聖なるものの究極の真実であると理解することは最終的なゴールではないでしょう。あらゆる宗教的顕現に同じことがいえます。ただ、顕現がどのようなものだったとしても、それによって示された課題は私たちが前進するための手がかりになることに変わりはありません。いずれにせよ、どのような宗教的顕現にも何らかの特徴があり、そこに潜む可能性を完全に実現する術を探すべきなのです[1]。

　キリスト教の究極の真実はキリストとして顕れるため、キリスト教徒にとっての最終的な終着地点はキリストを完全に理解することです。とはいえ、キリストは本質的に聖なるものを包摂していて、キリストを理解しただけで旅が終わることはありません。キリストという顕れには聖なるものとのワンネスが含まれるため、人間と自然を超越した聖なるものに気づき、聖なるものとは一つの絶対だと理解するだけでは、旅を完了するのに十分とはいえません。絶対の空は形であるという悟りを得さえすればよいのでもありません。キリストという顕れにはこれらすべてが含まれますが、これらの顕現がキリストを内包しているわけではありません。顕現はキリスト以前から存在していたのですから、キリストが顕現であるともいえないのです。自然や聖なるものとのワンネスを理解するため、そして内的で超越的な聖なるものに気づくために、必ずしもキリストが必要なわけではありませんが、キリストは何かしらの要素をつけ加えてくれます。それがどのような要素なのか、またキリストはどのような方法で聖なるものの本質を顕すのか、それを見つけることがキリスト教徒の最終的な終着点なのです。どのような顕現もその時点での顕現であり、この先どのような顕現があるのかは誰にもわかりません。キリスト教徒にとって、あらゆる真実を含む顕現とキリストの神秘を探求し尽すまでは、今まで発見した真実がどれほどすばらしいものだろうと立ち止まるわけにはいきません。

人間としての制約をのり越えていくことが求められるという意味で、キリスト教はあらゆる宗教の中で最も難しく困難だといえます。キリスト教の真実は人間の枠組みに収まりません。キリスト教は「努力によって何とかなる」宗教ではないのです。自分で何とかしようとする限り、自分の枠を越えることはできません。キリスト教徒の道を進み、終着点に到着するためには、聖なるものの手助け、恩寵による後押しがどうしても必要です。それでは恩寵とは何でしょう。特別な形で人間に宿った聖なるものの生命であると同時に、人間に宿る生命を超越したものでもあります。恩寵はひとりでにというよりも、むしろ人間性の中でこそ発展し展開していくものですが、通常の生理的・心理的発達の過程に従って発展するのではありません。恩寵は物理的・生理的に成長するのではないからなのですが、かといって霊的な道すじ、あるいは聖なる生命の道すじに従って発展するかといえば、それはもっと難しいといえます。

現代の社会では、生理的な成熟を霊的成熟と取り違え、同じ意味だと思っていますが、それは間違いです。恩寵に必要な要件は、通常私たちが考えるような精神的な成熟だけでは不十分です。恩寵は意思を持っているようです。いずれにせよ恩寵の示す道はとても困難で、私たちが考える通りに物事が運ぶことはなく、むしろそれとは逆に進むことの方が多いくらいです。自分は潮の流れに逆らって進もうとしているのではないか、自らの持ち分とは逆のことをしているのではないかと感じられることもあり、「恩寵とは自己の意思

（1）ある人から「ということは、宗教的な枠組みの外には実現の手段はないのか？　既存の宗教はあらゆる顕現をすべてカバーしているか？」という質問がありました。一つ目の点について、「主要な宗教は究極の真実（神あるいは絶対）のすべてカバーする」と考えています。自分はどのような宗教的伝統にも属さないと思っている人が多いですが、実際には人生のあらゆる瞬間にいずれかの宗教の影響を受けているものです。それに気づかなくしているのは、無関心や聖なるものではないプライド、そして先入観です。2点目について、顕現の瞬間まで、他にまだ残された顕現があるかどうかはわからないと答えたいと思います。わからないのだから見落とすこともできず、他に可能性があるのかどうか検討することもできません。顕現の後、答えを得られていない点がまだ残っているかどうか検討してみることはできますが、論理的なマインドは相対的で、絶対的真実に対応できないという問題もあります。真実は問いかけとは別の次元に属していますから、最終的な真実に直面したにもかかわらず論理的マインドは質問を続けてしまうこともあります。論理的マインドを超えたところに問いはありません。質問が生じないからです。

とは逆に進むものである」と定義したくなるほどです。聖なるものの視点は人間には理解できないのです。私たちの成長に従って聖なるものが後押ししてくれるようになるのではなく、内在する聖なるものの発展に私たちの方がついていかなければならないのです。神の道は人間の道とは違います。この道はあらゆる人に向かって開かれていますが、困難なこの道を歩こうという根気がある人は限られています。聖なるものにとって、ある人の方が別の人より好ましいということはありませんし、ある人により多くの恩寵を与えようということもありません。聖なるものは私たち全員を選びましたが、私たち全員が聖なるものを選ぶわけではないのです。選択権は人間の側にあります。聖なるものは選り好みしないため、持つ者と持たざる者の差は全存在をかけて恩寵を求めるか、そうでないかの違いということになります。絶望的な状況にある人は恩寵の何たるかをよく知っていますが、心地いい状況にある人にはきっとわからないでしょう。

キリストの真実を探求する道程は、最初から最後まで挑戦に次ぐ挑戦の道です。その道は常に変化し、同じことはありません。歩を進め探求を深めるにつれ、姿を現すキリストの様子は変わり続け、最終的な姿は最初に思っていたのとはまったく異なるのです。この道程は、真実の完全性に耐える準備のための道だということもできます。最初から真実を目にしたら、道を歩き始める前に死んでしまうかもしれません。

私にとって、実体験を通じて知っているのはキリスト教徒としての道だけですから、これからお話ししていくことは、すべてこの道を歩む中で学んできたことです。中でも特に、最終的なキリストの顕現について詳しくお話ししたいと思います。後半では、私が歩いてきた道の重要なマイルストーンについてお伝えします。一般的なキリスト教徒の道とは様相が異なるかもしれませんが、キリスト教という同じ道でも、様々な経験があることをご理解ください。このような多様性がなぜ生じるかというと、精神性や心の在り方、そして何より聖なるものが個々人に用意した道が違うからです。ですから、私の説明や私の発見がすべての人々にあてはまるわけではありません。同じ一つの宗教の伝統でも、聖なる生命の顕れ方には多様性があり、趣が異なるのです。これからお話しすることが読者のみなさんを勇気づけることを希望しますが、とはいえ私という他人の道程とその説明で満足することなく、自分なりの道を探していただきたいと思っています。そうすれば必ず大いなる手助けが、絶妙のタイミングでやってくることを感じるでしょう。「それ」は私たちのことを良く知っているだけでなく、道すじの地図さえ手にしています。もちろん地図は個々人によって異なり、同じものは二つとありません。

キリストの顕現

神はその姿をユダヤ人に対して顕していましたから、キリストを「初めて人間の姿をして顕れた神である」ということはできません。ただし、キリストがユダヤ人に対する顕現につけ足した点があるのは確かです。つけ足したのは神の究極の本質であり、神の究極の本質とは三位一体です。何世紀もの間、キリスト教徒以外の多くの人々は、キリスト教徒は三つの神を信じていると信じてきましたが、この誤解こそ三位一体の深遠な本質を物語っています。当然ではありますが、三位一体の本質が知性や精神に対して開示されることはなく、黙想者だろうと神秘家だろうとそれは同じです。様々な宗教の神秘主義者や預言者は、一つの絶対の本質としての三位一体についてこれまで何も説明してきませんでした。なぜかといえば、三位一体は非常に特殊で一つしか開示の方法がなく、神がそうしようとする意図を持たない限りこの大いなる真実は開示されないからです。キリスト教徒にとっても、一般的な霊的道すじを歩むだけでは三位一体の本質を発見できません。神の三位一体の本質は道すじの最終段階で、究極の開示として明かされるため、キリスト教徒であっても生きているうちにこの本質を知ることができるかどうかはわかりません。ヤハウェ、アッラー、ブラフマン、タオ、父なる神や聖霊ではなく、キリストだけが唯一三位一体を開示できるのは、キリストと三位一体の結びつきにその理由があります。三位一体はキリストによる最上位の開示で、明かされるのはキリストの神聖さの本質、つまりキリストの神秘体についてです。他の宗教にキリストはいませんし、三位一体が開示されることもないために、キリスト教以外で三位一体が語られることはありません。

キリスト教徒にとっても、神の三位一体の本質が開示されることは旅路が佳境に差し掛かったことを意味します。そのために必要なのは何よりもまず信仰心ですが、神の三位一体という神秘がキリスト教徒の心に信仰心を生じさせるのだともいえます。神の実存やイエス・キリストの存在は神秘ではありませんが、神の本質は巨大な神秘です。神の本質はキリストの本質でもあるため、キリストの存在なくしてその神秘が明らかになることはありません。もしこれがキリスト教徒にとっての究極の顕現だとするなら、キリストの顕現は人間とも直接的な関わりがあることになります。神の本質ではなく、自己や意識の本質という人間の本質が顕現することになるからです。キリストは人間に対して神を顕現するだけでなく、人間を人間に、人間の自己を人間に顕すのです。こうしてキリストは人間と神のワンネスや、神性と三位一体における人間の最終的な運命をも顕しています。私たちのスタート地点は個としての自己ですから、その地点から人間として生きたキリストの歩みに注目することで、私たち自身の旅についても理解することができるというわけです。

　耳の痛い話かもしれませんが、キリストにつき従って旅路を歩いていこうと思うなら、まず神とのワンネスを実現しなければなりません。合一という地点に立たなければキリストを理解する準備はできず、どうすれば私たちもキリストになれるか理解することもできません。キリストになることは、人間らしくあることです。ただし神とのワンネスを実現することは、私たち自身が人間として生きたイエス・キリストそのものであることを意味するのではありません。キリストは一人しかいないのです。合一の地点からは、キリストを通して父なる神と完全に一つである私たち自身の神秘を見定めることができるのです。私たちの神秘は、未知の「本当の自己」だと思うかもしれませんが、私たちの神秘は実のところ本当の自己をはるかに凌駕しています。キリストが顕現したのは内在神（神は内在すると理解すること）でもなければ、神とのワンネスの実現でもありません。キリストによる顕現は、神とのワンネスという合一にはとても収まりきらないのです。

神と一つである私たちを、知性の側面から「もう一人のキリスト」だと結論づけることも可能ではありますが、私たちの神秘がどう働くか観察することとはまた別の問題です。キリストの顕現は、知的に導き出した結論や盲目的な信仰によっては理解できないのです。キリスト教徒ではない人々は、聖なるものとのワンネスを実現した人物は誰でもキリストと呼んでかまわないと思う傾向にありますが、それではキリストがキリストである意味がありません。キリストとは、人間と聖なるものの空隙に橋をかけ、二つのものを一つにする仲立ちを指す言葉であって、その存在意義は聖なるものと人間とのワンネスにこそあるのです。だからといってこのことは「人間は神である（あるいは神になる）」という考えにはつながりませんし、あらゆる存在には神が内在するという信条のことをいっているのでもありません。人間と神とのワンネスという神秘は、人間の神秘でも神の神秘でもなく、仲立ちあるいは橋の神秘なのです。つまりキリストの神秘です。この神秘は合一という顕現の一部ではなく、それを凌いでいます。キリストと、未知の「本当の自己」を同一視する人も多いことは承知していますが、キリストは本当の自己と父なる神とを結びつける仲介者なのです。キリストの本質は旅路を歩むうち徐々に明らかになりますが、そうなればキリストの働きを目にすることができるでしょう。

幼少期から大人になるまでの私は、人間として存在したキリストについて考えることがよくありました。肉体をまとったキリストは、形を持たない神の神秘よりももっと理解が難しかったのです。思索を続けるうち、少しずつではありますが、歴史上の人物として生きたキリストがもしいなかったら、神も人間も、どちらもよく理解できなかっただろうと思うようになりました。絶対的な意味において形あるものとないものとは、つまりキリストと父なる神を意味しています。この純粋な三位一体、つまり形のないものとあるもののワンネスによって、私たちは形のない聖なるものを理解するかもしれませんが、だからといってキリストは始まりも終わりもしません。形のないものとあるもののワンネスにはたくさんの段階がありますが、そのスタート地点は人間という形をとったキリストについて検討することです。形のないキリストの聖なる本質を理解するには、まずそこから始める必要があるのです。歴史上のキリストはこのようにして、形あるものとないもののワンネスを理解する手がかりとなっています。

若い頃の私は、形ある神の概念にうんざりしていました。それでもキリストを完全に拒否することができなかったのは、キリストの聖体と、形を持たないキリストが肉体を得たことにありました。実際私はそれを目撃したのです。聖なるキリストが人間という形をまとうことは、大いなる真実が顕現する始まりの出来事で、その出来事自体が形あるものとないもののワンネスそのものです。人間と同様に形を持つ歴史上のキリストという人物は、人間でありながら形のない聖なるものと一つになることが可能だと証明しています。ただしキリストのこのような側面はキリストという顕れの最初の一歩でしかありません。私たち（とキリスト）は神と一つだと理解することは最初の理解に過ぎず、道はそこから先へずっと続いていきます。私たちはまずイエスという人間が神とのワンネスを経験したことを理解しなければならず、そうでなければ三位一体というキリストの本質と本当の神秘へと歩みを進めることはできないのです。その先には私たちの最終的な運命が待っています。

二種類のワンネス

キリストが神と「一つ」であるという場合、二つの方法で一つです。永遠の聖なるものであるキリストとしてのワンネスは、絶対という三位一体の本質で、この時キリストと神はただ同じ一つのものであるだけでなく、三位一体のキリストが神であり、三位一体の絶対です。イエスという人間の側面からは、もう一つ別の種類の、私たちも経験できる人間と神とのワンネスがあります。一時的ではない不変の信頼あるいは見性ともいえるワンネスは、合一状態とも呼ばれています。旅路を歩く中で、ワンネスである合一の状態を完全に定着させると、私たち自身が「もう一人のキリスト」となるにはどうすればいいかを理解できます。これは三位一体としてのキリストのワンネスはなく、人間としてのキリストの、神とのワンネスの話です。人間としての私たちが神とのワンネスを経験することは、人間として生きたキリストが経験したワンネスとほぼ同じものです。純粋に人間として、私たちはキリストと同じワンネスを経験できるのです。

最初にお話しした三位一体のワンネスはある性質を持っているのですが、それについて正確に説明するのは非常に困難です。というのも、このワンネスとは二つのものが真に一つになることですが、「私は神である」というのも適切ではなく、「神は私の別人格だ」というのもまた無理があります。本当の合一は、私が神になるというようなアイデンティティの問題でも、私とあなたという関係性の問題でもありません。真の融合はこれら二つの存在の中間にあり、それは私たちの最深部での経験、つまり「生命」と「存在」なのです。生命と存在を経験することは、単にそれらと「関わりを持つ」というような表面的なことではない一方で、神と同じものを経験しているともいえません。生命とは私たちが経験する以上の何かなのです。とはいえ、もし私たち自身が聖なる生命でもなく、すべての生命の土台でもなかったら、この生命や存在と、神の生命や存在は別だということもわかりようありません。私たちはそれと共にありますが、それそのものではないのです。[2]

一つ目のワンネスは、同時に深遠な神秘でもあります。この神秘は融合を越えた次元への道を指し示しているからです。そして二つ目のワンネスもまた、アイデンティティや関係性を越えています。三位一体のワンネスを認識し経験するのは「私たち」ではなくキリストだけです。聖なる状態におけるキリストの完全性（天国、キリストの神聖さ）と、地上での実存とは両立できるものではありません。キリストの完全性は「経験」というようなものではなく、あらゆる思考を凌駕する壮麗な状態ですが、それこそが人間の究極の運命でもあり、肉体を持つ前のキリストの状態でもあります。人間でありながら完全であることは不可能で、もしそれが可能なら死は必要ありません。

人間の神とのワンネス（人間キリストと神のワンネス）と、キリストの神性と三位一体のワンネスとではかなり異なるため、ここでその違いを明確にしておきたいと思います。一方のワンネスはもう一方のワンネスへと導いてくれるものではありますが、どちらも同じだというわけではありません。合一状態で私たちが経験するのは三位一体のワンネスではなく、意識あるいは自己が経験する、人間と聖なるものとのワンネスです。三位一体という神性は自己や意識を超越しており、人間が経験する聖なるものを凌駕しています。聖なるものの性質は意識ではないため、意識とは無関係です。人間として聖なるものとのワンネスを経験することは意識による経験であって、神性や実存の経験ではありません。

この事実を見逃し、合一の経験や知識から神や三位一体を理解しようとする傾向が私たちにはありますが、そうするとキリストの聖なる本質や神性、三位一体を無視することになってしまいます。現実は人間としてのキリストが経験する聖なるものや父なる神とのワンネスを越えたところに広がっています。人間としてのキリストの合一の経験は永遠ではなく、天国でも、三位一体のワンネスという聖なる状態でもないのです。キリストが元の状態（天国）に戻るためには、死ぬことによって「父」とのワンネスの人間としての結合力のある経験を越える必要がありました。人間としてのワンネスを手放すことで、無限のワンネスを手に入れたというのがキリストの死の本質です。それが決して簡単でなかったことは誰でも知っています。歴史上のイエスは私たちと同じ現実を生きましたが、彼の聖なる現実は永遠で、人間として存在する神の具現としてのイエスも、アセンションも超越していました。それでは、具現化もアセンションも越えて残るものとは何なのでしょう。単に歴史上の出来事というのではない真実をキリストは残してくれました。そうしたのは人間キリストではなく三位一体のキリストです。キリストという人物は今も私たちの内にありますが、その唯一の方法が聖体です。聖体は神秘のキリストそのものであり、人間キリ

（2）合一の経験を理解するには一つのドーナツをイメージしてみるとよいでしょう。意識あるいは自己をドーナツ生地、神は空洞になったドーナツの中心部分です。もし生地と中心部分のどちらもなければドーナツそのものが存在できず、合一の経験もワンネスもありません。

ストとはまったく別のものです。肉体を持ったキリストは永遠ではありませんでしたが、聖体はキリストの本当の身体であり、永遠の形です。

人間キリストの制約

歴史上の人物としてのキリストだけに注目すると真実を見逃してしまいますが、人間として生まれたキリストを強調し過ぎているキリスト教はまさに真実を見逃がしているといわざるを得ません。肉体をまとって生まれる前のキリストや、アセンション後のキリストも同くらい重要なはずなのに、そうしたキリストの側面はあまり重要視しないのです。三位一体のキリストは人間として具現化する前から存在していましたが、にもかかわらず人間に生まれたキリストだけに注目し、その神性を理解しないまま三位一体について考えるのが一般的になっています。現在の教会は、キリストの絶対かつ永遠の神性について、口先だけで同意しているようにしか思えません。教会がキリストの神性に正面から向き合わないために、その真実と神秘は目立たないところへと追いやられ、表立って取り上げることもなくなってしまいました。近年になると、キリストはまるで福祉係でもあるかのように見られるようになり、神への愛は隣人への愛に取って代わられてしまいました。教会には欠けている神秘的な次元を求めるキリスト教徒が、想像以上の強い引力で東洋の宗教に引き寄せられたとしても不思議はありません。

多くのキリスト教徒が東洋の宗教へと引き寄せられていくことは、キリスト教を信仰しても究極の真実にたどり着けないという事実を表しています。ただし東洋の宗教を信じたところでキリストの三位一体の真実を探し当てることはできません。人間の真実を発見することはあるのかもしれませんが、それすらも叶わないかもしれません。さらにいうと、たとえばヒンドゥー教の枠組みにおける神の経験は、人間キリストがした神の経験にも達していません。ヒンドゥー教によると、キリストは自身を神だと認識した人物とされ、それはつまりヒンドゥー教の終着点を実現した人物という意味です。しかし、キリストが経験したのはそのようなことでありませんでした。人間としても絶対としても、そのような経験をしたのではありません。自らを絶対だと「認識」する絶対などあり得ないからです。人間としてのキリストと神とのワンネスは、三位一体のワンネスや、キリストの神性にもほど遠いのです。だからこそ私たちは、人間としての合一を越えてキリストの聖なる三位一体へと進んでいかなければならないのです。それが私たちの使命です。

そこからさらに先へと続くキリスト教の道は、東洋の宗教には知られていません。キリストは神とのワンネスを実現した歴史上の人物というだけでなく、誰も到達し得なかった神とのワンネスを実現したという意味において、キリストは神だということも可能ではあります。また人間として生きたキリストが、越えていくべき、また実際に越えた自我（原罪を持つことのできる、聖なるものではない自己中心）を最初から持っていなかったとしたら、父なる神とのワンネスに「到達した」という表現は適切ではありません。原罪なく生まれるということは、自我を持たずに生まれたというのと同じことを意味し、だとするならキリストは融合の内に、融合と共に生まれたことになり、父なる神とのワンネスを「実現した」のではなく最初からそうだったのです。聖なるものとのワンネスを実現することは、自我はなかったにせよ人間の状態に捉われています。誕生時のキリストはこのような状態にありました。私たちは人間として合一を経験しワンネスの限界を超えるため、キリストの死そして復活を経験すべく歩みを進めていくのです。

人間として生まれたキリストには、他の点でも制約がありました。イエスという人物が歴史上存在したことから、私たちはキリストとイエスを同一視し、イエスだけがキリストだと考えてしまいます。今から二千年ほど前、イエスという人物は肉体を持っていましたが、聖体としてのキリストは現在も私たちと共に生きています。イエスという人物と聖体のキリストは別なのです。イエスは人間の身体を持って顕れましたが、キリストは神秘の身体を持ってはいるものの物質として顕れるわけではありません。そうでありながら、どちらも同じように具現化したキリストなのです。このことからも、キリストの顕現には見逃しているもっと深い何かがあることがわかります。歴史上のイエスという以上に、彼の存在にはまだ隠された部分があるのです。聖体のキリストが表現するのは三位一体ですが、それは人間キリストにできることではありません。キリストと私たちが共にある深い次元には、何か別のものが存在するのです。実際に聖体はキリストが顕す究極の真実のすべてです。歴史上のイエスという人物は、キリスト存在の聖体でもあったのです。聖体のキリストは歴史上のイエスという人物以上のもので、肉体を得たキリストも三位一体の本質をも越えています。歴史上のイエスはキリスト教徒の信仰をこのようにして輝かしい奇跡へと導いていくのです。

私たちがキリストを理解する過程にはたくさんの段階がありますが、段階を越えるごとに私たちの旅路もさらに深い次元の神秘へと進んでいきます。限定された視点からだけキリストを見て満足するのは悲劇です。キリストという存在を枠にはめてしまうだけでなく、キリストに対する理解もまた限定的になってしまい、それに伴って私たち自身への理解も限定されてしまうからです。キリストは私たちの本質に光を当てる存在であるため、キリストの理解がある地点で止まってしまうと、自らへの理解もその位置で止まってしまいます。歴史上の、聖書に登場するキリストは理解の糸口に過ぎず、その人生と死、復活とアセンションから、神と私たちの究極の真実をひも解くことが可能になります。歴史や聖書から得られる彼の側面は、最終的でも、確定したものでもなく、むしろ甘い認識であるとすらいえると思います。

人間や自然よりまず神を愛しなさいというのがキリストによる戒律の第一ですから、誠心誠意これを実践することこそ、キリストにつき従う道です。自分と同じくらいに隣人を愛せというのが戒律の第二ですが、多くの人はこの第二の戒律を実践することで満足してしまい、そうなると神の出る幕がありません。自己を愛することと真に隣人を愛することは、両立しないばかりか対立さえ生みかねません。さらにいうと、自己愛を持つ状態では、不利益をもたらす敵を愛せというキリストの課題は達成ができないのです。合一状態に到り、戒律の第一をマスターするまで、第二を理解することはできないのです。合一状態は他人の中に神を見る目を私たちに与えてくれますが、内なる神を見せてくれるのはその目ですから、他人の中の神を愛することは内在する神を愛するのと同じことなのです。この愛は現象の自己や現れにすぎない人物に捉われることなく、直接的な見方ができるようにしてくれます。善人だろうが悪人だろうが、違いがあろうが関係ありません。第二の戒律の本当の意味を理解するには、まず第一の戒律を体得しなければならないのです。真に隣人を愛するには、隣人や私たち自身よりもまず神を愛することが前提となります。

そして、本当の意味で他人や自分より神を愛そうとするなら、キリストが神とのワンネスを実現した深い次元に到達することが先決です。この次元の深遠な主観からであれば、歴史上の人物としてのキリストは、私たち自身と同じく歴史を生きた生命だということがわかります。人間として生きたキリストをないがしろにして良いというのではなく、私たち自身が歴史を生きるために人格を持ち、社会と関わる上で制約を持ち、また非永続であるのと同じものをキリストにも認める必要があるのです。そうすれば歴史上のキリストという人物にも制約があったことが理解できるでしょう。イエスという人物も、私たち一人ひとりも大切にしつつ、神との融合という文脈において強調すべきは過去に存在した人物、聖書の中のキリストではなく、今ここに生きるキリストという顕れなのです。

私たちは神と一つですが、合一状態でそのことが明らかになります。もちろんキリストと私たちが一つだから、神とも一つなのです。神と一つであり、キリストと一つであるのは私たちの内にある「それ」です。私たちは、この深遠な神秘を自分のものにするよう召喚されました。だとするなら、神を愛するならキリストが神を愛するように愛するべきであり、それを理解するように求められているのです。私たちの善はキリストの善で、私たちの現実はキリストの現実です。もし本当にそうなら「私」に必要なものなどあるのでしょうか。これまでは「私は神と一体だ」と考えてきた私たちですが、今やそうではないことがわかりました。本当の意味で神と一つなのはキリストだけなのです。私たちはとり残されてしまったわけですが、とり残されたのは「自己」なのでしょうか。「キリストは私である」「私はキリストである」という実践こそその答えだという人もいますが、満足のいく答えではありません。そこにはまだキリストである「私」がいるからです。もし本当に私はキリストであるなら、キリストである「私」がいるはずがありません。

合一の状態について、聖パウロは「私にとって生きることはキリストである」「私はもうおらず、キリストが私の中で生きている」と述べていますが、これならば正確な説明だといえます。ただここで考えてみていただきたいことがあります。「私」が残っていないといいますが、もし私がいないならキリストが私であることもできないし、私の中にキリストがいることもできません。そうであるなら、合一状態でも自己はまだいることになります。長い道程の果てにようやくこの状態にたどり着き、それから何年もその状態で生きていると、それでもまだ不完全であることや、天国には遠く及ばないことがわかってきます。なぜでしょう？　自己がまだいるからです。すると、このような疑問が生じます。「神と一体である合一状態をさらに越えることは可能なのか？」。もちろん越えていく以外に道はありません。自己は自らの手で自己を終わらせることはできません。自己の喪失は自分ですることではなく、聖なるものの業です。あらゆる自己を越えていく最初の段階は、内在する「それ」、つまり神と一つであるものは私（自己の私）ではないことを見抜き、そう理解することです。「それ」はキリストです。キリストはすべての人間だということは未知の神秘ですが、神と一つなのはそのキリストです。本当の意味でそのことを見抜けると、次にその神秘の実態、つまり内在するキリストはどのようなものか見つけなければ、という圧力を感じるでしょう。この疑問が生じる前の段階では「本当の自己」を見出し、本当の自己と神とのワンネスを実現することが必要です。合一の状態はキリストの本質の顕現ではありません。キリスト教徒ではない人々は、キリストの顕現がなくても聖なるものとのワンネスを実現して、「聖なるものとはキリストである」という結論は妄信だといいます。しかし、キリストは合一を超越した至上の顕れです。キリスト教徒にとってキリストは本当の自己であるだけでなく、聖なるものとのワンネスも凌駕しています。次の節ではこの点についてさらに考察を深め、キリスト教徒の聖なるものとのワンネスの経験について考えたいと思います。

ワンネスの先にあるもの

私たちはいずれ不変の意識に到達します。不変の意識とは「実存」という私たちの存在の深奥で、聖なるものへと流れ込むポイントでもあることから、へその緒に喩えられます。不変の意識は歴史上の人物であるキリストが父なる神と融合した意識で、「キリスト意識」とも呼ばれます。キリストを認識する意識という意味ではなく、聖なるものとのワンネスに気づいているキリスト同様の意識という意味です。聖なるものは私たちを含めたすべての存在の土台であり、父なる神といえるかもしれないそれに気づいている意識です。「私はキリストである」という経験ではなく、父なる神とのワンネスを通してキリストと共にあることがわかっているのです。神と一つである時はキリストとも一つですから、自らを「もう一人のキリスト」だということもできます。神は誰の中にも、あらゆるものの中にもいるとわかり、すべては神であると同時にキリストでもあるとわかるのです。だとするなら、キリストの神秘とはあらゆるものの中に神を見、すべては神と一つであることを見る力だということができますが、それだけでは不十分です。神はすべての中心、創造主、すべての存在を統合する力だと思うかもしれませんが、だからといって、すべての存在に内在する「何か」、聖なるものと一つである「何か」がキリストの神秘であって、神との融合やワンネスの本質はキリストだということにもなりません。キリストはミッシングリンク（失われた環）だということはわかっても、キリストがどのように機能するのかは巨大な神秘であり、窺い知れないのです。ただ、その知る由もない領域へと私たちを向かわせることこそ合一状態の唯一の目的であり、目的が達成されると合一状態は終わり、失われます。

　黙想的な合一状態は旅の終着地点ではありませんし、合一状態に到達したからといってキリストの三位一体の真実を見抜いたことにはなりません。キリストの神秘は、合一の段階での洞察や経験によって見抜けるものではないのです。先ほどもお話しした通り、合一状態には必ずキリストの顕現が伴うわけではありませんが、合一状態を越えていくためにはどうしてもキリストが必要になり、キリストなくして先へ進む手立てはありません。合一の位置からさらにもっと深いキリストの聖なるものや三位一体の本質へと理解を深めたとして、その先に何があるのか、その状態を越えて目指すべき終着点はどこなのかというのは、答えるのが非常に難しい疑問です。実際にそれを越え、見えるものを確認するまで、先を見越す方法はないからです。蝶が繭から出てきたその瞬間の合一は完全で、神とすべてがそこにはあるため、それ以上に望むものなどないように思えるかもしれません。その完全さには、つけ加えるべきものも余分なものもありません。もしそうなら、それこそが天国であり、そこから先に向かうべき場所などないのです。先を見ようとしたところで道などなく、ゴールも見えません。あるのはただ状況に応じて神に奉仕することだけで、そこから先は私たち自身が進んでいくしかありませんが、何をするにも常に神と共にあることがわかっているし、どこへ行こうと神と一緒です。先へ先へと私たちの背中を押し、キリストと神性の本質である三位一体のさらなる顕れへと導いていくのは聖体のキリストです。

聖体のキリスト

キリストが人間の形と意識を伴って、別の次元から具現化したことはすでにお話しした通りです。聖体によって聖なるものと人間はより完全に一体化することができます。歴史上のキリストと関わったのはごく少数の人々だけでしたが、聖体としてのキリストには誰でも触れることができます。キリストは五感や知性では捉えることのできない「肉体」を持っているという事実だけとってみても、人間の身体を持って生きたキリストの神秘と、その本質を理解するための手がかりを与えてくれているとわかります。私たちはキリストの聖体を「神秘体」と呼びますが、キリストの身体は物質でもあることを忘れてはなりません。五感には現れない非物質の霊ほど大いなる神秘はありませんが、物質でありながら五感に現れない肉体はもっと大きな神秘です。聖体は肉体として具現化したキリストの身体であり形であり、キリストの究極の神秘に迫る手がかりでもあります。神と人間の顕れの全体を吟味し、その本質を明らかにすることでしか、聖体の働きを見抜く方法はありません。

聖体、つまりキリストの神秘体については様々な見方があるため、ここで一つ一つ説明することはできませんが、重要なのは人間としてのキリストがキリストのすべてではないということです。聖体は、そのことを思い起こさせてくれます。もし三位一体や神性という本質を伴っていなかったら、キリストがこれほど神々しかったかわかりません。聖体は人間として具現したキリストの肉体というだけでなく、人間へと具現化する以前のキリストの神秘体であり、同時に神性の本質です。旅路を先へと進めようと思うなら、キリストの永遠の身体である聖体の神秘は、同時に私たちの身体の究極的な神秘でもあることを理解しなければなりません。身体を持つ私たちの経験は、認識し経験することがすべてではありません。聖体というキリストの肉体は、五感によって捉えたり認識したり、経験することはできませんが、私たちの永遠の肉体の本質もまた、見たり知覚したりという経験によっては捉えられないのです。聖体が語りかけるのは、私たちの身体はふだん考えるのとは別の本質を持っているということです。本当の身体は見ることも知覚することもできません。本当の身体である永遠の形がどのようなものであろうと、私たちの身体とキリストが具現化した際にまとった身体、そして永遠の神秘体とは分かちがたいことだけは確かです。結局のところ、私たちが知っている身体は未知の肉体と分けることができません。このことは一考に値する大いなる真実です。永遠の身体（未知の身体）と肉体（認識できる身体）の間に分離はなく、死んだ後でも非物質の霊がこの肉体を去ることはありません。要するに、身体と霊、物質と非物質は分離していないのですが、聖体が示すのはそれだけではありません。キリストの身体は永遠の神秘体と分離していませんが、これはキリストだけの真実ではなく、私たちの真実でもあるのです。

聖体は、地上を歩いた目に見える形のキリストの身体も私たちの体も越えたところで、一つの道すじを形成しています。キリストは死に、アセンションしましたが、キリストは身体から去ってはいません。私たちが死に、神と混じり合う場合にも、身体から「去る」のではありません。アセンションの際、キリストの身体はまるで空気中に蒸発してしまったように見えたそうですが、これほど真実を物語る描写はありません。ただ目に見えなくなっただけで身体はそこに残り、どこかに行ってしまったわけではなく、そこここに遍在しているのです（「私は去り、そして来た」という言葉をキリストは残しています）。遍在している場所を指し示すことはできませんが、聖体のキリストはあらゆる場所に存在します。キリストがいない場所はどこにもなく、ではキリストはどこにいるのかといえば聖体にいるのです。

聖体は一つしかなく目に見えませんが、同時に世界中に存在していて、誰にも属さず、摩耗することもなく、常に私たちと共にあり、ある小宇宙からあらゆる人々、あらゆる場所へと拡散します。キリストの身体はすべての存在の身体でもあり、父なる神の顕れのすべてでもあります。とはいえ、科学的な意味における「物質」を意味するのではありません。マインドや知性によって認識できる「物質」としては定義できないのです。キリストとは形のない父なる神の永遠の形であり、存在し得るすべての土台です。その上でさらに聖体が顕れるなら、人間として具現化したキリストや神秘のキリストだけではなく、宇宙としてのキリストや神性の永遠の形としての三位一体のキリストが顕現するということです。いずれにせよ、聖体と同様にキリストとは一つの絶対の形であり、複数あるわけではありません。

キリストという合一の神秘

聖体という顕れについて補足するため、前にもご紹介した「神と一つである『それ』とは一体何なのか？」という疑問についてさらに掘り下げたいと思います。私たちが神と一つである時、それを実現できるのも、理解できるのも「それ」が存在するからこそであり、「それ」とはキリストです。神と一つであるのは、私たち自身ではなく既知の自己でもなく、キリストです。そうであるなら、私たち自身をも凌駕するかの如く、まるで別の生命を持っているように燃え盛る愛の炎にも説明がつきます。この愛とワンネスは自己の力で実現できることではなく、キリストの神（父なる神）への愛なのです。だとするなら、私たちに内在するキリストの本質がこの愛なのでしょうか。

この点について考える前に確認しておきたいことがあります。私たちの聖なる中心、存在の土台はキリストであるとは特定されていないことです。そのような顕現はこれまでにありませんでした。キリストは当初、聖なる中心と一つである私たちの未知の部分、本当の自己という未知として顕現しました。旅路を歩くうち、キリストはあちら側の中心にいる神とこちら側にいる私たちとをつなぐ架け橋であること、人間と聖なるものの継ぎ目だということがわかります。合一状態の神秘はこの継ぎ目にこそあるということもわかってきます。それまで人間はこのことに気づかなかったし、気づかないまま終わってしまう人もいます。キリストの本質について考えるということは、自己と聖なるものの間を取り持つ橋について考えることに他ならず、そのことが旅路の折り返し地点になっています。冒頭の疑問は、旅の終着点を見据えた時に生じてくるのですが、後になって振り返るまでそうだとわかりません。神と一つなのは私たち自身ではなかったと理解した時に、あるいは内在する愛は私たち自身の愛ではなかったと理解し、最初から最後まで合一の経験はすべて私たち自身を超越した何かだったと理解した時にわかるのです。すると、キリストの神秘はこれまでになく存在感を増してきます。キリストと父なる神の間の燃えるような愛の炎は、その時点でまだ残っている自己を直ちに、そして完全に燃やし尽くし、完全なる無自己へと導こうとするのです。炎のように燃える愛といっても、困惑するようなものではありませんので心配はいりません。ただし、この圧倒的な炎を前にしてできることは何もなく、最終的には自己を燃やし尽くしてしまいます。自己や自己による経験がある限り、神がすべてになることはないのです。

もし私たちの聖なる中心は私たちの本当の自己であるとか、あるいはキリストであると認識していたら、このような炎に遭遇することなど想像もつかないでしょう。自分を聖なる中心あるいは神だと認識すると、神との融合は単なる認識に置き換わってしまいます。「私は神である」「私はキリストである」といった認識には「私」や自己が潜んでいますし、聖なる中心をキリストとする場合、神は自分とはまったく別の何かになり、本物の融合ではなくなってしまいます。どちらにしても、さらなる可能性、出来事、顕れへの扉を閉ざすことになり、旅はこの時点で終わってしまいます。識別や関係性は融合という結果をもたらしませんが、このような間違いを犯さなければ旅は自己の終わりという結末へと向かいます。識別や関係性は自己に他なりませんから、自己がある限り旅路は完了したとはいえず、であるなら聖なるものを完全に理解してもいません。キリストは合一状態と経験の神秘です。キリストという、私たちと聖なるものの間に橋を渡す未知の中間地点は私たちが自己を終わらせ、キリストという聖なるものを開始する場所でもあるのです。

神との融合は私たちがすることではないと見抜くと、神と一つなのは私たち（自己）ではなかったことがわかります。自分だと考えていたものは誤解の産物だったのです。キリストはこういいました。個人は父なる神を目にすることなど望むべくもなく、父なる神と一つにもなりようがないと。キリストだけが父なる神を見、一つになるのです。ワンネスという現実そして真実は一見した通りではなく、経験そのものを超越しています。経験をあれこれ解釈すると、経験そのものは失われてしまうのです。例えば、神と一つになったのは自己であるという考えは誤りですが、そう見抜くためには周到な準備が必要です。経験の裏にある現実と真実は、自己のことなど考慮していないからです。

キリスト教徒にとって、神の実存や経験は神秘ではなく、神の三位一体の本質を明らかにするキリストこそが究極の神秘です。そうでなければ、キリストが具現化する必要もなかったでしょう。もしキリストの神秘を見抜きたいのなら、三位一体というその聖なる本質だけでなく、具現化と私たちの本質、すべての存在の本質をも見破らなければなりません。そうでなければ、私たちの内に在って神と共にある「それ」の神秘を発見するしかありません。いうまでもなく「それ」とはキリストです。キリストを神だと信じている人もいますが、経験に基づいていうと、完全に超越した父なる神と具現化したキリストが父なる神を愛する炎は、完全に同じではありません。キリストの父なる神への愛はもちろん聖霊で、三位一体において聖霊はキリストと父なる神とをつないでいます。形あるものとないもの、顕在と非顕在をつなぐ橋なのです。人間として具現化したキリストは聖霊と人間の間を取り持ち、愛は自己をすべて燃やし尽くすよう手助けします。具現化したキリストはこのように働き、ということはつまり私たちの中ではこのような動きが現にあるのです。聖なる炎は私たち自身ではなく、キリストによる父なる神への愛であり、その愛は自己を燃やし尽くします。具現化した愛と非具現の愛の区別ができないと、なぜ無自己という出来事が生じるのか、どのようにして生じるのか理解することはできません。

合一の状態では、神が生命と存在の中心だと経験します。生命と存在は私たちの深奥における燃える愛の経験で、自己という小さな中心の経験とは異なります。炎は外側に向かって広がり、私たちであるところのすべてを包んでいきますが、気づきそのものが失われることはありません。では、愛の炎が自己認識を越えることはあり得るのでしょうか。気づきを一気に乗り越えて、それすらも取り去ってしまうことはあるのでしょうか。もし私たちが自己認識のすべてを失ったら、聖なるものへの気づきもまた失われてしまうのでしょうか。そうなってみるまで答えはわかりません。気づきを越えたところに何があるのかは、誰にもわかりません。ただ、そこには誰もいないし、認識できるような自己がいないことは確かです。そのような可能性に近づいていくことは、燃え盛る愛と自己認識の永遠の喪失の間にある微かな違いを知ることでもあります。そうして、自己による経験を永遠に喪失する日がいずれやってくるのです。

二つの次元の微妙な違い

あらゆる認識が永遠に失われるか、その手前で留まるかの間には微妙な違いが存在しています。永遠に自己認識を失う瞬間は、予期せぬ時にやってきます。この微妙な一線は自己と無自己の間の細い線にすぎませんが、その線を越えて以降どうやって生命を維持すればよいのかなど、見当もつかないでしょう。「私」（自己）が神も、私を取り巻く環境も認識しなくなった時、何事かを認識する主体は残るのでしょうか。今お話ししているのは、個人の自己認識を喪失することではありません。この時点で残っている認識はいずれにせよとても少ないのですが、だとしても、すべての認識が失われることは大きな出来事で、死を意味するのではないかとさえ感じるでしょう。自己とは意識あるいは気づきですが、それなしに生命が継続するところをイメージできるでしょうか。「認識なしに聖なるものや天国を認識できるのか？」というのも大きな疑問です。死を見逃すことはないにしろ、聖なるものを見逃すことは避けたいところです。「微妙な一線」を越えることは、一般的な死ではない認識の死です。肉体や精神が死ぬのではなく、認識そのものが死に、自己というだけでなく神の認識もまた死んでしまうのです。

僅かながら自己があることと、まったくの無自己との微妙な違いは、自己や意識が経験する人間としての聖なるものとのワンネスと、三位一体とのワンネスとの違いだということもできます。後者は人間の経験や自己、自己認識も超越しているため、意識という土台の上に神と融合する経験を完全に凌駕しています。人間としてのキリストが経験する父なる神とのワンネスは私たちのそれと同様ですが、聖なるものによる父なる神と聖霊とのワンネス、つまり三位一体はそれとは異なるのです。両者の違いは経験の違いというだけでなく、実存の次元がそもそも異なっています。

この微妙な一線を越えるには自己認識のすべてを喪失するしか方法がなく、それが最初のステップになります。その意味するところは、合一の炎も、存在の中心をも消滅させることに他ならず、自己や意識に生じたすべてを失うことです。聖なる土台あってこそ自己という経験がありますが、その土台を引き抜けば自己もまた取り除かれてしまいます。これまで何万年もの間、このようなことが起こり得ると想像した人は恐らくいなかったでしょうし、考えも及ばなかったはずです。自己には自己を終わらせることはできませんが、そもそも自己を存在させているのは自己ではありません。存在に自己や意識をもたらすことができるのは聖なるものだけであり、非存在をもたらしたり、終焉させることができるのも聖なるものだけなのです。自己や意識は一般的に信じられているような存在ではないことは、ぜひ覚えておいていただきたいと思います。自己を越えてみないとわからないことではありますが、「存在」あるいは存在の感覚は自己や意識が担っているのです。個人、物質、魂や非物質の霊といった存在が感じられるのは、自己や意識があるからです。しかし意識や自己が存在なのではなく、存在の現実あるいは真実はそのような枠組みを超越しています。

とはいえ、現象や自己経験という表面的な感覚を喪失することは無自己の出来事の中枢部分ではありません。先ほどからお話ししているように、微妙な一線を越えるか、それともその手前で留まるかという地点に旅が差し掛かると、いずれにせよ自己経験は消滅します。ここでの問題は聖なる中心もまた失われることで、燃える愛の炎も、自己を越えたワンネスもまた失われてしまいます。すでにお話しした通り愛の炎はキリストと父なる神との愛でありワンネスなのですが、このワンネスが消えてしまうのです。自己経験と一緒に失われ、取り去られてしまいます。十字架のキリストは「父なる神は去ってしまった」と述べましたが、その後キリスト自身も死んでしまいました。もちろん聖なるキリストから父なる神が「去る」ことはできませんが、だとしたらこの時起きていたのは一体どのようなことだったのでしょうか。人間としてのキリスト、つまり自己や意識が経験する神や聖なるものが丸ごと失われたのです。人間であるキリストと父なる神とのワンネスもまた溶けてしまいましたが、自己が経験していた神が溶けてしまったのであり、人間の経験を越えた神が消えてしまったわけではありません。「神が死んだ」と表現されたこの出来事は、自己である神の経験を喪失したことを指しており、経験の次元を越えた神を喪失したといっているのではありません。私たちが神の死に近づくことがあるとすれば、それは肉体を伴って具現化することですが、人間には想像の及ばない、また到底耐えることのできない、神がもたらす過酷な出来事です。私は、キリストの救済は十字架での死ではなく、本当は肉体を伴って具現化することだったと思っています。十字架での死はむしろ、人間という状態からの聖なる解放だったからです。

キリストの発言に話を戻しましょう。自己がなければ神になる私もいません。復活した時のキリストは「私は神である」とはいいませんでしたが、神になる私はもういなかったからなのです。後程また触れますが、仮に「私は神である」といったり、何かを指して「これが神である」という人がいたとしたら、そのような人こそ最も神とは関わりがありません。そのような主張はすべて自己や意識によるものだからです。自己を超越した時、神の全体性と遍在性を体現できますが、全体的で遍在することは何かや誰かではなく、指で指したり注目することのできるものでもありません。個別性がないからです。意識の働きはまるで顕微鏡か望遠鏡のように、中心という針穴を生じさせ、それによって無限を垣間見ることもできる一方、何かに焦点を当てることもできます。このような装置がなければ遍在する神に意識を向けることも、神を経験することもできません。もちろん人間のマインドはこの装置がどのように働いているのか理解できません。なぜなら人間には制限があるという特徴があるため、マインドや意識は、神という無限、すべてであること、遍在を消化できないのです。

合一の先にある聖なるもの

合一状態の視点から見るようになると、認識できる神はすべてであり、遍在していることがわかります。ただこのような神は自己や意識を越えた後で見え、認識できる神とはまた異なります。神は「すべて」であり「遍在」で、私たちの視点がどこにあろうとそのことが大いなる真実であることには変わりないのですが、この事実をどう咀嚼するかによって旅路の進捗が変わってきます。基本的な合一の視点からは、神はすべてに宿っているためすべては神の内にあり、聖なるものは私たちの内に宿っているのと同時に超越してもいます。たとえ私たちが存在しなかったとしても、存在するのです。神は内在するだけでなく、私たちも神の内在なのです。存在すべての中心が神であるなら、存在のすべてが一つで、聖なる中心で融合しているとわかります。創造や存在はすべてこの中心から生じるため、複数に見えるものも聖なるものの中では一つであることがわかります。存在のすべてに内在する聖なるものを見抜くと、聖なるものが存在しない場所や対象はなくなります。存在のすべてに内在しているのだから、聖なるものはすべてであり遍在しているのです。何も存在しないところは最初からどこにもありませんでした。合一の視点とはこのようなもので、この視点からは神の顕れとしての原初の神秘がすべてに宿っていることがわかります。神自身が顕現する様を目にしているともいえるでしょう。どこに目を向けようと神の顕れを目にし、聖なるものとワンネスを目撃し、顕れと創造の驚異が私たちを聖なるものへと高めてくれるのです。しかし融合を越えるとこのような視点が失われます。見たり、知覚する合一の次元がさらに拡張するため、聖なるものの全体性と遍在性はそれまでとまったく別のものになるのです。

融合を越えるとまず聖なる中心がなくなります。中心はどこにもありません。中心がない状態では内面や内在は経験できないのですが、それを理解している人はほとんどいません。中心がないと私たちの中に何かが生じることができません。感情やエネルギー、聖なる存在を含めたどのようなものも生じないのです。私たちの内で聖なるものを見たり知覚することはもうなく、あらゆる存在についてもそれは同じですから、何かを見たり知覚することがなくなります。聖なるものは内在しないだけでなく、外在もしません。超越した聖なるものもまたありません。融合を越えると、聖なるものが中心になることは一切なくなり、聖なるものは内在せず、何かの内にあることもなく、何かを越えたところに超越的に存在することもなくなります。それまでそう見ていたことは自己や意識に基づく見方であり認識だったのです。意識や自己は包括的に認識という経験を担っていましたが、それだけでなく意識や自己こそが経験そのものだったのです。意識の最深部にある未知の神秘は聖なるものとの合一の認識で、それが失われるのです。見たり知覚することは相対的であるため、そこから聖なるものの完全な真実に行き当たることはできません。自己や意識は真実の一部を知ってはいるものの、最終的な真実をすべて知ることはできないのです。

自己や意識を越えたところに聖なるものは存在せず、内在もせず、超越もありません。自己や意識は聖なるものを経験する器ですが、器のないところでは聖なるものは自らを注ぎ込むことができないのです。もはや内在も外在もなく、自らを顕す手段もなくなってしまいました。器がないのに「一つ」だと示すこともできません。一つがないので、多様性を示すこともできません。聖なるものの「すべて」といったところで、それは一つのものの合計でも、多様性を足し合わせたものでもありません。ちょうど海水のしずくのように、神の全体には存在物や存在のすべてが含まれると考えるのは間違いです。神は「すべて」であるというなら、神は永遠に存在するものや、永続的な存在のすべてだということになります。私がいいたいのはこういうことです。多様性やワンネスを知覚できる間は、合一の次元や視点から聖なるものを見ているのであって、ここを越えると一つの存在や複数の存在は一つに融合します。一つ申し上げておくと、聖なるものを「存在（Being）」とするか「実存（Existence）」とするかの間には微妙かつ重大な違いがあります。

自己や意識を越えると、聖なるものは実存のすべてだという新たな次元を目にすることになります。このような見方や認識はキリストの聖なる本質の顕れであり、その質は永遠の神性です。聖なるものが顕在化していない時は今までありませんでしたし、聖なるものは未知の物質として永遠の形を取り続けてきました。このようにいうと、時間の中に何かがもたらされた、創造されたと思うかもしれませんが、私が永遠の顕在化とかキリストという時に意味するのはそういうことではありません。永遠の顕在化はキリストの永遠の神性のことで、これまでも、そしてこれからも常にそうであり続けるものです。すべての創造は永遠の顕在化によるもので、だからこそ創造と非創造（永遠の顕在化）は同じ一つなのです。私たちは無から創造されたのではなく、永遠の顕在化によって創造されました。被創造物の永遠とは何かというと、五感でとらえられるものやマインドで認識できるもの、多様性といったものでもなく、一時的なものや非永続的なものでもありません。被創造物の永続性はそれを創造したものの永続性で、永遠の顕在化というキリストなのです。聖なるキリストは人間として具現化し、歴史上のイエスという人物になる前から、無限の存在としてありました。キリストが具現化する前の私たちには三位一体の本質を知る手立てがなく、永遠の顕在化についても知りようがなく、聖なるものはどうやって創造と関わっているのかもわかりませんでした。キリストはこうした点を明らかにし、キリストや私たちと神とのワンネス、つまり人間と神とのワンネスについて示しましたが、それだけではなく、顕現と非顕現、形あるものとないものの聖なる三位一体のワンネスについても私たちに示してくれました。キリストの聖なる本質は永遠の本質として顕れ、永遠の神性、三位一体あるいは絶対という究極の本質を顕したのです。

意識にしてみれば、キリストとは事柄であり、永遠なのはその事柄だといっているように聞こえるかもしれません。この間違いが他の間違いを引き起こしていると私には思えるので、永遠の顕在化ではないものについて、ここで明確にしておきたいと思います。まず、物質とは本当はどのようなものなのかという本質を科学は理解していませんし、マインドによって学べること、定義できることは永遠が顕在化したものではありません。聖なるものは意識や自己、マインド、知性や感覚で捉えられるものを越えた実存で、直感や洞察でしか捉えることができません。もし、私たちが聖なるものについて何か知っているとしたら、その認識の土台となるものの枠の中でのことにすぎません。聖なるものは認識したり経験できるものの枠組みの中にあるわけではないのです。聖なるものは人間を含めた何かが現れるずっと前から存在していたため、人間の機能の枠組みに収まっているはずがないのですが、私たちはそのことを忘れてしまいがちなのです。永遠の顕れに出会うには、まずは私たちが知覚するすべてを取り除き、存在しなくなることが必要です。私たちが知覚する存在のすべてを越えた向こうにある大いなる空《くう》においてのみ、永遠が顕れます。知覚できる何かが存在をやめた後に、それでも残るすべてが顕れるのです。大いなる空は、死から復活への道でもあります。空以外には何もなくなると、形のないことが永遠の形、永遠の顕在化となり、神が存在のすべてになります。創造は無や空から生じたのではなく、永遠の顕在化である神性から生じています。私たちが目にする形は、私たちには見ることのできない永遠の形と一つです。

創造と非創造、何かに生み出されたものと独立自存、一時的な形と永遠の形、永遠の顕れと見たり知覚したり経験できる現れとを混同しないようにしなければなりません。三位一体にとって父なる神は形を持たず顕在化もしていません。顕在化していないということは聖なる天国の状態だということです。キリストは永遠の形あるいは聖なるものの顕在化です。聖霊は父なる神とキリストという二つによって永遠に続く創造の動きです。目を見張るようなこの真実を目にすると、神はどのようにしてすべてであり、遍在するのかがわかります。

聖なるものとの合一からの視点と、合一を越えた視点の違いはワンネスの経験にも違いをもたらします。私たちの生命は神と分離したことなどないと感じるのです。私たちはこの神秘、聖なるものの経験は最初から自らの内にあったと直感的に感じているものですが、そうであるなら聖なるものと一つになるために聖なるものを追いかける必要はありません。聖なるものをもっとよく知り、よりよい聖き人生を送るため、聖なるものの意思に私たちの意思を重ね合わせるようにするはずです。そうすれば元来の自己中心（自我）は底へと落ち込み、順応（あるいは変容）のプロセスが驚きと共にやってくるでしょう。この後、聖なるものとのワンネスに関する知識と経験は以前とはかなり違うものになります。前にも述べましたが、合一の状態での聖なるものは最深部における生命の源で、自己経験の深奥の経験です。この経験は実存、存在あるいは生命の経験で、一つしかありません。実存について二つ別々の経験をするというようなことはありません。聖なるものがなければ私たちは存在できませんが、聖なるものは私たちがいなくても存在できるのです。それでは、私たちがなくても存在する聖なるものとはどのようなものなのでしょうか。

ワンネスや融合を喪失すると、ワンネスや融合はもうありません。自己や意識を越えてしまえば「一つ」「ワンネス」「融合」という表現は適切ではなく、意味を持たなくなります。そうした言葉を裏づける事実がもうないからです。こうして、聖なるものは一つと複数という制約を越えていること、神は一つでも複数でもないことがわかります。実際、神が一つであることは事実ですが、「神は一つである」と述べた瞬間、聖なるものに微かな制限を与えてしまいます。神は「非二元」という多様性を持っているとほのめかすことになるからです。マインドは、一つか複数かという相関を考えることでしか「一つ」の意味を理解できません。しかし相対的に一つであることは聖なるものではありません。とはいえ、融合を越えた聖なるものやワンネスを、こうした言葉を使わずに説明することはできないのもまた事実です。聖なるものはすべてであるといわれますが、同時に一つでもあることを、こうした言葉を使わずに示唆することはできないのです。先に述べましたが、「すべて」という言葉を使うと一つのものの合計であるかのような誤解が生じるため、聖なるものの説明としては適切ではありません。すべてというのは、無との相対としてのすべてだということを心に留めておかなければなりません。一方で、すべてかゼロかという相対は、聖なるものを損なわず、かつ絶対の真実に迫ることを可能にもしてくれます。

このように、究極的な真実について様々な視点から検討するのはなぜかといえば、使い古された決まり文句を使っていては聖なるものを説明できないからです。「神はすべてであり遍在である」「神は一つ」「神は超越し、内在する」などといった時に意味するのはどのようなことでしょう。聖なるものについてどういおうが、ある特定の視点や旅の段階から述べていることに変わりはありません。聖なるものに関する説明からわかるのは聖なるものではなく、私たちの旅がどの段階に差し掛かっているかということだけなのです。聖なるものについて説明しようとする時、聖なるものではなく私たち自身を表現しているのです。自分の視点がどこにあるのか、その視点の位置が何を意味しているのかを検証することなく、使い勝手のよいフレーズを使い回しすると、聖なるものの意味をあらぬ方向へと導いてしまいます。私たちには、これまで耳にしたことのない説明は相手にせず投げ捨ててしまう傾向があり、経験したことがなければ尚その傾向は強まります。これが理由で、自我、意識、愛、光、ワンネス、遍在、すべてなどといった言葉についてじっくり考えることはないですし、自身の経験や視点から検証してみることもしません。さらに、聞いたことのある言葉やフレーズを使ったところで、以前と同じ意味を持たせることは必ずしもできないのです。

旅の本質は、視点が常に変わり続けることにありますが、視点が変わっても真実は変わりません。変わるのは私たちであり、個人の変化は聖なるものの見方がどう変化したかに表れます。見方が変化すれば価値観や論理も変わりますが、他の人に聞いてみればまた別の視点から真実を見ていることがわかります。意見が違うのはもちろん視点が違うからです。他の人の視点に出くわしたら、自身の視点を必要以上に主張しないよう気をつけなければなりません。また意見を交換する場合は経験に基づいて言葉を選択することをおすすめします。そうすれば混乱や論争をかなりの程度避けることができますし、旅路を歩んできた結果としての視点の変化を確かめることもできます。もし視点が変化していないなら、旅をしていないのと同じです。

聖なるものや最終的な真実の説明について、ここでお伝えしておきたいことがあります。「内在」「中心」「融合」「空虚」といったちょっとした言葉が大きな意味を持っているということです。こうした言葉は、実際には知るべきことのすべてを物語っています。ただし言葉は同じでも、意識や自己が認識している聖なるものを表している場合もありますから、その時は自己がまだ残っていると思ってください。似たような言葉を使っているからといって、同様の視点を持っていることにはなりませんし、同じ真実を指しているわけでもないのです。

経験と現実

自己や意識を越えて出会う最も衝撃的な真実は、自己や意識は本質的に真実の完全性を損ない、抑圧すらしていることでしょう。人間の次元で真実の完全さに出会うことはできないのです。最も神秘的な経験でさえ、ぼんやりとしか真実を見せてくれません。自己や意識は最終的な真実を排除すらしていますが、それによって人間の次元で生きることを可能にし、人間として存在できるようにするためなのです。完全な真実や最終的な聖なるもの（天国）は人間の経験と両立できないことは今やあちこちで議論されています。もし、両立が可能なら死ぬ必要もありません。ただ、本物の自発的認識によって究極の真実を垣間見ると、人間の光が消えてしまいます。実際は好ましいことなのですが、人間にはそう思えません。ここで生じるのは、意識や自己はどのようにして究極の真実を排除するのかという疑問です。意識の何が最終的な真実へのアクセスを妨げているのでしょうか。

答えはとてもシンプルです。それはただ意味もなく生じるのです。意識や自己は経験で、この経験の上に私たちが知っているすべてがあります。しかし経験は究極の現実と同じではなく、自己や意識にできる経験はいずれも究極の真実ではありません。人間としての私たちの現実を支えているのは経験ですが、それが究極の現実だというわけではないのです。例をあげて説明しましょう。

人間は「存在」「生命」「魂」「個別性」などたくさんのことを経験し、認識しています。こうした経験の土台は生命です。経験はどれも本物ですが、経験を越えた究極の真実を与えてくれるわけではありません。自己や意識を喪失すると経験のすべては失われますが、経験は最終的な真実ではないから失われるのです。人間にとっての真実や存在は、実際には真実や存在の一部でしかないことや、人間が経験し認識できるものは真実ではないことが、こうしてわかります。ただ、そのような理解を得るには、自己や意識を消し去ったからといって存在する物、存在、魂、霊が消滅するわけではなく、存在、魂、生命、霊といった経験は単に消えてしまうだけなのだと理解しておく必要があります。意識や自己という経験が消えてしまうのはなぜかといえば、それは最終的な真実でも永遠でもなく、意識や自己によって最終的な真実に行き当たることもできないからです。意識が経験を下支えしているというだけではなく、意識こそが人間の経験だからです。

自己や意識が私たちを欺いているというのは衝撃的な真実ですが、その自己や意識がある限りそれに気づくことはできません。私たちは、自分も聖なるものも「存在」である非物質の霊だと信じていますが、それは真実ではないといつか経験することになります。同様に、愛、力、生命といった聖なるものもまた経験する自己の上に成り立っているものであって、本当の聖なるものは経験を越えているとわかる日がくるでしょう。私たちが経験する聖なるものは本来の聖なるものではありません。本来の聖なるものや私たち自身の本質は経験を越えたところにあり、真実も現実も、経験し得るすべて超越しています。経験したことを真実や現実と取り違えないようにしなければならないのです。経験と現実の違いはとても大きく、その違いを言葉で表現することは到底できません。

自己や意識の本質は経験以上のものだと考えているならば、経験を喪失しても自己や意識は残ると思うでしょう。しかし何を基準として、あるいはどのような経験に基づいてそという主張しているのでしょうか。経験をする自己がいなくなった時、どのようにして経験するるのでしょうか。他にも、自己を喪失すると今までそれがあった場所に聖なるものが立ち現れるとか、ハイヤーセルフの意識が表れると考えている人がいます。無自己の出来事についていえば、これは事実です。自己中心が聖なる中心にとって代わられると「本当の自己」を見出すことになります。本当の自己も聖なる中心もいずれは失われますが、それまでの間は本当の自己があり、自己がある間はそれが聖なるものだろうがなかろうが完全に自己を超えたとはいえません。合一状態を越えると聖なる自己が立現れると信じる人は、キリストの死、つまり聖なる自己の死について深く理解することができません。どのような自己も聖なるものなのです。また自己を越えて真実が顕れたなら、肉体と五感はそれに耐えなければなりません。耐えることによって新しい次元への順応が可能になるからですが、いずれ必ずそうなり、そうなった時に肉体の本質が明らかになります。それが「復活」です。

ここでまた疑問が生じます。生命やエネルギー、存在などを経験しているのが自己だとしたら、自己を喪失した後、そうしたものはどこへいってしまうのでしょうか。正確には、経験が停止しても生命やエネルギーがどこかへいってしまうことはありません。たとえば笑うのをやめたら笑いはどこかへいってしまうでしょうか。心臓が鼓動を停止した時、心臓はどこかへいってしまうでしょうか。つまり、この疑問には意味がないのですが、役に立たないわけではありません。自己を喪失するということは、過ぎ去っていくたくさんの経験が停止するというだけでなく、経験を下支えしてきたあらゆるエネルギーや力を喪失することでもあります。経験を下支えする力とは、あらゆる範囲に渡って及んでいる意識つまり自己のことで、簡単に撤退させられるようなものではありません。この力を失うと肉体にはエネルギーがなくなり、生命も抜き取られてしまいます。一般的に、エネルギーや生命のない肉体は死体です。自己や意識の喪失は、人間にとっては唯一の、本当の死の経験ですが、失うことによって大いなる真実が明らかになります。真実とは、永遠の生命は私たちが経験する生命を越えていることです。人間の「生命」を経験している限り、永遠を経験することはできません。永遠の生命とは生命がない経験です。

これは何を意味するのでしょう。結局のところ聖なるものは、自己や意識である私たちが経験できる力やエネルギーや生命などではないのです。神は、私たちには経験できない生命であり力です。私たちが経験する生命エネルギーの背後にある力、それを神だということもできますが、神はエネルギーではありません。実際には神が「何」であるかを、その本質において知ることはできません。ですから、私たちが経験するエネルギーは私たち自身であって、経験を越えた神はエネルギーではありません。神とは非経験的な土台で、私たちはその土台の上で生命と存在を経験し続けています。経験が非経験という土台へと消失するということは、経験が停止し非経験となることです。だとするなら、先ほどの疑問の答えは、経験をあらしめていた自己や意識が失われれば、経験全体が非経験の聖なるものへと消失し、経験であったものは、もはや経験ではなくなるということになります。

自己や意識というエネルギーを制御するというと、聖なるものという行為や創造の土台を損なうことのように聞こえるかもしれません。ただ、人間の旅の本質を理解できれば破壊のように見えることも、実際には聖なるものによる創造的行為であることがわかるでしょう。聖なるものは自己や意識という私たちを、ある知覚できない行為によって存在へと招き入れ、そしてまた別の行為によって永遠の生命あるいは聖なるものへと導きます。これは退行を意味するわけではありません。破壊のように思えることは、実際には前進です。ある行為によって、私たちは神の元からここへやってきました。また別の行為によって神へと還っていくのです。これほどシンプルなことはありません。来て、そして還るまでの間には人間としての様々な経験があり、還っていくための通路も用意されています。聖なるものはもちろん不変ですが、私たちは常に変化の中にあり、この動きこそが我が家へと向かう道なのです。

死の本質は、永遠の生命へと向かう前進です。死がなければ復活もありません。肉体というのはキリストの永遠の神秘の身体ですが、この本質を理解できなければキリストの神性の内にある聖なる本質を理解することもできません。人間は、一般的に否定的な事柄だと考えられている病、苦しみ、老化といった解体あるいは停止、最終的には死など、創造の一方の側面に向き合うことを好みません。そうしたものは後退の動きだと考えるからなのですが、実際には前進する不可逆の動きであることには気づきません。このような無知によって人間は若さや充実にばかり執着し、それが衰退し失われていくことに大きな怖れを抱いています。心理面に注目したスピリチュアルな成長理論でさえ、人生の黄金期を越えていくことを怖れるのです。黄金期に到達した後は、もう到達すべき場所が残っていないように感じ、人生の特定の段階に執着します。いずれにせよ人間の旅の後半はあまり注目されず、注目されたとしても残念なことだと考えられています。しかし実際には、成熟を越えた後に、本当の我が家へと還る動きがはじまります。もし、人生という旅が円のようなものだとすると、最も成熟した地点は聖なるものから最も遠く離れていることになり、中間点を越えると今度は聖なるものに近づいていきます。人生の前半における成長や成熟はポジティブな出来事ではなく、聖なるものに触れるものでもありません。それらを喪失する段階に至ってようやく、聖なるものへと近づいていくことができるのです。

聖なるものが人間を創造する際、意識という構造と機能に知覚の及ばないある行為を施す必要がありました。意識という機能の持つ可能性をすべて使い果たすと、今度は破壊が始まります。意識が破壊されれば、経験もまたなくなります。最終的に意識の機能と構造が終わりになると、肉体感覚もまた終わります。肉体感覚は、キリストの永遠の形の中の束の間の機能だと思うかもしれませんが、聖なるものは構造でも機能でもありません。そして、私たちを創造した聖なる粘土は、束の間の構造や機能に影響を受けて変化するようなものではありません。肉体感覚が機能しなくなる頃には、私たちの内にあり、聖なるものと一つである「それ」つまりキリストと邂逅《かいこう》していることでしょう。自己を越えると、なぜキリストが「自己を諦めたのか」理解できるようになります。聖なる本質を示すためというのも理由の一つですが、キリストにとっての源である父へと還っていくため、聖なる状態に戻るために必要だったのです。自己を越えてみるまで、キリストの自己の死を理解することはできません。私たち自身が聖なるものとのワンネスという合一の経験の死に直面するまで、キリストの死の本質を理解することはできず、それを越えたところにある大いなる真実と出会うこともまた望めません。

経験をしたところで、立ち止まっていては究極の真実にたどり着くことはできません。経験をもって物事の基準にしてはならないのです。長い目で見れば、最終的な真実と出会うことで個々の経験や能力が失われる時がやって来ます。それまでの間は、ただ経験と共にあるより他ありません。自分で選択できることではないからです。スイッチを入れたり切ったりするようにして経験するかしないかを自分で選ぶことはできません。私たちがする経験と最終的な真実は異なり、その間には欺きが隠されてはいるものの、自己や意識が通り道であることは変わらず、そのことに間違いはありません。人間は意識であり、意識がなければ人間は存在できません。経験を携えた意識が人間を真実へと導いていきます。意識という通り道は聖なるものと終着点という確かな方向へと私たちを導きます。キリストの神秘である聖体が永遠であるのと同じように、人間もまた永遠であると私は思っています。この大いなる現実を深く理解する者にとっては、それで十分です。人間の究極の真実は本当に壮大なのです。

知る主体なく知ること

自己や意識を喪失すると、知覚によって知るのではない、知覚に基づかない方法で知ること以外に認識の手段がなくなります。知覚によらずに知ることは、無自己の状態に特有のものです。慈悲や無条件の愛、思いやりが無我や合一状態の特徴だとするなら、知覚によらずに知ることは無自己の状態の特徴だということができます。このような認識方法の他には、無自己の状態を特徴づけることのできる要素はありません。無自己とは知ることの方法が変化することなのです。ただし、このようにして知ることは全知ではなく、かといって科学的な合理的認識でもありません。合一状態の特徴でもある「知らないことによって知る」ことでもありません。無自己という復活の後の認識方法は、そのいずれでもない別の特徴があります。無自己における認識方法は「ノウイング《知っていること》」が雲のように立ち込めているようなもので、合一状態の「アンノウイング《知らないこと》」が雲の立ち込めていることとは異なります。「アンノウイング《知らないこと》の雲」（不可知の雲）が立ち込めていることは、知性による論理的マインド（第三の目の能力の一つ）を越えた心理的次元を開示しています。「ノウイング《知っていること》の雲」が立ち込めていることは、マインドや精神の領域とは関わりがありませんし、これが認識の「方法」だというのも適当ではありません。というのも

「ノウイング《知っていること》の雲」が立ち込めていることはマインドや脳、肉体構造を通じた認識ではなく、経験に基づいていないからです。当初「アンノウイング《知らないこと》の雲」が立ち込めていることは否定的に捉えられますが、やがて知性によって知ることを超越した認識方法だとわかります。しかし、無自己において「ノウイング《知っていること》の雲」が立ち込めていると、今度は知らないことを否定するようになり、それまでとはまったく異なる方法で認識するようになります（知らないことと、新しい方法で「知ること」の両方を雲に喩えていますが、どちらも通常の論理的・知的・科学的マインドとそれによる認識方法を超越しています）。

今お話ししている認識方法は非常に特殊です。というのも、神は唯一この認識において人間に顕現するからです。人間が聖なるものを知り、経験する手段はこれしかありません。この認識方法と共にあることは、旅のある段階が終わり、また別の段階に差し掛かったことを示しているのですが、この認識方法が人間の存在に先立ち、人間を超えて存在する神の認識だというのではありません。神のエッセンスや天国の状態として定義することもできませんし、自己や意識を越えたところにある実存（無自己と復活）の次元を伝達する手段でもありません。だとすれば、このような認識もまた人間に属し、人間の本質やエッセンス（自己や意識）なのです。人間の領域に付随するすべては既知であり、既知の領域に付随していないなら、私たちの旅とも、聖なるものの顕現とも関わりがありません。

なぜこのような話をしているかというと、自己や意識を越えた特別の認識があること、ただしそれは全知でも無知でもなく、知る主体を必要としない認識でもないことをお伝えしておきたかったからです。無自己の状態については「誰がそう認識しているのか？」という点がよく話題になりますが、この問いに答えるためには、この疑問が生じたのと同じ自己（知る主体）の次元から話をすることが必要です。答えは「認識する『誰か』はいない」ということになるのですが、主体のある認識方法にとってこの答えは満足のいくものではありません。マインドは自己や意識を越えたところに「誰か」がいないことや、知る主体がないことを理解できないのです。自己を越えると「誰が」に着目した疑問は生じません。その代わりに、自己あるいは知る主体がいない時に残る「それ」の本質が興味の対象になります。

すでにお話ししたように「ノウイングの雲《知っていること》」に知る主体はありませんが、全知でもありません。確かに全知も「知る主体なく知る」ことではありますが、「ノウイングの雲《知っていること》」が立ち込めているのと同じようにして知ることではないのです。全知は二元に顕れる聖なるものとはまったく別のものです。全知は人間の存在に先立つだけでなく、人間に必要な顕現よりも先行します。全知は聖なるものであることから、この認識方法は人間の知的領域に属しているのではありません。聖なるものは人間が見るのと同じように創造を見ているのでも、理解しているのでもありません。全知が人間の質問に答えることはありませんが、それはなぜかというと、全知において質問が生じることはないからです。全知については古い考え方を持つ人々が今もいるため、優れた精神構造だとして祭り上げたり、ある種の超能力や「神秘的知識」といったようなものと同等に扱われることもあります。人間は相も変わらず、全知を自分自身の精神構造や経験、知る方法の観点からしか見ていません。こういった人々は、どのような質問を投げかけても、神は必ず人間の限定されたマインドを満足させるような方法で答えてくれると思っているのでしょう。しかし、神の答えでは人間のマインドを満足させることができません。神は人間の視点をもっていないからです。しかし、それなら「すべてを知っている」とはどういうことなのでしょうか。聖なるものはなぜすべてを知っているかというと、聖なるものがすべてだからです。すべてとはいえ、聖なるものが知っているのはすべてであるただ一つのものであって、私たちが考えるようなすべてではありません。聖なるものが知っているすべてと全知とは同じではないのです。人間にとって、ある知識はたくさんの知識のうちの一つでしかありませんが、聖なるものに知るべき何かはありません。人間は全知という能力を持っていないだけでなく、知る主体なく知るという形の認識を理解することもできません。マインドは、知る主体あるいは自己として認識することしかできないからです。

人間は知る主体のない認識方法に到達できませんが、それよりもっと重要なのは、聖なるものは知る主体あるいは自己を認識できるのかどうかなのです。聖なるものは「それ自身」つまり人間が自分自身を知るような反射の機能を持っているのでしょうか。もし聖なるものに「あなたは誰ですか?」と尋ねたら、「私は神です」と答えるのでしょうか。「私は神である」と誰かがいう時、真実の基準に照らすならその言葉は真実と一致していません。「私は神である」というのは、アイデンティティを示唆する言葉ですらありません。自己しかアイデンティティを持っていないにもかかわらず、自分以外のものにアイデンティティを与えてしまっているからです。つまり、アイデンティティを現す表現は「私は私自身です」「私は私です」という意外にはなく、「私は神です」というのは適切な表現ではありません。私が私自身でない別のもの、バラでも天使でも神でもよいのですが、もし、そのようなものだとしたら、アイデンティティを示していることにはならないのです。自己や意識がなければアイデンティティはありませんから、そうしたものにあたかもアイデンティティがあるように表現するのは不適切です。同様に、自己を聖なるものや神だと表現するどのような言葉も本当の意味においてアイデンティティを示しているわけではなく、だとすると神と人間のどちらも示唆していないのです。先の質問に戻りましょう。自己がない時に、「自己がないことを誰が認識するのか?」と尋ねられたなら、聖なるものさえ答えることはできないでしょう。自己あるいは知る主体なくしてその問に答えることはできません。適切に答えることができないのです。

「私は神です」という言葉は、これ以外の理由からも無効です。神である私は、神と神以外を知っているとほのめかしているからです。正確にいうと、神は自らを神だと認識しているわけではなく、神を知っているのは人間だけです。そして多くの場合、「神」というのは聖なるものや神性という名前のつけようのないものにつけた呼び名であり、人間同士のコミュニケーションだけを目的として機能する言葉です。聖なるものが自らを認識するために必要な言葉ではありません。また意識が捉える神性が「神」だとするなら、意識が神性として捉えるすべては神だということになります。つまり、意識がなければ神もないことになります。

この議論は、聖なるものは自らを認識しているか、あるいは聖なるものには自己や意識があるのかという点に本質があります。私たちは、自分が自分を知っているように、神も神自身を知っていると考えます。私たちが自分や神を知っているのと同じように、神も自分を知っていると考えるのは必然です。しかし、聖なるものの認識は私たちの認識とは異なります。同じだと考えるのは大きな誤りです。一つ例を挙げるとすれば、ヨブ［訳注：旧約聖書に登場する人物。大きな苦しみの中にあって、神への信仰を捨てなかったとされる。「神がいるならなぜこのようなひどいことを放置するのか」と世の中の不条理に疑問を呈した］の疑問がこれに相当します。私たちが「自分」を知っているのだから、神も「彼自身」あるいは「それ自身」を知っていると考えるのは正しいと思うかもしれませんが、そうではありません。そう思うことは単なる投影で、人間特有の認識を聖なるものに押しつけているだけです。「私自身」という言葉は反射意識の存在を示していますが、「私」といった自己を表現する言葉もそれと同じです。聖なるものの認識方法は反射的ではない一方で、反射することのない意識や自己、私はありません。聖なるものは自己や意識を持っているのかという疑問は、言葉の意味の問題にとどまらず聖なるものの本質に関する問いなのです。

人間は意識があるからこそ自分自身と神の両方を知っているのですが、人間に把握できる範囲において神を知っているというだけです。つまり自己認識の範囲が広ければ広いほど、聖なるものを認識する範囲もまた広いことになります。もし人間に自己や意識がなければ、人間は自分のこともわからないでしょう。ですから自己というのは人間として認識し神を経験する媒質であって、人間が知り、経験する神は常に自己や意識の範囲に限定されているのです。同じ一つの意識が自己と神の両方を認識することから、人間が経験する神は主体のある自分自身の枠組みの中の一部分として捉えられることが多く、だとするなら、本当の自己を知るのと同じ方法で神を認識していることになります。自己が認識する聖なるものとは、自己の本質や自己知識、そして主体的経験に関する範囲内で経験している神のことなのです。意識や自己が認識し経験する神は、究極の現実としての神ではありません。神性は、自己の限界と自己知を超えたところにあるのです。究極の現実へ続く道は意識を通じて現れますが、いったんその外側に出ると自己知も私というアイデンティティもありません。そうしたものは聖なるものの認識の本質ではないからです。

認識の主体が終わり経験がなくなると、主体によって認識し経験すること、主体が知っていたことや経験していたこともまた終了します。もし神とは主体が知り経験することであるなら、媒質である自己や意識なしに知ったり、経験されることはあるのでしょうか。意識や自己には神を知り経験することはできません。自己や意識を越えた認識を説明できないからです。何等かのイメージを形づくることもできません。その意味で、結局のところ聖なるものとは未知であり、知ることもできないのですが、その答えでは人間のマインドを満足させることができません。聖なるものの認識はマインドを満足させられないのです。聖なるものの認識はマインドも、マインドによる認識の方法も越えています。もし、聖なるものがそれ自身を神と認識していないなら、人間が自らを神と認識することなどどうしてできるでしょうか。聖なるものにとって真実ではないことは、人間にとっての真実でもありません。それならば、キリストが具現化した時、キリストは自らを神と認識していたのでしょうか。

キリストは自らを神と認識していたか

先ほど述べたように、自らを神と認識し経験するものは神ではありません。自己を越えた神が自らを神だと考えることはありませんから、神は自分が神だということを知らないことになります。人間的側面と聖なるものを兼ね備えたキリストもまた、自らを神だと認識していませんでした。そんなことはない、キリストは自らを神だと認識していたと主張する人々は、人間の自己や意識についてよく知らず、キリスト、人間、神に関する視野が狭いのだと思います。「私たちはキリストを神だと考えているのだから、彼も当然自身を神だと思っていただろう」というのですから。「私を見た者は父なる神を見た」、「アブラハムが生まれる前から、私はいる」というキリストの言葉を引き合いにして、キリストは自らが神であることを知っていたというのですが、これらの言葉に別の意味を見出すのはとても簡単です。まず、キリストはなぜ神を「父なる神」と呼ぶのでしょうか。父なる神に祈り、自分は父なる神によって送り込まれたといい、「もし私を証し*するなら、私は嘘つきだ」とさえいっています。キリストは父なる神を証し*しているのであり、キリスト自身や彼の自己を証し*しているのではありません。［*訳注：キリスト教において「証（あかし）する」とは「神の恵みを人に伝える」という意味］。仮にキリストが自分は神であるといったなら、その言葉が実際はそうではないことの裏づけになります。キリスト以外の誰かが同じことをいった場合も同様で、実際にはその人物は神ではないことを意味するのです。

キリストは自身を神だと認識していなかったというと、キリスト教徒は深く動揺するでしょう。しかしキリストが自らを神だと述べたことはないし、それが彼の真実だと語ったこともありません。聖なるものの認識方法と、人間の認識方法は違うのだと人々が理解すれば、自らを神だと主張することはすなわち神ではないことを意味する、とわかるようになるでしょう。つまり、キリストは自らを神だと発言していないことから、神だとわかるのです。

一体なぜ私たちは、キリストが自らを神と認識していたと思うのでしょうか。それは私たちの認識方法の制約に理由があります。私たちの認識方法は、神の認識方法とは異なります。大まかにいえば、私という自己が関わることはすべて自己による認識や経験の中にあることを意味しているため、たちまち神性や究極の真実が排除されてしまいます。聖なるものは自己を越えたものですから、自己や自己経験あるいは自己認識を神だとする時、そのいずれも神の真実ではなくなり、神の真実でないなら当然、人間の真実でもありません。同様に、人間と聖なるものの認識方法の違いを考えれば、キリストは彼自身を神だと考えていなかったことがわかります。「神は自分を神であることを知っている」というのは馬鹿馬鹿しい考えです。「砂糖の塊は、自分に気づいている」というのと同じだからです。砂糖の塊や神を知っているのは、人間の意識だけなのです。

私たち自身を見ることで神を見出すことは、キリストが神を見たのと同じ人間的な方法で神を見ていることになります。キリストは神と一つである彼自身を認識していましたが、自分が神だと思っていたわけではありません。私たちもキリストと同じように神を見ているのです。ただし、純粋に人間としての立ち位置から神を見ているのであって、神の視点から見ているのではありません。同様に、神は私を見ていると考えるのは、私たちが自分自身を見ているからです。何かを判断するたびにこのような飛躍をするのは、神を自分のイメージの中に落とし込むことではあっても、その逆ではありません。他にも指摘しておきたいことがあります。もし、私やあなたが神なら、なぜ最初からそうだとわからなかったのか説明できるでしょうか。神が自分を神と知っているという考えは無意味です。神性の中の神は自分を神だと考えることなどなく、それ自身を神と認識できるような何かを創造していません。実際、神はそれと同等のものも創造していませんし、創造したものはいずれも、その貴さが減少しています。私たちの目指す先は神とのワンネスを実現することであり、それを越えることはできません。神でさえ、そこから先に行くことはできません。というのも、神にはそもそも「自覚」するべき事柄がないからです。

結局のところ、私たちは自身の内の神を見ているのであり、人間としてのキリストが経験したのと同じ方法でワンネスを実現することになります。キリストはその神性さゆえに、自身が神であると認識しませんでした。認識すべきようなことではなかったからです。キリストが神であると考えるのは人間であって、人間としてのキリストも、聖なるキリストも、そのようなことはまったく知りませんでした。

それでは、キリストは自らを神だと考えていなかったのに、なぜ私たちは「キリストは神である」と思うのでしょうか。キリストにわからないのだから、私たちもわからない、そうとしかいいようがないというのが私の考えです。キリストは神ですが、自己やワンネス、知性、人間の認識方法といった位置からではそのことはわかりません。また、キリストの神性を証明しようという主張にはいつも困惑させられます。神の存在を証明しようというのと同じくらい、キリストの神性を証明することには意味がありません。この上なく神秘的な神とのワンネスを実現した時でさえ、キリストは神なのか、などと思ったことはありません。ただ、人間であったキリストが神とのワンネスに入る地点、三位一体の洞察を得る融合の地点は、私たちの本当の正体つまりキリストとしての実態を実現する地点だといっておきたいと思います。

キリストが神かどうか知る方法はあるか、という問いに答えられるのは信仰だけだというのが私の結論です。信仰は特別な恩寵で、信仰心がある限りキリストとのつながりが断ち切られることはありません。信仰心は知性や経験に依存しませんし、神とのワンネスを知って経験したからといって、キリストとのつながりがなくなるわけでもありません。信仰という恩寵は神の神秘の生命で、人間が得ることのできる聖なるものに近いものがあります。というのも、キリストについて考えられる限りのすべてを理解して経験するまで、満足することがないよう私たちの背中を押すからです。恩寵は、具現化、死、復活、アセンションといったキリストの真実をじかに知ったり見たりするまで、休ませてはくれません。グラスの向こう側を見ているようなぼんやりとした理解や、直感的、概念的、象徴的な理解ではなく、これ以上理解すべきことは何も残っていない、何かを見る自己が残っていないという場所に至ることを私たちに要求します。キリスト教の信仰とは、本来このようなものです。キリスト教徒、特に黙想者にとって、そこに至るまで立ち止まることはできません。停止することがあるとすれば、キリストの神秘はもう知り尽くした、これ以上に進むべき先はどこにもないとわかった時です。恩寵はその本質において人間の限界を広げ、越えていくように促し、神秘という神秘はもう何も残っていないという地点にまで私たちの背中を押し続けます。具体的には、先ほどお話しした「微かな境界線」を少し超えたところに到達するまで、その手を休めることはないのです。

神と私たちは一つだと理解するのは比較的簡単ですが、なぜ、どうしてキリストの聖なる本質は永遠の神性なのかを理解することは、また別の問題です。キリスト教徒がキリストのように人間の神とのワンネスを理解してさえ、神はまだまだ遠くにいます。人間と神との融合は合一という地点にありますが、そこからさらに、キリストと同じように死に、復活し、さらにアセンションへと向けて段階を経ていかなければなりません。一つ疑問に思うのは、死と復活は、神と融合しワンネスを経験した後にしかやってこないことを理解している人はどれほどいるかということです。死と復活の本質こそがキリストの聖なる本質を明らかにするとわかっている人は、どれだけいるでしょうか。これが、キリスト教がすべての宗教の中でも最も難しく神秘的だと考えられている理由なのです。キリストの真実は理解が非常に難しい未知そのもので、あらゆる真実の中でも最も険しい道です。キリストは神、人間、あらゆる存在の究極の本質に迫る鍵ですが、大きな真実を手にするには大きな理解が必要になります。私たちは小さな真実を受け取ることで満足しがちですが、他にも知って理解すべきものがあるなら、もっと手を伸ばすべきです。

そろそろ結論を述べたいと思います。人間の本質は神ではありません。そして神は、自らが神だということを知りません。聖なるものの本質は神そのものですが、聖なるものが自らを神だと認識する必要はありません。聖なるものによる認識は、自己知識をはじめとする人間の認識方法を越えているのです。

キリストの究極の神秘

先に述べたように、合一状態の神秘は神や本当の自己にあるのではなく、神と一つであるのは私たちの内にある「それ」であって、「それ」はキリストであり、キリストが合一の神秘です。しかし、私たちはキリストを本当の自己として経験しているわけでも、聖なる中心として経験しているわけでもありません。だとすると、私たちが神として経験するいかなるものも、本当の自己として経験するいかなるものも越えたところにあるのがキリストだということになります。キリストの真実は合一状態も、聖なるものとのワンネスをも越えています。[3]

この最後の神秘を解く鍵は復活にあります。肉体の本質は復活を通じて顕現し、それによって肉体の本質が自己や意識を超越しているのだとわかります。キリストの聖なる現実とは永遠の形態であるということですが、その一方で、物質は形成されては消滅することもまたわかるのです。ここでは聖なる形を粘土に喩えて説明したいと思います。この粘土はどのような形にもでき、その形にはどのような機能を持たせることも可能ですが、形や機能は聖なるものではありません。同時に粘土の実質は永遠で、何があっても変わりません。永遠の実質の表現の違いが形の違いとなって現れます。私たちの肉体は、キリストの永遠の形を模して造られています。つまりキリストの神秘の身体の顕れが私たちの肉体だということになります。そして肉体を脱ぎ神秘の身体をとり戻すこと、それが復活です。当然のことながら、神秘の身体は私たちが経験する肉体ではありません。キリストの神秘の身体は経験するようなものではなく、経験の上に現れるものでもありません。

粘土の喩えで話を続けましょう。三位一体からすると、キリストは永遠の形であり実質です。「形を持たない非顕現」である父なる神は、永遠の形が存在する次元のことです。天国はその姿を顕す器を必要としますが、そのことからも天国は形でも、また顕在化してもないことがわかります。父なる神や究極の神性は形をもたず、顕在化もしないのです。一方の聖霊は「永遠の運動」であり、永遠の形を顕現しています。聖なるものによる創造は、この運動によって永遠に続きます。人間を含めた宇宙はこの運動によって創造され、変化し続けるのです。そうであるならば、私たちが捉えられるすべては、来て、そして去っていく理由もわかります。捉えられないものは不変ですが、三位一体も変わらず、触れることもできません。このようにして宇宙があるのはキリストがいるからこそなのですが、それについて考える人はあまりいないようです。そもそも聖なるものが顕現しなければ「非顕現」について検討することなどできません。

どのような喩え話を持ち出したところで、聖なるものの本質を十分に表現することはできませんが、中にはこの事実を忘れ、喩え話を究極の真実のように思ってしまう人がいます。粘土を例にして三位一体の働きを説明しましたが、批判したい人もいるようです。批判の背後には、永遠の自己や意識がないのではないかという怖れが潜んでいます。自己がないとしたら、神は人格を持たず無関心な「宇宙のスープ」だということになってしまうため、それを怖れているようです。神学者が有神論の神を貶《おとし》める目的でそのように発言したのかもしれませんが、無分別で知性に欠けているように思います。

歴史上、「聖なるものは個人に興味を持たない無関心な粘土の塊、あるいは宇宙のスー

（３）聖なる中心をキリストと同一視する人が多いようですが、私はそうは思いません。キリストの顕れはそのようなものではありません。キリストが「それ」なのであり、聖なるものと自己をつなぐことがキリストの顕れです。このような視点も見えない人には見えないでしょうが、キリストは人間（自己）と聖なるものとのつなぎ目です。

プである」とした宗教はありません。そんなことを考えるのは神を嘲笑したい人だけです。三位一体や究極の本質について検討したいのなら、「私たちが自分自身を近くに感じるよりもっと近くに神はいらっしゃる」という聖アウグスティヌスの発言を思い出すべきです。自分自身より近くにいるものなどないと思うかもしれませんが、神はもっと直接的なものだと、聖アウグスティヌス言いたかったのだと思います。神は自己を超越しているのと同時に、自己よりもっと近いのです。どうすればそのようなことが可能なのかといえば、ここでもやはりキリストの神秘の身体が関わってきます。個としての自己を越え、あるいは内在させているのも、聖なるものとのワンネスを経験させているのもキリストの神秘の身体です。私たちはこの永遠の形態を無意識のうちに模していますが、そこへ戻る時になると、今度は無意識ではなく意識的にそこへと戻っていきます。私たちの身体は、自己を含む構造や機能や経験を持っていますが、それらは聖なるものではなく永遠でもありません。しかしこの身体よりもっと近くに何かがあるとすれば、それはキリストの神秘の身体の本質なのかもしれません。それを経験できれば「神は私たちに無関心だ」などとはもう思わないはずです。私たちがふだん考える個人的、非個人的などのような事柄も超越しているため、その現実を表現する言葉はありませんが、少なくともそれでないものを指し示すことはできます。聖なるものが個人に興味を持たないという考えは、完全な間違いです。

重要なのは、「相対的に」個人的な神と「絶対的に」個人的な神とを区別することです。

通常、神は個人としての人間や私たち、創造物との相関の中で語られますが、三位一体が語りかけるのは、人間や創造物を越えたところでは神は神という個人だということです。「個人的」でいるなら三位一体は創造物や人間を必要としませんし、自己や意識も必要ありません。三位一体のないところでは、神は本来的に、また完全に個人的だという主張がそもそも成り立たないのです。もし、神が個人的に私たちと関わるなら三位一体は意味を成さず、なくてもよいことになってしまいます。自己を越えたところでは三位一体の神は個人的です。そうでないと、自己を越えた神は人格のない粘土の塊あるいは宇宙のスープだということになってしまいます。三位一体の顕現は、このような怖れや些末さを溶解しますす。しかし仮にキリストが融合した自己を神へと差し出さなかったら、三位一体が顕れることもなかったでしょう。キリストに追従するなら、いずれ信仰心を問われることになりますが、すべての自己を越えたところでは個人的な神という三位一体の真実が実証されるのだということを、覚えておいていただきたいと思います。

キリストと私たちの意識をつないでいるのは、私たちの物質の身体の未知の実質です。それこそが経験をあらしめる意識の機能とエネルギーの土台です。しかし、キリストはこれらの経験のうちのどれでもありませんし、空洞になった聖なる中心でもなければ、非顕現の天国の状態でもありません。もし、それらがキリストだったなら、意識も自己もなく、キリストを認識する人間も存在しないでしょう。永遠の顕現としてのキリストは非顕現よりも大いなる神秘であり、だからこそキリストの神秘を探求することで神の神秘が明らかになるのです。三位一体の本質は、人間や宇宙全体の神秘です。

キリストの永遠の身体

人間は神の似姿だというのは耳触りの良い言葉ですが、神のイメージと比較して自分はそれほどよいものではないという矛盾した思いが、私たちの深い部分に潜んでいます。その理由の一つは、神にはどのようなイメージもないため、私たちも自分自身について明確なイメージを持てないことです。もし、人間が何かしらのイメージを神に対して持っていたなら、自分に対するイメージも持つことができ、自分の本質をもっとよく知ることにつながるかもしれません。自らがイメージする神に近づこうとするのは理想的ではありますが、そのイメージが明確ではなく、誤っている場合、自己イメージに基づいた神を想像し、想像上の神を真似てしまうかもしれません。自己イメージが不明瞭だったり誤っていたりすると尚のこと、本当の神の姿をイメージすることなど望むべくもありません。

人間は神の本当の姿を知りたいと切望していますが、それと同じくらい自身の本当の姿も知りたいと思うものです。そのため人間は、自分の脳でつくりあげた神や神秘的な人物のイメージでは満足できず、生命ある人間に似た神を求めますが、要はこう思いたいのです。神は、人間の状態を親身になって理解してくれる存在だと。自己や意識という人間や個人のエッセンスは、個人的で親密で、主観的な神を求めるよう仕向けてもいます。そのような神が、個人の生活、つまり自己や意識の望みを最大限に成就させるよう手伝ってくれるというわけです。意識の最深部にはこうした欲求が生来的に備わっていて、それが手軽な神や肉体を持つキリストを創造しています。神は人間の面倒を見てくれている、親密に関わってくれている、意識や自己を持ち人間として私たちの間を歩き回っている、そう考えることに勝る心強さは他にありません。手の届かない秘教の神や、特権階級や預言者以外ほとんど目にすることのない神でなく、誰とでも日常的につき合う神です。実際に神が人間の面倒を見てくれているとしたら、どんなに心強いことでしょう。

実は、だからこそ意識とキリストは常に共に歩んでいます。具現化したキリストは、私たちのイメージが作った意識や個人としての自己を満足させてくれますが、それだけではなく、人間の本質の顕れでもあり、神とのつなぎ目にもなっています。歴史上のキリストは、意識を通して神が敷いた人間の道を歩みました。神より劣る者には、神の敷いた人間の道や、途中に配置されているマイルストーンの正当性を認めたり、道の何たるかを教え導いたりすることはできません。もっと遠くに到達する可能性の有無や、未知の最終的な終着点がどこなのかも神以外にはわかりません。神より劣る何者かにそのような能力はないのです。誰もが最終的には同じ結末へと至りますが、どのような道をたどるかはわからず、道すじが物理的に示されることも、今も生きている聖体として顕れることもありませんが、それは常に完璧です。今も生きる聖体という証にはまだ展開していない深層があり、歴史上の人物として具現化し、死に、復活し、さらにアセンションしたことは今も私たちと共にあるのです。ある意味で、キリストは私たちの生命の展開そのものといえ、だとすれば私たちはキリストの真実なのです。歩みを進めていると度々キリストが現れることからも、そのことがわかります。人間は、キリストの通った道をこれまで繰り返し生きてきたのです。ただし、それを見抜く目を持っていなければ、そうだと気づくことができません。

キリストの具現化という出来事は、意識や自己とそれによる旅、旅の途中にあるマイルストーンや分岐点、さらには最終的な結末の意味すら変えてしまいます。私たちの旅路はどれも人間としてキリストが経験した意識の変容を引き継いでいるといえますが、変容が起きたのは、私たちには知る由のないキリストが存在する実存レベルでのことです。ほとんどの場合、旅路において知りそして経験するキリストは、私たち自身の自己の深奥なのですが、私たちのために存在するキリストは、個人として経験できる自己のレベルを越えたところにいます。「私たち自身よりもっと近くに」とは、そういう意味なのです。

後から振り返ってみなければわからないことではありますが、旅の重大局面は、キリストの死に際して私たちの意識とキリストの意識の間に一致点が生じた時に突然やってきます。一致点が生じるのは、意識が閾値つまり限界に達した瞬間であり、死の瞬間でもあるのと同時に、意識と無意識、自己と無自己の間に横たわる細い線を越えた時です。自己知と聖なるものの知の可能性を自己が消費し尽し、完成させる瞬間ということもできます。限界まで膨らませた風船が破裂するように、意識や自己はこの一瞬を最後に永遠に消えてしまいます。この時死ぬのは「誰」なのでしょうか。答えを理解するのは難しいかもしれませんが、死ぬのはキリストだけであり、その後に生じるのもまたキリストだけなのです。人間と聖なるものの間に橋をかけることができるのは、人間でもなければ自己や意識でもありません。キリストだけが父なる神（非顕現）の天国の住居を人間にもたらします。人間が永遠の住居を手に入れるためには、意識や自己をキリストの聖なる本質へと溶け込ませなければならず、それ以外に方法はありません。意識は地上の世界に存在する者たちのためにあり、意識を持つ地上の存在は究極的なビジョンに耐えられるようにはできていません。神を直視しながらこの世界に留まることができるというのは、誤った考えだといわざるを得ません。

キリストの死をたどり直すことは、意識を解消する方法の一つです。キリストの復活は神秘の身体という永遠の形が顕れることを意味しますが、神秘の身体は私たちの身体の真実でもあり、と同時に神と一つである「それ」の神秘でもあります。物質の身体は自己や意識ではなく、意識は身体の機能の一つにすぎません。私たちが経験している身体の構造や機能をすべて取り去ると、そこにはキリストの神秘の身体が聖なる形態としてあるとわかります。意識にしてみれば、この大いなる真実の前に立ちはだかる障害です。意識にしてみれば、身体は内的・非物質的な霊の一時的な殻あるいは住まいで、身体が死ぬと霊はそこから飛び出すと考えています。しかし、この物語からわかるのは、意識の経験と認識には制約があり、限られた視点から物事を見ていることです。この物語は最終的な真実ではありません。私たちが考えているような物質と霊、身体と魂などといった区別はないことが、キリストの復活によってわかるのです。意識が物質や霊だと見なしてきたものの本質は、私たちの考えとはまったく異なっているのです。物質や霊についてふだん私たちが考えていることは、現実でも真実でもないため、そのことはもっと多くの人が理解すべきだと思っています。先ほどもお話ししましたが、自己や意識を越えたところには説明のできない次元が広がっています。指し示すことができるものはすべて意識が経験したことですが、結局のところそれらは不正確で、限定的で、それだけを信じていると誤った方向に導かれてしまいます。

キリストの神秘の身体の本質は、私たちの身体の究極的な現実でもあります。神秘の身体が聖なる天、つまり非顕現の父なる神に居住しているように、キリストは顕れのすべてを父なる神という住居へと持ち帰ります。霊的な旅路の途中で、愛や至福を経験することはよく耳にしますが、絶対の三位一体の本質が顕れることについてはあまり聞きません。

三位一体が顕れるのは明らかにキリストの働きによるものです。キリストが明らかにした道を歩くことで至福や神とのワンネスを経験するのは確かですが、それだけではなく聖なるものの三位一体の本質の顕現へと導かれていきます。なぜかといえば、それがキリストの聖なる本質だからです。そうなった時に何が起きるのかはいずれわかるでしょうが、これこそキリスト教徒の道です。キリストの復活とは、キリストの神秘の身体、永遠の身体が顕現することです。アセンションとは非顕現の父なる神あるいは天国の状態が顕現することです。神秘の身体は永遠にここに居住しています。人類がそうなるためには、まずキリストと共に死ななければなりません。

2　キリスト教徒である私の歩み

はじめに

ここからは、私がこれまで歩んできたキリスト教徒の道における重要なマイルストーンについてお話ししていきたいと思います。いくつかの例外はありますが、これらのマイルストーンは後から振り返って、あるいは十分な距離を置いた時期になってから、非常に重要な経験であったこと、あるいは重要なターニングポイントだったとわかりました。距離を置き、離れた場所からの視点を持たずに、その瞬間の自分の経験の意味を見極めるのはとても難しいものです。また、過去のある時点で起こった経験に注目するというよりは、今という瞬間にその経験がどう影響しているかを捉えることがマイルストーンの本質ではないかと思っています。距離を置かずに、経験の直後に出来事を見ても起きたことの意味はわかりません。どの経験が重要だったのかについても、旅が終わった時に旅全体を見渡してみなければわからないのです。印象深い経験のすべてがマイルストーンだというわけでもなく、マイルストーンのすべてが印象深い経験だったかといえば、そういうわけでもありません。マイルストーンの中にはごくあっさりとしていて、すぐには重要性を認識できず、ずっと後になってようやくその意味が理解できた、ということもありました。マイルストーンとは、後から遡って出来事に対する認識を変化させることだといえるかもしれません。私たちの認識と神の認識には差があるのです。マイルストーンは不意にやってくる恩寵によってもたらされ、私たち自身が行うどのような行為にも起因しません。世の中には、すべての経験に説明をつけられると考える人や、人生でしてきたことや学んだことなどの外的環境によって道すじが変化すると考える人もいますが、そうであるならば現世での生活や行動を越えた何かは存在しないことになってしまいます。恩寵は外的な要因に依存せず、私たちがどのような人間かということとも関係ありません。恩寵は私たちを見張ったりしませんし、都合のよい時期を見計らうこともありません。道を照らしてくれる恩寵に私たちが従うのであって、できることはそれしかありません。恩寵は日常的によくあることではありません。受け入れ難いと感じる人もいるでしょうが、それが真実なのです。

内側の神

旅の始まりは、五歳の時に経験した圧倒的な出来事でした。内側から膨大な力が吹き込まれたように感じました。まるで私の内部にある風船に誰かが空気を入れたように感じたのです。「破裂しちゃう！」そう思うと恐ろしくなりました。この力は私を圧倒し、私という存在を吹き飛ばしてしまうように思えましたが、それが一体何なのかわかりませんでした。少なくとも破裂することはないとわかりましたが、その力が完全に私の内側から去ることはなく、その後もときどき何かの拍子に現れたことから、やがていつもそこにあるものだと思うようになりました。私自身の力ではないことはわかっていましたし、ふだんの経験では知り得ない次元に属するのだと思っていました。また、その力から特定の人物や存在であるような印象は受けず、形もありませんでした。神について度々耳にしていたことから、それが神なのではないかという考えが心をよぎることもありましたが、当初はそれが神だとは思いませんでした。ただ、ある日学校でシスターから「神はすべての内に宿る」という話を聞いた時に、この力が内側でぴょんと飛びはねたのです。私には「そうだ、その通りだ」といっているように思えたため、この力を神と結論し、父にそのことを話そうと急いで家に帰りました。しかし父は、「神は神の中にいるので、誰かが経験できるものではない」と私にいったのです。父のいう意味をよく理解できませんでしたが、いったんそういうものだと思うことにしました。ただ、その後も経験は続きました。この力は超然としていて、私個人に向けられたものには思えませんでしたが、畏敬の念を抱かせると同時に親しみのもてる教師のように感じるようになっていきました。詳細についてはここでは述べませんが、内的な反応に伴って風船に空気が足されたり、少し抜かれたりする感覚があったのがその理由です。いずれにせよ、旅の発端となったこの経験が大きなマイルストーンであったことに変わりなく、この力の本質を探すために旅が始まりました。それが私でないなら、一体何なのかを知りたかったのです。

手始めに、周りの大人たちに自分の内側にこのような力を感じたことがあるか聞いて回りました。私の話に理解を示してくれる人は誰もいなかったので、きっと大人は忘れてしまったのだろう、子供ならそのような経験をしているのではないかと思いました。疑問が湧くたび、私は父に質問をぶつけましたが、そうして得られた答えはその後の人生にとても役立ちました。ただし、父はどのような場合でも、人間が本当の神を経験できるとは明言せず、神は神自身の中にいるとして巧みにかわしていたように思います。とはいえ、この問題に関する父の答えは私にとっては大きな恵みになりました。自分の経験と距離を保つことを学べましたし、その力に圧倒されていない時は懐疑的な態度を取ることができたのは父のおかげです。力のことは忘れ、自分の道を行くことが最適な方針であると思えるようになったのです。ただ、力は時おり「こっちを向け！」とでもいっているかのように大きくなり、小さな子供にとっては完全に無視することはできませんでした。

当時の私は、この力を信頼できずにいました。その力が望むなら、私の人生を乗っ取って完全に私を消し去ってしまうだろうと思っていたのです。力は完全に私から独立していて、それ自体の生命を持ち、私とは別の意志によって動いているとわかっていたため、コントロールが効かなかったのです。その力に「使われている」ように感じることもあり、仮に意のままに動いたらどうなるかは想像もできませんでした。私がどう思おうがおかまいなしだったのです。六歳くらいの時、私の考えが証明される出来事がありました。この力は私の人生について独自の計画を持ち、特定の目的あるいは結末のために何かをさせようとしているのだとわかったのです。こういう人生にしたい、こちらの方向に進んでいきたいという私の思いは考慮されず、選択権がないとわかったのです。当然のことながら、この直感は自己にとって好ましいものではなく、多くの時間を使って直感は正しくなかったと確かめようとしましたが、結局それは私の願望にすぎないことがわかりました。

九歳の時に私が骨の病気にかかると、両親や周囲の人々はとても心配し、それによって私の頭の上には晴れない暗い雲ができました。詳しくはお話しませんが、本当の原因は医者の過失にあり、私にはそのことがわかっていたのですが、誰も私の訴えを聞いてくれませんでした。頭の上にかかっている正体不明の災いの雲は徐々に厚みを増し、一層暗くなり、低く垂れ下がってくるようになりました。内的な力は、雲がこれ以上垂れ下がって私に触れることがないよう押し戻そうとしているように感じました。ある日、私は神に助けを求めて祈りを捧げていたのですが、何のことはない、ただ天井に対して祈りを捧げているだけだということが瞬間的にわかったのです。さらに、仮に神が私の言葉を聞いていたとしても、きっと助けてはくれないと思いました。私は注意を内側に向け、その時すでに四年のつき合いになっていた友に向かって、初めて私の望みを伝えると共に信頼していると伝えました。内なる友に目を向けると、私自身の真ん中にいるように感じましたが、その光はゆっくりと消えていき、完全に消えてしまうその瞬間、大きな黒い穴に変わってしまったのです。頭上の黒い雲が頭に触れると私の内と外を満たし、気を失ってしまいました。

三日後、奇跡的に意識をとり戻しましたが、それから十八か月の間内なる友が現れることはありませんでした。ここぞという時に期待を裏切ったこの力に対し、私は憎しみにも似た感情を抱きましたが、内側にいたはずの力はもういなかったため、憎むことも、怒りを向けることもできません。とはいえ私の感情は消散したわけではなく、空虚さと大きな寂しさ、そして神秘的な力にまた会いたいという憧憬を抱かせたのです。九歳にして見捨てられたことは、私の人生で最も悲劇的かつ大きな試練だったと今でも思っています。今振り返ってもこの出来事は年齢に不相応で、神は限界を押し広げ過ぎたのではないかと思うほどです。この出来事によって、神の御業というのは人間に対するある種の情報収集なのではないか、神は人間の限界をどのくらいまで広げられるかテストしているのではないかと考えるようになりました。もちろん目的は限界という枠、あるいは線を引き直すことで、神はそのために情報を収集しているのです。しかしだからこそ、内的な力が後に戻ってくるという奇跡もあったのだと思います（詳細は述べません）。そうでなければ、この経験はずっと前に終わっていたかもしれません。

骨の病気だったこともあり、治癒祈願のため父はメキシコのグアダルーペの聖母教会に私を連れていきました。父は祈願に手応えを感じて治癒を確信したため、病との戦いは以前より希望に満ちたものになりました。私はそれ以降、それまで神と内的な力に誓っていた忠誠を聖母マリアへと向けるようになりましたが、そのことは私に幸せをもたらしました。神が私を見捨てて以来、祈りを捧げることは一度もありませんでした。祈ったところで、結局のところ神はしたいようにするのだから、時間の無駄だと思っていたのです。しかし聖母マリアは、私たちのためにいつでも奇跡を起こしてくれるのです。こうして、私の内にあった力が神だったかもしれないと考えることはなくなりました。神は来ては去るようなものではないし、暗い穴の中から出ることはほとんどないのです。神に接触しようと試みたこともありましたが、試みたその場所以外で神と接触することは不可能だとわかりました。一方、教会には聖母と明るい見通しがありました。いずれ私の身体は良くなるとわかっていましたが、両親は私の健康を祈り、神に会いたいという私の願いは聖母が請け合ってくれました。

内在し超越する神と、器としてのキリスト

私は毎日期待しながら待ちましたが、聖母との約束が叶えられるまでには一年ほど待つ必要がありました。イースターの月曜日、シエラ山に登った時のことです。辺りの景色は目を見張るほど素晴らしく、それまでの人生の中でも最高の経験ができました。私を取り巻く自然の美しさがきらめく閃光となって、目が見えなくなってしまったように思えました。その後、何週間もの間、世界は空っぽで何もありませんでした。その時に見た景色の記憶の中だけに生きているようだったからです。しかし強烈な記憶は徐々に薄らぎ、やがて元通りの生活が戻ってきたのです。

強い印象を残したこの出来事の影響か、以前感じていた内的な力が再び現れてきました。消失してから十八か月経っていたため、また戻ってくるとはまったく予想していませんでした。再来を感じると、怒りや非難、不信感が生じました。自然の木々の中に神を見ていた私は、内的なこの力が神でないとわかっていたため、力に対して信仰心を持つことはもうありませんでした。代わりに聖母マリアに意識を向け、力の存在は無視することにしたのです。内的な力を信頼できずにいたのとは対照的に、森の中にいるとすぐに神を認識でき、そのことに一切の疑問も感じませんでした。恐らく、力に対して「神」という標識を

つけたのは知性だったのでしょう。常に疑いを感じる対象を神だと信じることはできません。疑念の対象を信仰することも、信頼することもできません。ですから内的な力は神秘として残りはしたものの、心から信頼するわけではありませんでした。しかしもしこのパワーが私でも神でもないなら、他の何だというのでしょう？　それ以外に内在するものはなかったので、私か神のどちらかだと考えるしかありませんでした。こうして真実を求める旅は、その後も続いたのです。

ちょうどその頃のことです。父はとうとう「聖人たちは神を経験した」と認めたのです。「ただ」と前置きして父はこう続けました。「その目的は唯一、信仰心を高めることにあった」。父のこの言葉によって、聖人たちは信仰心が低かったためそのような経験をしたのだ、神の経験は弱さの象徴だと思うようになったのです。これがきっかけで疑い深い態度が醸成され、私はスピリチュアルな経験を嫌うようにもなりました。神は来ては去るようなものではなく、経験と呼べるようなものを越えて残る「それ」だけが神であることに確信を持ちました。十分とはいえないまでも、私はとうとう探し求めていた神に出会えたのです。やがて、経験に対して懐疑的な人は、運命的な経験をしても差し支えないと考えるようになりました。適切な距離を保ち、非経験的な聖なるもの（裸の信仰のような）の下支えがないと、経験は落とし穴となり誤った方向へと導かれてしまう可能性があります。もし、真実を知ることができるのが永遠に「高い精神性を持つ者」だけだというなら、この世ではなく天においてしか真実は経験できないことになります。しかし、人間が天国を見たり聞いたりできないのと同じように、究極的な天の住居からこの世界について見聞きすることもできないのです。

このような結論を手にしたにもかかわらず、内的な力を無視することは簡単ではなくなっていました。力は私の信頼を取り戻そうとし、疑念と抵抗を取り去ろうとしている、力が神であるという印象を与えようとしているとすら思えたのです。当然、信用する気にはなれませんでした。信じるやいなや、以前と同じように消えてしまうことがわかっていたからです。しかし力は決して小さくなく、私を打ち負かし、神ではないという疑いを一時的にせよ拭い去るのに成功したこともありました。力を無視しようという奮闘は四年に渡り、その四年の間には他の要因もありました。私自身の中に外的な他人に向ける自己と、より深いところにあって他人は知ることも見ることもできない「本当の」自己がありました。本当の自己の主な関心事は、真実や神を探すこと、自らの経験の意味を理解することでした。内的な力を私の本当の自己だと思ったことは一度もありません。前にも述べたように、その

奮闘の要因は他にもありました。その四年の間には他の要因[4]もまた同時に進行していました。

(4) 奮闘の原因の一つは、身をもって体験した神と、概念としての神の違いにありました。両者は、次元も経験も認識も別だったからです。隔たりを埋めるためには統合することが必要でしたが、最終的にはこの矛盾を解決できるのは神だけであって、私がすべきことではないのです。

力は独立していて、自らの意志で去り、そして戻ってきたのです。そのことに疑いの余地はありません。自分の人生を生きるには、全力でこの力を無視しなければなりませんでした。本当の自己は社会生活やこの世界にあまり関心がなく、ほとんどの時間を一人で過ごし、自然の中に身を置いたり、音楽を聞いたり本を読んで過ごすことを好みました。もし、力から逃れて支配権をとり戻し優位に立つことができていたら、私は洞窟の中で隠れるように生活したかもしれません。もちろん、どの程度まで実行するかという問題はありますが。

奮闘を強いられた二つ目の要因は宗教的なものでした。ある時、私はキリストが神であると心の底から信じているわけではないことに気づいたのです。私が経験していた神はキリストとは関わりがなく、歴史上のキリストは絶対的なすべてであり遍在するという考え方は、私にとっては到底信じ難く、強い衝撃となって私を襲いました。どうしたらそんなことがまかり通るのか不思議でなりませんでした。キリストの人生や、神を明らかにするために人間界へと送りこまれたことはいいとしても、全能な何者かが一人の人間の中に閉じこめられ、この世界で生活することなどあり得ないと思ったのです。私を繋ぎ止めたのはキリストの聖体でした。もし、聖体がなければキリストを完全に拒絶していたかもしれず、キリスト教徒でいることもできなかったでしょうが、聖体という形のキリストはすんなりと受け入れることができたのです。神秘のキリスト、聖体のキリストに注目することで、二千年前に地上を歩いた男性という個を持つ人間のイメージを持たずに済みました。キリストが神ではないのなら、個人として存在したとしても大した問題ではないと考えるようになりました。(5)

キリストについてはその他にも気になることがありました。彼が悲惨な死に方をしたのは、私たちを罪から救うためだという考えは完全に本末転倒で、信じられないと思いました。私は自分を罪深いと感じたことはなかったし、私の周りにいる人のことも罪人だなどとは思いませんでした。キリストが肉体をまとったのは罪によるという考えは、私にとって信じ難いものだったのです。しかし、このような疑問も生じました。「キリストが人間

（5）子供の頃はゴスペルの練習に参加していましたが、私自身の探求とはかけ離れた内容であったことや、関わりを持ちすぎたこともあり、やがてすっかり興味を失ってしまいました。十二歳で旧約聖書の部分を担当した時は、我慢比べをしているように思えるほど苦痛でした。ゴスペルに登場する神は私が知っていた神とは似ても似つかず、そのことは幼い私の心に衝撃を与えました。キリスト教において神は擬人化され、人間に生まれたキリストは神であるようなイメージが定着していますが、こうしたイメージは旧約聖書で読んだ聖なるキリストとはまったく異なっていたのです。宗教理論や一般的なイメージ、神学などの影響を受ける前に、個人的な経験から神を見つけることができたのは幸いだったかもしれません。神は世間で信じられている神のイメージを超越しています。神について学ぶうち、理性的で、概念的で、歴史的な神のイメージを知って身動きが取れなくなったこともありました。このような神と、私が経験した神は両極端ともいえるもので、やがて袋小路に入ってしまい、逃げ道がなくなり、完全に神を見失ってしまいました。そうした事情とは関係なく、キリストの人生において起きた出来事や死、復活、アセンション、そして聖体という人間として顕れた神としてのキリストに、ゴスペルを通じて向き合わなければなりませんでした。

の罪のために死んだのでなかったとしたら、なぜ死ななければならなかったのだろう？」。別の機会にもお話ししたことがありますが、ある時、教会へ行きキリストに質問を投げかけたことがありました。答えが返ってくることは恐らくないだろうと思ったのですが、それでも静かに待っていると確かに何かがやってきたのです。それは私を捉えると、「キリストの死の本当の悲劇は、誰もその意味を理解していないことだ」と伝えてきました。そこに悲劇的な感情はありませんでした。しばらく呆然とし、深遠な神秘の感覚はその後も私から離れることはありませんでした。同時に、キリストの死の本当の理由や目的は罪ではないと確信したのです。その証拠はどこかに残されているはずで、それが明らかになるのを待っていると思いました。[6]

それ以降、十字架を見るたびに深遠な神秘の感覚は新たになり、神の本質や目的を探し出そうという気持ちを確認することになりました。

この時、私は十一歳で、その後の四年間、私は本当にキリスト教徒なのか、今後もそうあり続けられるのかという疑問を持ち続けることになりました。キリスト教について父より深い知識を持っている人物を知りませんでしたが、このことについては父と話し合う気にはなれませんでした。父の本棚には教会の歴史、昔の教父や神学、特に聖トマスについてなど、聖者や神秘主義者に関する本があふれていましたから、生涯を通じてカトリックの教えに愛情を抱いていたように思います。修道会の法律家をしていた父は歴史ある書物に触れる機会も多く、教会法については教会法の学者よりも深い知識を得ることができたと話していました。そのようなこともあって、信仰については父以上に良い話し相手はいなかったのです。私自身もカトリックの学校に十二年通って宗教教育を受けましたが、どうやって最後まで耐えれば良いかわからないほど退屈でした。

ある日のこと、父と話していた私は洗礼を受けたにもかかわらず信仰という贈り物を受け取っていないと主張したことがありました。自分の信仰心は本物だろうかと疑っていたことから、洗礼を受けることに意味はあるのだろうか思ったのです。このような議論の際、私はとても大胆でしたが、父も迎え撃ちました。憤慨した様子で「確たる信仰心を持っていない者に贈り物をする価値があるのか？」と逆に問いただし、私の鼻を明かしたのです。これに対し、私は冷静にこう質問しました。「意見を戦わせる中で、心からその通りだと思えることもあったし、そうではないこともあった。全体としては賛同できることの方が多く、私にとってそれは恵みとなった。ただ、『縫い目のない衣類』［訳注：ヨハネ19：23］が意味するのは、全幅の信頼でないならまったく信じていないのと同じということではな

（6）どういうわけか、キリストを襲った悲劇の本当の意味は理解されていません。彼の死は私たちの罪のせいだとして私たち自身を断罪することは、贖罪という考えがある人々にとって慰めになるからだと思うこともできますが、この考え方自体が悲劇だとずっと感じてきました。キリストは自らの変容をもって私たちを「救い」ましたが、天国への道はそれ以外になかったからなのです。

いか。ほとんどの点で教会を信じたとしても、わずかでも信じられない点があったらキリスト教徒ではないことになってしまうのか」。すると父は迷うことなく断固とした口ぶりで、食卓を叩いてこういいました。「教会は信仰という神秘を理解しろとはいっていない。信仰心をもって実践してほしいといっているだけだ。実践しないことには理解などできるはずがない。理解したければ実践するしかない。実践あるのみだ」。こう言うと父は何事もなかったかのように食事に戻り、その後は黙ったままでした。予想もしないこの答えは私の心を喜びで満たしました。この言葉を心から信じ、納得したのです。これ以降、自分がキリスト教徒であるかどうかという疑いを持つことはなく、ただキリスト教徒になることが目標となったのです。信仰は過程であり、最初から完全な信仰心を持っているわけではなく、自分自身を信者だと決める必要もありません。父のこの言葉がきっかけで、いつの日か「私はキリスト教徒だ」と迷いなく思えるようになる、その希望を胸にキリスト教を真剣に実践するようになったのです。

十一歳から十五歳の間の奮闘は、それまでの三倍は厳しいものでした。内的な力を信用しないようにする努力が続いていたというのが要因の一つです。表面的な自己と本当の自己の間の綱引きも続いていましたが、信仰心というより知性面での問題だったことを述べておきたいと思います。この期間は人生で唯一、内的な二分を経験した期間であると同時に、別々の方向へと引っ張られることで逆に内的な統合の必要性を感じた時期でもありました。

十五歳の時、大きな前進の機会がやってきました。今後向かうべき方向を直感し理解したのです。神は神自身の中にあり、かつ人間にできる経験を超越したところにいるのなら、まずは私の中にいる神を通り抜ければいいのではないかと思ったのです。どういうことかというと、私にできるのはただ経験につき従うことであり、抵抗すること、奮闘や闘争、疑念に基づいて探求するといった一切をやめるのです。こうしたことはすべて、人間として経験しながら神に行き着く旅の前進を妨げるからです。旅の歩みを進めるためには、内的な力は神であると信じ、より深い自己と共に歩み、キリストを心から信仰しなければなりません。キリストの道は神に至る道そのもので、神は私たちを越えた神自身の中にいます。私にできるのは自分の経験に従うこと、神を信頼することであって、それが経験を超越した神への道なのです。私はこの直感に確信を持つと同時に、落胆と屈辱も感じていました。苦労して高い山に登り、山頂でアセンションの瞬間を今か今かと待っていたのに、突然神が現れたかと思うと、山を下りて別の山に登らなければならないといわれたようなものだったからです。仕方なく、せっかく登った山を下り、地球を一周するのかと思えるほどの距離を歩いて、また別の山に登らなければならないように思いました。もちろん私にとって良い知らせではありませんでした。経験に従って歩むことには、きっとたくさんの困難が待ち受けているのだろうという予感はありましたが、果たしてその通りになりました。加えて、神はあらゆる経験を越えたところにあるという知が登山の道程をさらに困難なものにしたのです。神は経験を越えているとわかっていながらあえて経験をすることは、神を諦めることにはなりはしないか、とも思いました。行く手には困難が待ち受けていると想定されるのだから、歩き出すのをやめておくというのも一つの手ではあります。ただ、実際にそうできるかは別問題です。この時にわかったのは、神に行き着くには近道も、手っ取り早い方法もないということです。人間として経験すべきを経験し、歩むべき道を歩み、可能性を十分に生きる他にはありませんでした。

その数か月後、また別のマイルストーンに遭遇した際には、いよいよ取り掛かるべき時がきたと確信しました。まず「内在」する神、私の内側で経験していた神と、森の中にいた私の外側にいる「超越」した神は、顕れ方が違うだけで実際には同じだということがわかりました。顕れ方が違うために、異なる経験となるのです。内側に感じていた神は私を超越した神と同じですが、内在する神が自己による経験であるため主観的であるのに対して、外在する神は自己を越えているのです。そのため自己にとっては、神は姿を隠しているかのように非経験的なのです。どちらも同じ神なのですが、自己が「内的に」経験する神は、最終的にあらゆる自己を越えると、その神もまた変化するのです。別の言葉で説明しましょう。すべては神の内にあるのですから、すべての内に神が宿っています。風船を満たしている空気は、風船の外側の空気と同じです。これを知って私の心は躍りましたが、数日すると神性の外側にとり残されてしまっているとわかり、ふくらんだ心はすっかりしぼんでしまいました。神は内にも外にもいるのなら「私」はどこにいればいいのでしょう？神にとって「私」は完全に不必要で、取るに足りない存在だということがわかりました。永遠の生命を自分の手中に収めているのは「私」ではありません。私とは、一時的に現れてはまたすぐに通り過ぎていく永続的な創造の非永続的な器（ちょうど風船のように）であって、それ以上のものではありません。本物の生命や神とのつながりを「私」は持っていないのだという感覚は恐ろしく、そんなことは間違っていると思ったほどです。人生で初めて助けを求める祈りを捧げました。

答えは次のマイルストーンとしてやってきました。この点についてはっきりとした洞察を得ることができたのです。鍵は三位一体にありました。超越的で外にある父なる神と、内にある聖霊との間にキリストがいたのです。キリストという器は、私たち全員のために中間地点に立っているのです。人間としてのキリストの使命はそこにあったのです。キリストがいなければ、被創造物である器と、非創造である内的で超越的な聖なるものとのワンネスは実現できません。キリストがいなければ被創造物も存在できないのです。キリストがいなければ内在と超越の間という場所すらなく、三位一体という神性も意味を成しません。キリストは内と外、内在する聖なるものと超越的な聖なるものつなぐ器だったのです。彼と同じ位置に到達するには、キリストの歩いた道をたどり、まずは人間としての完全さに達しなければなりません。私たちの生命を神性へ至る旅に捧げ尽すのです。この洞察によって突破口を得たことは、キリストに「救われた」と思える唯一の出来事となりました。救われたのは私だけでなく、弱さを持つあらゆる物事を、キリストはこのようにして救ったのだと思いました。このような突破口は神の顕現でもあるわけですが、常に「私」だけに当てはまるのではない普遍性があります。少なくとも私が遭遇した真実は「個人的」ではなく、個人的でないことが顕現の本質のように思えたのです。神の顕現が私たちを越えているのは当然として、私たちがどれほど途方もない想像をしたところで到底及びもつきません。そのようなところから明らかになる真実は、誰にも当てはまるのです。私は私の旅路を「個人的」出来事として受け止めたことはなく、誰の旅路においても真実だと考えてきましたが、そこにはこのような理由があるのです。キリストに関する洞察を得たこのマイルストーンは非常に強力で、人生において他にどのような難題に直面していようと、すべて帳消しにしてしまうほどの威力がありました。これをきっかけに、旅路はずっと先へと続いているとわかったのと同時に、真剣に取り組むべきものとなりました。

キリストについて得たこの最初の洞察は、なぜ私がキリストではなく神の内在を経験してきたのかという問題を解消してくれました。私は歴史上の人物であるキリストがたどったのと同じ道を歩いていたのです。キリストはキリストの内在ではなく神の内在を感じていました。キリストは神を父と呼びましたが、もしキリストが彼自身の内在を経験していたなら「私は自分と一つだ」といったでしょうし、自分を「父」と呼んだかもしれません。しかし、仮にキリストが父なる神なのであれば、「キリスト」と「父」を呼び分ける必要はなく、そうであるなら三位一体も重要でないことになります。人間の経験には三位一体と同様、顕現と非顕現のような区別がありますが、「逆もまた真なり」は、これには当てはまらないのです。人間という形態において神を経験するのは意識ですが、意識は神性の三位一体やその真実を理解できません。意識にできるのは真実を「映し出す」ことだけであって、捉えることはできないのです。キリストは父なる神と一つであったことや、父に祈ったこと、父によって送り込まれたと証言していたことは誰でも知っています。つまりキリストは人間として、私たちと同じように神を経験していたのです。キリストは私たちと同じように、内在する聖なるものを経験していました。キリストがどのようなことを内的に経験していたか、この洞察からはっきりと理解でき、それによって私の終着点もまたキリストと同じであること、つまり神あるいは父なる神とのワンネスを持続的に経験することだと、わかったのです。

また、キリストにつき従って同じ道を歩むことは、キリストと同じ内的経験をするという意味だということもわかりました。外的に表現された生命の動きではなく、内的な動きに従うのです。キリストと同じ視点から見、同じように行動するためにはそれしかありません。上着を着るようにキリストを身につけることなどできませんし、行動を真似したところで「何よりもまず神を愛せ」という第一の戒律に従うことはできません。神を愛することは、キリストの生命の内側で起きていたことと、彼が経験した神を理解する唯一の鍵なのです。初めのうちは自分を鍛え徳を積むことで愛を目指すしかありませんが、初心者とはいえない段階に達したら、自己鍛錬やエゴセルフを抑制することによってではなく、愛から自然に徳が流れ出すようになるのです。父なる神を深く愛するキリストにとってはそれが何よりも優先されていたこと、隣人への愛も含めつけ足しに過ぎなかったと理解することができました。

なぜかはわかりませんが、このように優先度を理解することは黙想者特有の理解のようで、黙想者とそれ以外の人々とを区別する方法にもなります。黙想者ではない人は、二つのこと、つまり神に奉仕しながらこの世界で生きることを同時にしようと努力し、そうすることが神と融合する速度をゆるめています。一方の黙想者は、比較的早く神との融合に至りますが、それは当初から神に関することと、人間的な事柄に関わることは別々の問題だという認識しているからです。黙想者は神への愛が事前に最重要だと思えるようになるまで戒律に従うため、黙想者以外の人々より早く旅路を進んでいくことができます。

変容の過程：魂の暗夜

三番目のマイルストーンはありきたりともいえるようなもので、二年ほど道を歩いた後、避けようのない出来事としてやって来ました。内在する聖なるもの（内的な神）が突然消えてしまい、再びブラックホールだけが残ったのです。マインドに雲がかかったようになり、普段と同じようには機能しなくなってしまいました。この時、私は十七歳で、八年前と同じ事態に直面していることがわかっていました。気を失うことはありませんでしたが、平静を保ち、何があろうと尻込みせずに踏み留まると強く心に決めていました。ブラックホールのような暗い穴の底まで降りていき、それは神なのだろうか、もし存在のすべてだとしたら道を譲るべきなのか、見定めようと思っていました。ただ、それが何なのかを事前に予測するのは難しく、根本的な意識の変容、いわゆる「魂の暗夜」の前触れだと感じていました。この経験は、聖なるものは失われ消えてしまったという考えを私たちにもたらそうとするものですが、実際に失われるのは自己中心（エゴ）だけです。

旅のこの地点に差し掛かるまでには、知らず知らずのうちに自己中心や存在の基盤から聖なるものを経験しているものですが、最も深い部分にある不変の「生命」そして「存在」を経験するためにその聖なるものが自己中心を打ち砕きます。当初、空っぽの中心には自己もないように思えますが、もっとはっきりとした顕現によって「本当の自己」である未知の自己は聖なるものと一つであることを発見するのです。自己中心を喪失してから二年ほど経過した頃に起きた最後の合一の顕現は、変容あるいは順応の過程の終了でもあり、新たな人生の始まりになりました。私にとって、終着点は合一の状態といった「状態」に到達することではなく、神に気づき続けることでした。何をしていようと、何を考えていようと、変わらず中断することなく神に気づき続けていることです。神への完全な愛、自己がないことが私にとっての終着地だったのです。合一がこのように顕れることは驚きでもありましたが、誰にとってもそうなのかもしれません。その場所から後ろを振り返ってみると、それまでの道程やマイルストーンが見えましたが、先に延びる道は見えませんでした。聖なるものとの不変の融合に到達すると、それ以外に欲しいものはもうありませんでした。もっと深い聖なる中心は地球上には存在しないように思えました。やり残したことは日常生活において合一状態を生きること以外、何もありませんでした。

日常生活

合一状態では、通常の自己つまり非永続的な現象の自己がするいかなる経験ももはや問題ではなくなります。経験することが神に気づき続けるのを妨げたり、永遠の生命と関わり続けるのを妨げることもありません。私の内部に統合していない何かを感じることはなく、現象として現れている自己がどうであろうと、一切気にならないのです。合一状態に到達する前は、表面的な現象の自己を変えようと躍起になっていましたが、現象の自己は聖なるものによって変容したものとは別の領域にあり、変容によって影響を受けてさえいないのです。変容を経験するのはもっと深いところにある未知の自己、あるいは「本当の」自己です。聖なるものと不変のワンネスを経験するのは、そのような自己です。この事実が驚きとなって合一状態に顕れたのです。現象の自己、つまり一般的な自己が変容するのだと思っていましたが、非永続的な自己は変容などしないとわかったのです。気づくのが遅すぎたといえばそれまでですが、表面的な自己を変えようと躍起になっていたのは、よりよい自己を求めるがゆえだったと納得する以外ありません。

新しい自己と新しい人生の感覚があるとしたら、一体どこがそれまでと違うのでしょうか。合一状態の前は、気づかないうちに「合一に到達する」という意図を持っていましたが、今となっては、目標や何かを得るための努力が成長を促したり、変容を助けることはありません。と同時に、合一状態を維持するために必要なものもありません。聖なる中心にあり、それ以上に深い内的な場所はないのです。内的な中心に向かう動きは終わりました。合一の中心は愛に基づく生命の本質そのもので、外側に向かい続ける膨大な広がりでもあります。いったん合一状態になると旅は向きを変え、今度は外へと向かって神の愛を拡大するようになります。深く、もっと深く降りていく旅が終わると、外に向かう旅が始まるのです。

このようなターニングポイントに差し掛かり、新しい方向性についてあれこれ考えていた時、キリストのいう「神の神性さから遠ざかる」とは、このことではないかと思いました。人間に神を顕し、家に帰る道を示すには現象の自己を完全に受け入れなければならないのです。もちろん、キリストが遠ざけたのは聖なるものではなく、天国の状態あるいは経験です。私にとってこれは至上の聖なるものの喪失を意味していました。聖なるものが終わると、そこにはシンプルな合一の経験だけがありました。キリストと同じ道を行くには、聖なるものという経験を諦めなければならないこと、そして神への純粋な愛から非永続の現象の自己を完全に受け入れ、神への奉仕に捧げるしかないことがわかりました。ただし、私が神の経験を喪失あるいは諦めることと、キリストが天国の状態を喪失することは比較になりません。こうして私はすべきことを理解し、キリストにつき従うことを望んだのです。ただ、キリストが人間への愛からそうしたのとは異なり、私はただ神を愛することだけを目的としてそう決めたのです。他人への愛によって神の経験を放棄しようと思ったのでないことはお伝えしておかなければなりません。神だけが私たちを「救い」、「変容」させ、恩寵を与えます。本質的な部分において私が誰かを助けることはできませんが、だとしたら私に与えられた使命とはどのようなことなのでしょう。使命など何もないように思えましたが、持てる可能性のすべてをもって合一した生命を生きること、それ以外にないように思えました。つまり、そのように生きてみるまでは本当にそうなのかどうかもわからないのです。

経験を手放すことについてお話ししておきたいと思います。合一状態では、現象の自己がまるでない状態が可能になります。外の世界で起きていることに気を取られていなければいつでも、時にはそのような場合でも、現象の自己がまったくない状態になることができます。これは旅路のこの段階で可能になることの一つです。合一状態は不可逆で、自分から放棄することはできず、いったんそうなってしまえばそれを維持しようとする必要もありません。祈りを捧げたり瞑想をしたり、ただ沈黙しているのとはこの点が大きく異ります。外の世界では何かの作業をしているかもしれないし、心配事がある場合もあるでしょうが、そうしたことが合一状態に影響を与えることはなく、合一状態がすべてになります。時折、現象の自己をまったく経験しない状態、つまり無自己になることもあります。合一状態を完全に理解するとそうなるようで、超越的で最終的な至福を垣間見たり、その前触れらしきことが起こることもありました。そこには自己経験も自己知もありません。ただし、こうした状態は外の世界で継続している日常生活とは両立しないように思われました。死んでしまうのでない限り、現象の自己の経験は必然的に生じることを考えると、どうやってそこから抜け出せばいいのかわかりませんでした。まだ二十代前半でしたから、すぐに自分が死ぬようにも思えず、かといって地上では天国を経験することもできそうにありませんでした。であるなら、内的な経験を手放し、現象の自己による経験と、地上ですべき経験のすべてを心の底から抱きしめようと思ったのです。繰り返しになりますが、私がしたかったのは、ただ神を愛することだけであり、自己による望みは一切ありませんでした。天国の経験や恩寵も欲しいとは思いませんでした。十字架のヨハネがかつて述べたように、何かを得るために自分を神に捧げたわけではなく、見返りなくただ与えたかったのです。

至福を手放し、望みもしないとしたら、その代わりに何が待ち構えているのかわかりませんでしたが、社会の一員となってスピリチュアルなあれこれに関わり忙しくしているうちに、内的世界は最大の関心事ではなくなるだろう、そうしてわかることもきっとあるのだろうと思いました。約一年そうしてみましたが、はっきりとわかるような変化はなく、それまでと同じように意識は沈み込むように、あるいは脱落するかのように引っ張られ（何がそうしているのかはわかりませんでしたが）、引っ張られないようにしようという努力に効果はありませんでした。一年経った頃、突然わかったことがありました。神は私に、自己の喪失を認めさせようとしていたのです。旅路を歩くうちに学んだのは、何かを神に差し出すと、それとは別のものを召されるということでした。自ら差し出すものではなく、神が受け取ったものが変容のきっかけをつくるのです。この時は、神が私の捧げものを受け入れようとしていることがわかりましたが、すぐに疑問が生じました。それは旅を前進させるのか、それとも後退させるのかわからなかったのです。旅全体を見渡せるようになり、自己の喪失は必要不可欠な前進のための一方だったとわかるのは、まだまだ先のことでした。ただその時は神への強い愛から勇敢に、いかなる見返りも求めず、先入観のない信仰心から神に奉仕すべく、すべての経験を犠牲にしようと思ったのです。

自己から遮断されるという大きなマイルストーンのことは、二つの部分から成っていました。最初の部分は、その前に起きた神の「消滅」と似ているようで、実はまったく違っていました。もう何年も、聖なる中心はこれまでになくはっきりとしていて、顔の前にある手よりもっと明瞭に見通すことができましたが、今内側を見てみると、それはだんだんと薄れてしまいます。不安を感じたかどうかは覚えていませんが、一瞬息をするのを忘れ、とにかくしばらく待つことにしました。少しずつ薄暗くなり、消えていく途中でそれがやみ、そのままでいるようでした。途方もないことが起こるわけではないとわかりましたが、神は「地下」へと潜るか見えにくくなるだけであるように思えました。もしそうなれば、自分を満足させるためでなく神だけのために生きることができます。神に見返りを求めるなら、まだ自己がいるのです。つまり光が薄れるのは自己が薄らぐからであり、神が薄らぐからではありません。神が増すと自己が減少します。自己が減少すると喜びは少なくなります。このからくりには気づいていましたが、その後どうなるのかはわかりませんでした。わかっていたのは、私がそう望んだこと、そして神が受け入れたことだけでした。(7)

マイルストーンの後半は次のようなものでした。光は徐々に暗くなり、光自身がそうと決めた程度にまで薄らぐと、今度は爆発としかいいようのない閃光を発したのです。キリストについて簡単にいうと、キリストは私の深奥の未知の自己、私の未知の「それ」であり、神と一つです。主観からキリストを見ていると、そのことに気づけません。キリストを私に引き寄せて「私はキリストである」という経験をするのではなく、私の実存や存在がキリストだとわかるのです。この神秘は頭では把握できず、洞察を得ることでしか確証を持つことができません。同時に、重荷にも似た責任が課せられるのを感じました。このような知識を携えつつ生活するのは不可能にも思えましたが、閃くように理解したことがありました。キリストについて私が知っていることは、常にどこか他人事で、私自身キリストのように生きようと思ったこともなく、そのような現実を生きるなど想像したことはありませんでしたが、日常生活を送る中で直感したのは、想像するのではなく経験から理解するしかないということだったのです。

この出来事によって現象の自己の経験が変化することはありませんでしたが、私の内部の「それ」は神を愛し、神と一つで（生命の炎）、「それ」がキリストであることはわかっていました。神と一つになるのは私や現象の自己ではなく、キリストだけです。ですからキリストは合一状態の神秘のすべてであり、神とのワンネスはキリストの「経験」と「現実」です。経験は私のものでもありますが、その基盤となる神とのワンネスはキリストに属するのです。

次のマイルストーンまでには二十年の月日が流れました。内的に燃える炎を表現するための出口を常に探していたのですが、その試みはことごとく失敗しました。理由は何であれ、愛や合一、そして聖なるものと本当の自己という内的な炎は、満足のいく表現方法を見つけることができなかったのです。しばらくするうちに、満足のいく出口を見つけたとしてもきっと自己満足なのだろうとわかりました。自我が少ない状態では、自己満足のために何かをするなどあり得ません。たとえそうだとしても、内的な炎を適切に表現する方法を見つけられないことは、喉に刺さった魚の骨のように私を悩ませました。合一状態はすばらしく、包容力に富み怖れはなく、気高く、勇敢な行動をすることもできます。にもかかわらず何もしないのでは満足は得られません。何度も何度も、自分自身に向かって「たった一つでも、魂を救うことはできたのか？」と問いかけましたが、その答えは常に悲しみを湛えた「ノー」でした。表現方法を常に探しながらも、何かしたところで私にできるのは一時的かつ表面的でしかないこともわかっていました。人々が必要としているのは罪から解放されることで、そのためには深遠な変容が必要です。しかし、私にそのような変化を起こすことはできませんから、何をしたところで結局はその場しのぎにすぎないのです。じくじたる思いはありつつも、深遠で継続的な恩恵を誰かに与えることなどできない

(7) 経験豊富な黙想者から、合一から社会生活を送ることを「自己の暗夜」(「魂の暗夜」に倣って)と呼んではどうかという提案がありました。魂の暗夜では神が消えてしまいますが、自己の暗夜では自己が徐々に薄らぎ、最終的には去ってしまいます。

ことも、また事実だったのです。(8)

このことは旅路を歩むうちに発見した中でも飛びぬけた現象をもたらしました。知る由もない方法で自己の感覚のすべてが死んでいくのがわかり、時にはそれを目にすることさえあったのです。自己が死に向かうといっても、現象の自己が死ぬのではなく、深奥の合一の領域にある「存在」や「生命」が死んでいくのです。これがどのような感じか言葉で説明しようと思ったことはなく、説明したところできっとわかってもらえないでしょう。このような経験は、合一を長年経験した後でなければ理解できません。自己のためにではなく神と他者への善のためだけに生きてこそわかる感覚です。自我はなく、自分の利益を考えないことが当然になり、自分自身のために生きているのではなく、自分のことを考えようとしても咄嗟にはできず、やがてまったくそうできなくなっていきます。自分のことを考えようにも、自分がもうそこにいないのです。自己という深い感覚が徐々に薄れていき、最後には完全に去ってしまいます。残されるのは別の誰かが目にするものだけなのです。他にも気づいたことがあります。状況への反応として、エネルギーや感情が自発的に生じることがありましたが、自己がなくなるとそのような動きや反応もまた生じなくなります。与える日々を長く過ごしていると、何かを持つことも、守ることもなくなり、現象の自己の反応がまったくなくなっていきます。

当初はこれが前進なのか後退なのかわかりませんでしたが、どのようなしくみで働いているか垣間見たことがありました。聖なる炎は中心から外側に向かって徐々に自己を消費していきます。また自己に基づくのではない行動によって、最深部に根差す未知の自己の塊が失われていき、炎の中に消えていきます。自己は外から内に向かって失われていくのではなく、内から外に向かって消えていきます。消えていくのは現象の、表面的な自己ではなく、最深部の未知の自己です。徐々に消えていくことは聖なる営みそのものでした。自分でそうしようと思ったところで、自分ではアクセスできない未知の自己を消すことなどできません。当たり前の日常というのは外へ向かって生活するものですが、合一状態にあれば内的な生活について不安を感じるようなことは一切ありません。神はいつでもそこにいるからです。常に神と共にあるのですから、自分自身について心配する必要はもうないのです。自分を心配することのない日々が長く続くうち、自己の感覚がなくても人生はこれまで通りに続いていくことがわかります。

この段階を終えるまでに（当時はこれが段階の一つだとわかりませんでしたが）自己による経験の一切が死に絶え、消えていくことがわかりました。そうなった後、どのように

（8）こう理解することは、ある意味において隠遁生活の理由となり、隠遁生活を信奉する基盤にもなります。人間を救い変容させることができるのは神の恩寵だけで、人間にできることの中で最も大いなることは祈りです。私たちが祈ることで、神はすべての人々に恩寵を与えるのです。隣人にできる限りの物質的な施しをしたところで、元気を取り戻さなければそれを善行ということはできません。

して人生が続いていくのか想像もつきませんでしたが、ここまで旅路を歩み四十年の間、良い時も悪い時も神を信じてきたことから、神への揺るぎのない信頼をぐらつかせるものは何も残っていませんでした。自己は文字通り使い古され、もはや使い物にならなくなっていました。問題や危機は絶え間なく持ち上がるものの、実際のところ問題でも危機でもなく、一般的な自己が反応することなく人生は続いていきました。最初に反応を生きるからこそ、反応することなく生きることもまた可能になるのです。経験して知識を得るからこそ、それを越えていくことができるのです。問題は問題ではなくなり、繰り返しに過ぎなくなると、挑戦と呼べるようなものはなくなり、ただ歩みを進めていくだけになります。

死んでいく自己は、聖なる炎にしか燃やすことのできない神秘そのものです。意識的な自己は神秘にアクセスできず、炎を消すことも叶わず、さらには自己が消費され尽した後にどうなるのかもわかりません。旅の中で何度も経験したのは、神はしようと思うことは何でもするということです。自己は発言権を持っていません。確かに困惑させられますが、子供の頃から受け入れてきたことでもありました。自己の死という神秘的な経験は、途方もない出来事が旅路の先で待ち構えている予兆でしたが、その時すでに本当の自己、未知の自己、現象の自己、キリストの自己でさえ、いかなる自己の認識も、経験もありませんでした。自己がある時に、自己のない状態を想像することはできません。それを想像するのもまた自己だからです。

合一の喪失：無自己

ここからは、日常生活を送る段階の終盤に何が起こるのかお話ししていきたいと思います。合一の炎は自身と神とのワンネスではなく、キリストと父なる神とのワンネスであることは経験上わかっていました。キリストと父なる神の間の愛は圧倒的で、このような愛は私自身の愛ではなく聖霊の愛です。そして、そのことに気づいているのは神を愛する私という人物ではなく、神と一つである誰かでもありません。そもそも神への愛は私を超越しているのです。三位一体に私の居場所はありません。現象の自己が重要ではないことはわかっていましたから、問題は「私が聖なるものを認識しないのなら、どうやって聖なるものを認識し経験するのか？」ということでした。もし私が存在しなくなったら、誰が、あるいは何が神を認識するものとして残るのでしょうか。神は私が認識しようがしまいが神であることに変わりありませんが、人生を認識しない人生とはどのようなものか、想像することはできませんでした。

この時私は、十五歳の頃に経験した矛盾を思い出していました。内在する神と超越的な神に接しながらどうすることもできず、自分は用無しだと感じた時のことです。旅を始めたばかり、しかも十五歳という年齢の私にとって、自分が用無しであることに気づくのは心を掻き乱す洞察でした。神性にとって重要でなく、そこに含まれてもいないとわかった時は言葉にできないほど落胆しましたが、この時の状況は当時とまったく違っていたのです。真逆といってもいいかもしれません。重要視されていないのはむしろ良いニュースで、神に気づいている誰かがいないのに、どうやって神を認識するかということだけが問題でした。また、もし自己も神も認識しないのなら、認識そのものがまったくないことになります。認識がないのにどうやってこの世界で生活すればよいのでしょうか。自己を越えて生きることはイメージできませんでしたが、何年もの間神と共に過ごすうちに、自己なく生きるより神なしでいることの方があり得ないと思うようになりました。神との生活は、自己と無自己の間に横たわる微妙な一線を越える原動力になったのだと感じました。尻込みすることは信頼と愛の欠如の証明となり、自己へ向かう動きでしかありません。もし完全に神を信頼しているならそのような動きは生じず、私たちの実存は静寂というバランスを保てるはずです。そして実存とは、私たちが選択できるものではありません。

このような状態は、「微妙な一線」と呼んでいた、最後まで残っていた自己認識のわずかな痕跡を浮かび上がらせました。聖なるものとの間に、細い境界線がまだあったのです。合一状態では、このわずかな自己認識が聖なるものを認識しています。この時になるまで、境界線があることには気づきませんでしたし、その存在すら知りませんでした。地上に暮らしながら自己認識を永遠に失うことについては、どのような文献からも見つけることができなかったので、境界線を越えるとどうなるのか事前に知ることもできません。この線を越えたところには意識を持ち込めないことを考えれば、情報がまったくないことも当然です。細い線を越えて、それ自身が終わった後の意識、意識が存在しなくなった人生について、意識はイメージすることなどできないのです。境界を越えて行くことができるのは聖なるものだけであり、人間にそのようなことはできません。

いつこの線が消滅するのかはわかりませんが、偉大なる静寂の中で起きることは確かです。とはいえ、それは経験ではなくもっと壮大で、これより重大な出来事は他にありません。正確には、この出来事は旅のマイルストーンというより、旅の終わりです。この線を越えたところで起こるのはこの世界の出来事ではないため、私たちにはどうにもなりません。無自己という無意識は人間にとって本来的な状態ではないので、自己を越えた次元は合一状態と比較することができません。合一状態の特徴は、自我なく与え生きること、愛と寛容、思いやりなどと表現できますが、無自己の状態にはあらゆる自己を越えた究極の真実を知っていること以外、特徴といえるようなものはありません。それが無自己の唯一の目的であり、唯一の顕れであって重要事項なのです。

仮にこのような出来事に遭遇したとしたら、世界には運命というものがなくなり、人間としての私たちは死に、究極の運命に直面するしかありません。もし、この世界に残ることが運命なら、自己も意識もなく、マインドは機能せず、自己による経験がまったくない状態で世界に目覚めているという辛い体験をしなければなりませんが、そうするより他にありません。意識や自己による努力や選択を越えているため、自己を越えた次元は超自然的な雰囲気を湛えています。自己認識の微かな線が溶解することと、マインドの反射メカニズムが停止することとは無自己の経験のうち最初の二段階でしかなく、無自己が継続するためにはそれ以降の段階が必要になります。マインドの反射メカニズムが停止した当初はエクスタシーに似ていますが、エクスタシーは永続する状態ではありません。一時的に自己経験が停止しているだけですから、以前の反射する状態へと戻ってしまいます。無自己を継続させるには決定的な停止が必要で、逆説的かもしれませんがそれによってエクスタシーもまた終わるのです。エクスタシーが常態化するとエクスタシーは起こらなくなり、そうして次の段階に移っていきます。

境界が溶解した一週間ほど後、私のマインドは意識的に内側を見ようとしたのですが、その瞬間に聖なる中心（生きている炎）は静かに爆発し消えてしまいました。突然「落下」したような感覚があったかと思うと、その後はもう自分の内側を見ることができなくなってしまいました。マインドが反射的な運動をしないというだけでなく、中心がないため「内」はなく、「内」がないために空《くう》を経験する器もありませんでした。無になるべき何かがないのです。聖なる中心は「生命」「存在」「実存」の経験ともいえ、合一状態では自身の実存と神の実存を経験していますが、合一を経験している中心がないことには生命、存在、実存の経験もなく、中心から生じる動きや感情もないのです。中心は無意識のうちに、内的な経験や精神、スピリチュアルな生活を受け持つ「自己」として機能していたのです。この「無意識の」自己には様々な経験によるエネルギー、喜怒哀楽、感情などが伴っていましたが、中心がなくなった後、感覚器官としての目は外しか見なくなりました。意識がないということは、内部を見る能力がないのです。意識がないということは、内的経験や聖なるものも、外側の現象もなく、内と外の区別すらなく、超自然もありませんでした。そうした一切が完全に終わったのです。

聖なるものと自己を一度に喪失するのはなぜかといえば、それらは一つの経験だからです。聖なるものがなければ自己はなく、自己がなければ一体となる聖なるものもありません。自己を喪失した瞬間、自己は聖なるものとして生まれ変わるとか、これまでとは異なる聖なる自己が現れると考える人もいるようですが、私たちが「自己」と呼ぶものには「聖なる自己」も含まれているため、そのどちらも存在するか、どちらも存在しないかしかありません。自己は聖なるものだと考えるならなおさら、自己の喪失は神の死だと理解すべきです。しかし境界線の向こう側に自己はなく、聖なる何かも残っていません。聖なるものは自己ではなく、自己を持っているわけでもなく、それ自身に気づいてさえいません。聖なるものは人間が「認識」や「意識」と呼ぶものをすべて超越しています。ただし聖なるノウイング《知っていること》はまた別の話です。マインドはそのノウイング《知っていること》を認識したり把握することはできませんし、それは経験でもありません。

神と共にあるのは、私ではなくキリストだということは境界線に到達する前にわかっていました。ですから合一の経験とワンネスの認識を喪失することは「私」の死ではなくキリストの死であって、同時に神の死でもありました。イエスが父なる神を認識していたということは、イエスの自己である意識が神を認識していたことになります。しかし三位一体という神秘の聖なるものは自己や意識の範疇にはなく、聖なるものは自らを認識していません。つまりキリストが死ぬということは自己や認識の死を意味し、自己や認識が死ねば父なる神とのワンネスもまた死ぬことになります。自己や認識という人間の経験に基づくワンネスを越えたところには、聖なるキリストと三位一体のワンネスが広がっています。キリストは、人間と神とのワンネスと、三位一体という神聖なワンネスという二種類のワンネスの表現です。人間と神とのワンネスは自己や意識によるものですが、聖なるものに神を認識する自己や意識はありません。究極の神は、合一やその対象という人間の考えや経験を超越しています。

復活

当初、感覚のみによる日常は壮麗で筆舌に尽くし難く、まるでエクスタシーから宇宙を見ているようでした。ありとあらゆるものが神に照らされ、驚愕するほどの明るさで輝いていました。すべてが言葉を失うほどの聖なるものに取って代わられたのです。感覚器としての目は誰もが見ているのと同じように見ていましたが、このありさまを知覚しているのは視覚やマインドや意識ではありませんでした。「目」が頭の外側にあるかのようだったのです。子供の頃、聖霊降臨節の絵を見たことがありますが、十二使徒の頭上には小さな炎が明るく輝いていたことを思い出し、この絵はまさにこの時の私の状況を正確に表していると思いました。このようにして「見る」ことは九か月間続きましたが、ある日突然、頭の上の光は消えてしまいました。すると、目に映る光景は死、生命のなさ、無感覚で神のいない宇宙になりました。この時点まで、地獄というものがあるかないか、どちらの意見も持っていませんでしたが、子供の頃の私は神がいなければ存在すらできない、たとえ地獄へ行っても神は私と一緒にいてくれると思っていたものです。当時は、神と共にある地獄はそれほど悲惨だと思いませんでしたが、実際に虚無の中の虚無（void of void）になってみると「地獄」という状態は実際に存在し、思った通りの耐えがたい場所であることがわかりました。聖なるものが完全に不在なのです。魂の暗夜の目的はいわば単なる浄化で、がらんどうの神の空白によって自己中心（自我）を燃やしていきますが、空すらも存在しない宇宙はまったく性質が違いました。浄化は確かに苦行ではありますが、自己による経験であり、自己や意識の中に生じるドラマです。しかし、虚無の中の虚無となると、自己の範疇を越えていることはもちろん、およそ意識と呼べるようなものをはるかに凌駕していいます。経験したり想像したりできるものではなく、自己や意識に捉えられるはずもありません。このような窮地で持ちこたえられるのは、身体と知覚しかないのです。とはいえ身体も知覚も完全なる空白なのですから、どうやって生きていられるのかは神秘というより他ありません。

虚無の中の虚無は四か月ほど続きましたが、ふだんの生活を続けるためにも順応するより他ありませんでした。何とか自己を支えようと努力する自己もいません。驚いたり、心配したり、信頼したり希望を持つ自己もありません。とにかく何もなく、虚無の中の虚無だけがありました。そのような苦境で何をどうすればよいのかわかりませんでした。それまでにあったどのようなものとも比較できません。ある日、散歩をしていると、一本の木の上からキリストが私のマインドに降りてきたように感じました。「考える」というマインドを使った作業はできませんでしたが、きっとキリストも同じ苦境にあったはずだと思いました。父なる神に対する深い愛と信頼は無に帰してしまったのです。キリストの旅は虚無の中の虚無によって終わりを迎え、そこに父なる神はいなかったのです。私が間違っていたのと同じように、キリストも間違っていたのだとわかりました。それでも彼と同じ道を歩き、同じ結末を得たという事実は奇妙な慰めとなって私に届いたのです。信じ難いことに、虚無の中の虚無というこの時点に到達すると、それまで知り得なかったより大いなるキリストのアイデンティティがわかったのですが、しかしその意味も完全な無へと還っていくしかないのです。それ以外にできることはなかったために、悲しいとも思いません。キリストのアイデンティティからも希望を見いだせない虚無の中の虚無は境界線の終着地点で、そこを「越える」何かはもうありませんでした。もし、それを越える何かがあるなら、本物の「虚無の中の虚無」ではないのです。

夜明けは信じられないほど何気なくやってきました。虚無の中の虚無は絶対で、それを越えるものはなく、その上にも後ろにも何もなく、そこから生じるものもありません。ただ虚無の中の虚無だけがありました。しかし、この孤高の絶対に曙が訪れたのです。こういうと、知性を使って推察したり結論づけたりしているように聞こえるかもしれませんが、そうではありません。

どのように夜明けが訪れたかを理解する際に鍵となるのは、自己も意識も失った後に残る「それ」の本質です。残っている身体と知覚は空っぽで、意識が身体を経験しなくなってから長い時間が経っていました。無自己に順応するというのはどういうことかといえば、一つには肉体感覚がないまま、身体を経験しないまま歩き回ることだといえます。ある種の形は残っているのですが、知覚によって感覚される形は空っぽなのです。虚無の中の虚無は、聖なるものが不在であることや空っぽであることではありません。そういうことではなく、形そのものが空であり、形が空なのです。形というものが空以外の何かではなく、満たしたり空にしたりすることもできません。それを越えることも、上回ることも、背後に回りこむこともできません。何かを加えることもできません。形は空で、空が形なのです。両者を区別することはできず、もし区別できるなら相対的な空だということになりますから、まだその先があるのです。夜明けが訪れた日、自己や意識を越えてなお残る形、虚無の中の虚無はキリストだというシンプルな理解を得ました。私はこの黎明を「認知の微笑み」と名づけましたが、実際には不正確な呼び方です。どのような言葉を使おうと絶対の真実を伝えることはできないからです。絶対の真実は、誰かという個人に対して明かされることはなく、絶対の真実が顕れそのものです。同様に、キリストも誰かに対して明かされる真実ではありません。キリストこそが真実であって、真実とは「誰か」に対して明らかにされるものを上回っています。誰かという個人が存在する前から、絶対の形としてキリストは存在していました。虚無の中の虚無の向こう側に広がるこうした認識は、マインドや意識、自己や誰かによって把握されることも理解されることもないのです。

顕現したのは聖なるものである三位一体のキリストで、永遠の形です。形といっても一般的な感覚によって感じる形ではありません。マインドが捉える形でも、意識が形として経験するものでもなく、プラトンのいうイデア（聖なるマインドが認知する形）でもありません。永遠の形は具体的で実体があり物質的で、すべての物質の根本となる実質です。これがなければ宇宙もなく、見ることもできません。永遠の形は私たちが見るものと一体で分離できませんが、私たちが見ているものが永遠の形だというわけでもありません。永遠の形を見つけるには、まず形を完全な空としなければなりません。そこには一切の相関がありませんが、この立ち位置からでないと永遠の形は顕れないのです。聖なるものである絶対はどのようなものとも相関せず、相関のないものだけが虚無の中の虚無たり得るのです。虚無の中の虚無あるいは絶対がキリストでないはずがありません。

言葉が追いつかず不正確な表現ではありますが、私が「認知の微笑み」と名づけたものは「復活」でもあります。自己を完全に喪失した後になお残る、身体の本質である「それ」が自己を越えているのはいうまでもありませんが、究極の身体の本質は永遠の形でありキリストで、聖なる顕現の本質であり、三位一体のキリストの本質でもあります。永遠においては、形と形のないこと、父なる神とキリストは一つです。神は無からすべてを創造したとか、すべては虚無の中の虚無から生じたといわれますが、無と空は永遠の形であり、キリストです。私たちが何からできているのかという本質を知ることはできなかったとしても、それが科学的なマインドの範疇にないことは明らかで、それがキリストなのです。つまり復活とは身体の本質、永遠の本質が顕れることです。身体とすべての形の本質は永遠の聖なるキリストです。顕れているすべては非顕現の父なる神です。非顕現の空（父なる神）は永遠の形（キリスト）ではありませんが、分離しているわけでもありません。一つのものとして三位一体の永遠の神性を構成しています。

そうであるなら、キリストの死の本質は自己や意識の喪失ということになり、その後は虚無の中の虚無という「地獄へと降下」します。キリストは、身体の聖なる本質、永遠の形あるいは神の神秘の身体を顕すため空から身を起こしました。そうして顕れたのは歴史上のキリストという人物の身体だけではなく、すべての身体である形の本質です。永遠の形は聖なるもののすべてで、遍在しています。遍在しているということは、ある一つの形を指して「これは聖なるものだ」ということも、誰かを指して「彼・彼女は聖なるものだ」ということも、経験を指して「これは聖なるものだ」ということもできません。歴史上のキリストという人物の神性を指して、彼の人間性は聖なるものだということもできません。意識はこれまでの経験から、神に注目したり「これ」や経験や個人を指して聖なるものを指し示してきましたが、意識を越えたところでは永遠の形である神は遍在するため、個別の彼や、彼女やそれではなく、複数（「全部」などの合算）でもなく、絶対の永遠の形としての一つでしかありません。それがキリストであり、形のない永遠の形です。

そのため身体の真実は、神の顕在化としてのキリストの顕現ということになり、非顕現の父なる神の顕在化でもあります。自己や意識がこのような身体を顕すことはできませんし、捉えることもまたできません。「微笑み」にはそれを認識する主体があるわけでも、微笑む誰かがいるわけでもなく、微笑みかける誰かや何かを認識することもありません。ただ微笑みがあり、微笑みを認識する主体はなく、認識されるべき微笑みがあるわけでもなく、神性において微笑みと微笑みの認識者は同じです。認識の主体と認識されるもの（微笑み）という区別は意識だけにとっての真実で、それを区別できるのは自己だけなのです。神性はこうした区別を超越し、認識の主体と認識されるもの（微笑み）はありません。自己や意識を越えて残る「認識」は、認識の主体や認識されるものという枠組みでは説明できません。あえて言葉で説明するとしたら「身体が知っている」というのが最も真実に近いでしょう。

認知の微笑みの後、虚無の中の虚無は取り除かれ、再び出会うことはありませんでした。自己喪失からこの時まで、十八か月が経っていました。無自己の状態、無自己の次元での生活に慣れるまでには二〜三年かかりました。どのようにして慣れていったかというと、少しずつ感覚を活性化させ、自己や意識がなくても機能できるようにしていきました。しかし、感覚は大いなる静寂の中へと落下し、休止するか消えてしまう傾向にあり、結果的には死んでしまいます。意識や感覚がない時、残されるのは抜け殻となった肉体だけですから、緊急事態を生じることも時にはありました。人間の手による支えがないと、聖なるものへと移動してしまうのです。意識がないにもかかわらず感覚だけを活性化させておくことは非常に困難ですから、このような「復活の状態」はこの世界の人間としてあるべき姿でないことは確かです。復活の状態は人間本来の状態でも、最終的な姿でもありません。合一状態はこの世界における成熟した人間の姿ですが、無自己は統合された人間の姿ではありません。統合の主体である自己や意識が去ってしまうため、本来的な意味でこの世界と関わることができないのです。先に述べたように、私にとって旅の唯一の目的は最終的な真実を見定めることでした。キリストの場合、復活によって真実が明らかになりました、キリストの追従者にとって復活はキリストの真実、つまり全人類がいずれ到達するであろう真実を明らかにしました。

このような出来事の約半年後に執筆したのが『無自己の体験』（ナチュラルスピリット／『無我の体験』を改題）です。旅はおおかた終わったものだと思っていたのです。この頃、旅路はまだ先へと続いている、まだ他にも顕現するキリストがあると思わせるようなことは何も起きませんでした。しかし、それから三～四年経って自己を喪失し、更なるキリストが顕現することになったのです。

アセンション

教会で聖体拝領してからしばらくした朝のことでした。身体が何かを吸い込んだかのように感じられました（といっても外側にある何かを吸い込んだわけではありません）。無臭の麻酔薬のようなものが、瞬時に肺から全身へと広がるのを感じました。まるで身体を構成する原子や細胞が「聖なる大気」とでもいうようなガスの成分に置き換わり、曝《さら》されたようでした。聖なる大気という表現が適切かどうかわかりませんが、この経験からすると「神は気体だ」といってもそれほど大きな間違いではないように思います。いずれにせよ、まるで身体の細胞の一つ一つ、細部に至るまで「聖なる大気」でできているかのようでした。身体の各部が言葉にならない聖なる輝かしい実存に息づいているようで、まるで身体が「聖なる大気」へと溶けてしまったか、本当の身体（永遠の形あるいはキリストの神秘の身体）が輝かしく聖なる住居で生きているようでした。身体が「聖なる大気」へと溶けていく数秒の間に、これがアセンションなのだと咄嗟《とっさ》に理解しました。アセンションには肉体が必要だったのです。アセンションというノウイング《知っていること》に似たものがあるとすれば、神秘的な「肉体の英知」といえるかもしれません。肉体の英知は自己や意識を越えていますから、人生を共に過ごす肉体を私たちは軽く考えすぎているのです。いずれにせよ、この状態では感覚という肉体の機能を継続させることができません。麻酔薬のように知覚が閉ざされてしまうのです。しばらくすると空気がとても重く濃く感じられ、呼吸を続けられなくなるのではないかと思ったほどです。空気が薄まってくれなければ、この重く濃い空気に対応できない身体は存在をやめてしまうような気がしたのです。

　身体中に充満した「聖なる大気」を説明しようとしても、マインドにはどのような言葉も浮かんできません。聖なる大気がマインドを終わらせたからです。ただ、至高のエクスタシー、至福や愛、得もいわれぬ経験をすべてまとめたとしても、この聖なるものとは象とアリほどに違います。アリでもまだ大きすぎるかもしれません。至高の、天上の聖なるものは究極の聖なるものの経験ですが、「天国」からすると薄い影でしかありません。天国という住居を「状態」と呼ぶことにはためらいがありますが、それまでに経験してきた段階と比較するため、あえてそう表現したいと思います。経験は常に一時的で、永遠ではない現象にすぎませんが、最終的な住居はマインドが経験するものではなく、言葉で表現することもできません。このことはコリント人への第一の手紙二・九の「目がまだ見ず、耳がまだ聞かず、人の心に思い浮かびもしなかったことを、神はご自分を愛する者たちのために備えられた」という一節を思い起こさせます。

意識やマインドではアセンションという概念を形成できませんが、アセンションは肉体が溶けてしまうことや消滅することではありません。体外離脱とか、魂が身体から去ることでもありません。肉体を伴う経験ではなく、別の身体を発見するというようなことでもありません。アセンションは、肉体（永遠の形、キリストの神秘の身体）に非顕現の聖なるもの、つまり父なる神という未知の側面を見出すことです。あるいはこのように説明できるかもしれません。復活で顕れるのは永遠の形としてのキリスト、アセンションで顕れるのは非顕現の形のない父なる神で、アセンションには輝かしさがあります。永遠の形が住まい、存在する輝かしさです。天国はそれ自身を顕したり、具現化したり、物質化することはできないため、常に非顕現にとどまっていますが、非顕現は聖なるものだけにあるのではなく、顕れと永遠に一つで、だからこそキリストは非顕現の顕現なのです。キリストの顕現は地上に具現している間だけのことだと考える人が多いようですが、キリストは聖なる顕れの顕在化の結果として具現化しました。キリストは永遠から来て、聖なるものとして顕れました。人間に対して真実を顕すため、肉体を持って具現化したのです。

歴史を生きたキリストはこの大いなる真実を語りませんでしたが（語ったところで理解する者はいなかったでしょう）、復活とアセンションにより身をもって示したのです。キリストの身体は空気へと溶けていき、マインドと感覚では捉えられなくなったといわれますが、キリストが溶けていった「空気」とは一体どのようなものだったのでしょう。この「空気」こそキリストの永遠の形ですが、この形は永遠の中に住まう非顕現の父なる神でもあるのです。アセンションによって明らかになったのは復活と同じく、霊と物質、つまり形あるものとないものは分かつことができないということです。人間や意識には、霊とは物質であり、物質は霊だということがわかりません。一方はもう一方の神秘です。

アセンションという経験は、一時的に真実を垣間見ることではありません。それから六週間ほどの間、聖なる空気の濃度は最低限の日常生活を送れる範囲で変化していました。濃度が最も高くなったある時、感覚が永遠に落下してしまうのではないかと思われました。なぜ「落下」と表現するのかというと、意識の喪失に伴って肉体感覚を喪失する際、感覚も落ちてしまうからです。天国に足をかけていながら、地上での経験のドアを完全に閉じてはいないようなものです。この後「聖なる大気」の濃度は徐々に薄くなり、感覚は戻ると共に通常の機能（復活の状態）が戻ってきました。

具現化

アセンションという経験の結果として、次のような経験が生じました。「聖なる大気」（非顕現の聖なる状態）が薄くなるに従って、アセンションの経験を反転させるように、以前の「復活」の状態が徐々に戻ってきたのです。アセンションは今ここで聖なるものへと溶けていくことだったため、聖なるものを詳らかにし、目を見開くようにして世界にいられるよう知覚を調整するまでには半年以上かかりました。実際には、復活の状態へと再び順応したのです。ただ今回は復活とは反対側からの順応です。最初の順応は自己を喪失した後に、二度目の順応はアセンションから戻り、感覚を失いかけた後の順応です。二度目の調整は一連の出来事の暗部ともいえますが、非常に困難でかつ恐ろしいものでした。これと比較すれば、虚無の中の虚無は何と気楽なのだと思ったほどです。

聖なるものを後にして感覚のある復活の状態へと戻ることは、神の蛮行の極みということができます。もとの状態に戻るということは、知覚という人間の状態を再び呼び起こすことで、聖なる状態と比較すると「地獄」としかいえないほどに過酷でした。本物のように見えるものは何もなかったため、地獄であって生き地獄ですらありません。聖なるものと比べると人間の状態は衝撃的なほど辛く、口を極めた最低の悪態を並べてもまだ足りないくらいです。罪や悪、苦悩があることが辛いというのではなく、人間の実存そのものが壊滅的なほどに酷いもので、人間の世界に含まれる自然界も同様に悲惨なのです。ふだんはすばらしいと思える世界は、実は見るに耐えないほど醜かったのです。

人間の状態へと入っていく苦しさに比べれば、生活の中で経験する苦しさなど何でもありません。聖なるものはひどい仕打ちに耐えるようにして、聖なる状態へと落下せずこの世界に目覚めているように思えました。この世界はひどく醜く、虚無です。人間としてこの世界に留まる決意は、聖なるものが聖なるもの自身とその本質に逆らっているようなものです。耐えがたい苦痛でしたが、神秘的で聖なる仕打ちに順応するしかありませんでした。ある時、アセンションの経験から後戻りすることは、他のどのような後戻りとも似ていないとわかりました。このようにして聖なるものから抜け脱すことは「具現化」という経験と同じだとわかったのです。

どういうことか説明しましょう。まず、究極の聖なる住居（天国）からこの世界へと戻ってきたのでない限り、つまり肉体を持ったキリストでない限り、このような人間の状態を理解することはできません。人間が天国とこの世界の両方を同時に手に入れられると考えるのは大きな間違いです。もしそう考えるなら、神の超越性や、天国である人間の最終的な住居を過小評価しすぎています。聖なる住居と比べると、この世界には美しさも幸せもありません。人間は最終的な住居を垣間見ることのないまま、この世界はまあまあだと思い込もうとしています。究極の住居はこの世のものではなく、この世界とは比較になりません。死があるのはそのためです。人間は意識を越えた聖なるものの現実を見ることができませんが、もし見ることができたらこの世界に耐えることはできないでしょう。ですからそれで良いのだと思います。人間は聖なるものの現実を知らず、知らないからこそこの世界に腰を下ろすことができ、人間に知ることのできる範囲の聖なるものだけで満足しています。それがこの世界です。しかし意識を創造した神は他に行くところもなく、聖なるものの中に入る以外にありません。

アセンションの後に再び復活の状態に戻り、順応し直すことは、神の蛮行以外の何ものでもありませんでした。旅に後退という選択肢はなく、前進あるのみだと思っていましたが、ここへきて旅を前に進めてきた動き自体が後ずさりしたのです。意識を引き受けることは、究極の至福を喪失することです。至福と人間という両方の状態に住まうことは不可能で、聖なるものから人間の状態へと移動しなければなりませんでした。キリストも同じ神の蛮行、不快極まりない聖なるものの喪失を経験し、聖なる状態から何らかの中間地点を経ることなく直接的に、意識を引き受けなければなりませんでした。人間がこの世界へとやってくる際はこのような酷い経験をすることはありません。人間は虚無の中の虚無または闇という顕れからやって来ますが、具現化したキリストは非顕現（聖なる天国の状態）である光からこの暗闇へとやってくるのです。

具現化の道すじについてまとめてみましょう。キリストはまず至高の聖なるものから降下しアセンションを経験しました。次に復活の状態（知覚）へ、さらにそこから意識へと降り、合一の状態つまり自我のない人間として生まれました。キリストは人間が上昇していく過程を逆にたどって降りてきたのです。そして、この世界に生まれてきたのと同じ道をたどって、今度は家への帰り道を歩きはじめました。その際、すべての人間を一緒に連れていきました。私たちは真実の顕現について、きっと壮麗ですばらしいのだろうと思うだけで、人間に耐えられるのだろうかとは思いません。しかし実際のところ、人間の感覚やマインドや意識や身体には、天国の真実を受け止めることができないのです。真実の完全さとの遭遇は、人間にとっては死に等しく、知的側面だけではないこの真実に直面した人間は、きっとこれは何かの間違いだと受け取るでしょう。だからこそ自らの無知を認め、先入観を持たずに信仰することでしか、この道を進むことはできないのです。

神の蛮行の中にある具現化は破壊的ですが、この試練ほどキリストの現実と真実を明白にしてくれる地点は旅の中でも他にはありません。またこの世界がそれほどまでに恐ろしい場所であるのは、ここではない世界からやってきた存在にとってそうだというだけであることは覚えておくべきです。聖なる状態から直接この世界にやってきた者だけが神の蛮行の中にあるのです。聖なる状態と、具現化した後の知覚つまり復活の状態を比較するからこそ、恐ろしくて醜いとわかります。人間がこの世界をそう感じたり、人間の経験をそれほどに残酷だと思うことはありません。神でさえ通常はそのようには思いません。具現化とは聖なるものが人間の状態を受け入れるということですが、前もって聖なるものを排除し、聖なるものがひどい苦難を経験しなくて済むようにしています。ここまでお話ししてきたような理由から、キリストの本当の「救済」は具現化にあったと私は考えています。具現化に比べればキリストの死は祝福のうちの解放であり、聖なる状態への輝かしい帰還でしかありません。

再び、完全に復活の状態に順応するまでに九か月ほどかかりました。アセンションと具現化を経験した後の復活の状態は以前と同じではありませんでしたが、日常生活を送ることができる点は以前と同じで、それであれば他に問題はないともいえました。以前と違ったのは、最終的な聖なるものの住居に遭遇したことで、本当の意味でこの世界に順応することは二度とできなくなってしまったことです。復活だけでもそうさせるのに十分でしたが、アセンション後はもう二度と、永遠に不可能になりました。残されたのは聖体だけで、それ以外のすべては負担でしかありませんでした。最初の無自己の状態を復活の状態だと思っていましたが、アセンションと具現化の後には「聖体の状態」だけが残されました。聖体はキリストからの最後の伝言です。

終着地点

キリストが神であると心から信じることができずにいた子供の頃、私の旅は始まりました。旅路は想像を絶するものでしたが、キリストにとってもそれは同じであったことが今になってわかります。キリストの神秘や真実に疑いを持ったことはありませんが、その真実はやがて困難を伴う学びとなって私の前に現れました。多くの人々は恩寵によって信じられることを、私は同じように信じることができなかったのです。今私にいえるのは、キリストに関することはすべて経験を通じて学んだということで、知性による信念や概念、象徴や、一過性の洞察によって得た知識ではないということです。長期間に渡る困難な旅路ではありましたが、特別な環境や機会に恵まれたことも、そうした立場を得たこともなく、日常生活の中で学び取ってきたことをお伝えしておきたいと思います。何か特別なことがあったとすれば、人物との関係や生活環境ではなく、人間としての限界を拡張させてくれた恩寵がそれに相当するのではないでしょうか。

それにしても、この旅には一体どのような意味があったのでしょう。実のところ、キリストの真実を少しずつ顕す旅だったとしか考えられません。神や聖なるものや絶対からは、旅を続ける動機となるような挑戦や神秘を与えられることはなく、仮に旅の目的が絶対を経験することだけだったとしたら、旅は始まりさえする前に終わっていたかもしれません。しかし、キリストによる絶対の顕現は経験することだけに留まらず、絶対の本質はもちろん、人間の本質にまでそれを浸透させるよう私たちを促します。キリスト教徒はみな旅をしていますが、信念や信仰の様々な違いによって、同じ宗教でも旅の様相は異なっています。私の場合、不信とまではいわないまでも、完全には信じられないところから旅が始まったため、私の旅は困難なものになりました。キリストは「目に見えずとも、信じられる者は幸いである」といいましたが、私は明らかに幸いな者ではなかったのです。幸いな者ではありませんでしたが、やがては見ることができたことを考えると、キリストを信じようが信じまいが、いずれはそれを目にする時がくるのだと思います。断言できるといってもいいでしょう。

復活が意味するところを理解した後に心をかすめたのは、キリスト教徒に「なる」ことに人生を費やし、とうとうそうなったということでしたが、その考えはくるや否や去ってしまったのです。キリスト教徒である存在がいなかったからです。固く結ばれたリボンがほどけてしまったように感じて一瞬困惑しましたが、その瞬間、キリスト教徒であったことなど一度もなかったキリストがそこにいました。誰の現実も聖なるものによって支えられていますが、キリストは誰にも属しておらず、キリスト自身もキリストに属してはいません。ただキリストがいるだけで、キリスト教徒であるべき誰かはいないのです。

補足Ⅰ　キリストと私たちの相違点：人類でたった一人のキリスト

はじめに

神あるいは絶対、キリストの神性を知性だけによって証明することはできません。究極の絶対を直感するのはそれほど難しくありませんが、キリストが絶対であると見抜くのはそう簡単ではありません。キリストは聖なる人物であり、神とのワンネスという神秘的な認識を得た人物であることは信じられても、それがキリストの真実だというわけではありません。永遠の絶対がどうやって人間に生まれることができたのか、それがキリストに関する最大の疑問です。よくいわれるように、キリストは神の代理人だったのでしょうか。神に関する疑問はキリストに関する疑問でもあると同時に、絶対にとって何が可能か、何が可能でないかという問題でもあります。絶対が人間に生まれることができるというなら、意識の枠を広げてそう信じることもできますが、論理的な解決にはなりませんし、ここでは直感も役に立ちません。キリストの神秘はマインドをためらわせ、困惑させるのです。

子供時代にこの矛盾に直面し、それでもキリスト教の黙想者として旅を続けてこられたのは、聖体のキリストのおかげではあっても、聖書に登場するキリストのおかげではありません。具現化したキリストに歴史上の人物以上の神秘があるとわかったのは、聖体のおかげなのです。(9)

旅の終着点が近づいても、具現化の問題は未解決のまま残り、悩みの種であり続けました。しかし旅が終わった時とうとう辻褄が合い、問題は解消したのです。その理由を単純な真実としてお伝えすることもできますが、なぜそうなのかという背後にあるしくみが伝わるかどうかはまた別です。単純な真実を述べると、受け取った人が自分なりに解釈を加える余地を与えてしまいますし、物事に対する視点も考え方も異なる人に「しくみ」を説明するのは危険ですらあります。私の説明が腑に落ちる人はほとんどいないかもしれず、であれば納得してもらうことも望めません。ですから、具現化のしくみを説明したところで賛同を得られるどころか、批判の対象になることが多かったのです。

そうだとわかっていながら、なおこれについてお話しする理由は二つあります。一つには、私と同じようにキリストの具現化に疑問を抱く人がいることです。私にとって助けになったことは、きっと他の人にとっても助けにもなるだろうと思うのです。ただし私の話が助けになろうとなるまいと、それでいいとも思っています。二つめの理由は、スピリチュアルな旅路は決して私だけのものではないと常に感じていたことにあります。大きな洞察、恩寵、ブレークスルーは当初から「私」という個人の人生を越えていました。私という「人物」が神に関心を持っているのではなかったことも事実です。この旅路は「個人の興味」でも「私」と神との間にあるものでもなく、他の人々の旅路と別のものでもありませんでした。私にとって神との生活より大切なものはありませんでしたから、助けになったことや学んだことを他の人々と共有しないというのは理に適いません。こうした理由から、私が感心を持つテーマについて、また神と共に過ごし神へと至る旅について様々な側面からお伝えしようと考えたのです。

具現化の二つの側面

確かに、キリストの神性を証明することはできませんが、キリストの神性を浮き彫りにする手段はあると思っています。人間として生きたキリストが、同時に神であることは可能なのかと問うのではなく、人間もまた神であることはなぜできないのか、肉体を持つキリストと私たちとはどこが違うのかと問うのです（そうしない理由は「私たちは神である」

（9）歴史上のキリストと具現化したキリストの違いから、ペトロとパウロの違いを連想します。ペトロはキリストに歩み寄って話をしましたが、パウロはキリストの噂を人づてに聞いただけで、キリストを信じる人々を迫害しました。パウロはやがてキリストに出会いますが、ペトロがキリストに遭遇したのとは別の次元でのことで、その次元とは歴史上の人物という個人を越えた次元です。パウロが話した内容などについて、ゴスペルの物語から納得させられることは残念ながらありませんでした。

と考えていることにあると思っています)。他にも、キリストと私たちはどこが違うのか、なぜそうなのか、なぜ肉体を持ったキリストだけが神なのか、と問うこともできます。こうした疑問はコインの裏表のようなものです。一方では、キリストと神は同じだと認め、もう一方で、キリストは人間と同じだと認めているからです。そうでありながら、キリストの神性が私たちと同じだと考えないのはなぜでしょう。それではコインの片面だけ認め、もう一方の面は無視しているのと同じです。どちらの面を無視しても、キリストとキリストの顕現の全体像を見ることはできず、キリストの神性についても十分に検討することができません。肉体を持ったキリストが聖なるものである理由ではなく、人間が聖なるものではない理由を考えるのです。人間の神性といっても、個人としての自己や私、一時的な現れである個人性ではなく、人間の究極の本質、粘土を作った根源について考えなければなりません。なぜ私たち一人一人がキリストのようでないのか、なぜ私たちは肉体をまとった聖なるものではないのかと問うのです。

具現化したキリストについて考えることは、人間の究極の姿と運命について考えることでもあります。先に述べたように、キリストという顕現には二つの側面があり、一つは神の三位一体の本質、もう一つは人間の本質を顕しています。二つの側面の間を埋めるため、聖なるものと人間の本質がキリストにおいて出会いました。そうでなければ、肉体を持つ以前のキリストは神であったことと、肉体を持ったキリストは人間であることの整合性がとれません。肉体を持つ前のキリストの本質は三位一体であることを考えてみないわけにはいかないのです。キリストが具現化する前は、三位一体の神の本質について知る手立てがなく、キリストという存在について知る由もなかったことを考えれば仕方がないかもしれませんが、キリストが人間として具現化したとなると、神の具現である人間としてのキリストの側面ばかりでなく、人間である私たち自身について考えないわけにはいかないのです。ただ、三位一体について考える手段が人間として具現化したキリストだけなら、具現化以前の神聖な三位一体のキリストの全体像はわかりません。もしキリストというのが単なる神の別名であって、人間の経験をする神に与えた名前、神を体現した理想的な人間だというなら、キリストを理解するのは簡単でしょう。しかし実際はそうではありません。キリスト教徒は、肉体を持ったキリストには二つの明確な本質があると信じています。一つは人間に生まれ変わった神、もう一つは人間に対する神の顕現という側面です。だとするなら「キリスト」「キリスト教徒」「キリスト教」という呼び方はいずれも適切ですが、驚くべきことにそのように考える人はほとんどいません。

恐らく多くの人が、聖なる本質は理解できなくて当たり前だと考える一方で、人間の本質は理解でき、実際に十分わかっていると思っているのでしょう。人間の本質は自己や意識かもしれませんが、意識以上のものから構成されていることもまた確かです。感覚、物質の身体や各器官、原子などは人間の構成要素ですが、それらの土台は何なのでしょうか。

何でもない無からできているのでしょうか。もし、人間が無からできているなら、人間という側面のキリストもまた無から生まれたことになります。だとしたら、聖なるものと無はどうやってキリストという永遠の結合を成し得たのでしょうか。マインドは「無」をつかむことができないため、そんなことはあり得ない、不可能だと思うだけでしょう。そうして私たちは堂々巡りの輪の中に引き込まれ、聖なる本質をつかむことなどできないと思ってしまうのです。

私には、聖なるものの本質をつかむより人間の本質をつかむことの方が難しいように思えます。知性と意識を越えた聖なるものは、マインドとも、人間の始まりとも関係がありません。ただ、神に始まりはないことを理解できない以上に、人間自身のはじまりについて理解するのも難しいのです。神の始まりも人間の始まりも問題提起という点では同じですが、仮に人間が無から生じたとするなら、人間の始まりは科学的な問題提起となるのに対し、聖なるものは非科学的見地から検討することになります。ここで両者の間に橋渡しができないと、どちらの側もこの問題にうまく対処できません。非物質の聖なるものが物質としての人間に生まれ、人間が住む物質の宇宙に存在するというのですから。一つ確かなことは、具現化は私たちに何かを語りかけていることです。具現化という顕現は、物質と非物質は分かち難く一つであること、そしてこの分かち難さの本質はキリストであるということを示しています。キリストについて本当の意味で理解できれば、霊と物質、神と人間の分かち難さの神秘にもきっと理解を広げられるはずです。そして、もし神が人間一人一人と分かち難く一つであるなら、神は人類と一つです。キリストとなって実際に起きた具現化は、キリストが携えている二つの側面の片面であることは最初に申し上げた通りです。もし具現化という可能性を最初から携えていなかったら、そのようなことが起こることもありませんが、起きてみてはじめてそのような可能性があったのだとわかります。だとするなら、神は人間になり得るという事実には正当性があり、過激ではあるもののこれも顕現の一端なのです。歴史上のキリストが体現しているのは、このような事実です。

キリストの具現化は、神と人間、霊と物質、創造者と被創造物との間に知られざる橋がかかっていることを示していますが、「キリスト」と呼ばれるものが橋の本質のすべてです。具現化の前は橋が存在することすら知る由もありませんでした。「この世界は、非顕現のブラフマンのマインドが見ている幻あるいは夢である」というヒンドゥー教や、「聖なるものは人間や宇宙とは完全に別である」というユダヤ教は、どちらも橋の存在を知らないようです。橋は別々の二つの次元あるいは存在をまとめ、創造と被創造を融合させています。とはいえ、一方の側面はもう一方の側面であるという意味において、一つの次元はもう一つの次元と同じだという意味ではありません。もしそうなら、橋はなくてもかまわないのです。つまり、人間の次元は聖なるものの次元だと同じだというのでも、被創造物が創造者に「なる」、人間が聖なるものに「なる」というわけでもないのです。被創造物が存在する限り、創造者は神秘的な手段で常に分かち難くそこにあるというわけです。神と人間、霊と物質、被創造物と創造者の間の神秘的な結びつきである橋を見出すことは、聖なるキリストの本質を発見することに他なりません。

話を進める前に、はっきりさせておきたいことが二つあります。一つは人間の究極の本質、もう一つは宇宙の中で人間はなぜ無二の存在であるかという理由です。自己や意識という人間の次元であり人間の本質は、感覚や肉体といった被創造の機能をはるかに上回っています。私たち自身の本質を知ることは私たち自身を知ることですが、自己知の深い次元は単に自己である意識を知っているだけではなく、聖なるものと一つでもあります。自己知は生命と存在の経験でもあります。聖なるものを理解しなければ深奥の生命と存在も理解できませんが、仮に被創造である意識や自己、それによる経験をすべて取り去り、さらに感覚と肉体による知を取り去ったら、その時の人間は一体どのようなものなのでしょうか。そこには何が残されているのでしょう。残されたものがあるなら、それこそ（人間の本質ではなく）人類の究極の本質で、人間は「それ」から創造されたのです。「それ」というのはもちろん聖なるキリストです。人間存在は非顕現の神性からではなく、永遠の顕現としてのキリストから生じました。人間存在と宇宙をあらしめているのは永遠ではありませんが、永遠が創造したものは聖なるものの顕現であるキリストと分かつことは不可能です。具現化したキリストは福音ですが、というのもキリストという顕現は神（顕現と非顕現が一つになった顕れ）の三位一体の本質を顕しているというだけではなく、神と人間存在の間にある結び目の顕れでもあり、さらには人間存在の究極の運命の顕現でもあるからです。ですからキリストという顕現した聖なるものに問うべきは、被創造物である意識や、永遠ではない人間の次元を聖なるものはどうやって支えているのかではなく、人間一人一人が聖なるものの具現であるキリストではないのはなぜか、であるべきです。具現化したキリストは他の人間と何が違うのでしょうか。また、なぜキリストだけが唯一無二なのでしょうか。

この問いに簡単に答えられるなら、質問の意図も、背後にある意味も十分に理解していません。この問いは、キリストの神性と人間としての存在についてではなく、神性がこの世界に個人として生まれてくることに関する質問です。先にも述べたように、どういうしくみになっているのか、具現化したキリストは私たちとどう違うのかを見出し、さらに他の人にも理解できるように伝えることは容易ではありません。そもそも通常のマインドは聖なるキリストを適切に見ることすらできません。もし聖なるキリストを正しく見ることができないなら、私たちがこの世界にやってきたことと、キリストがこの世界にやってきたこととの違いを理解できる位置にありません。それだけではなく、非顕現である三位一体の本質が人間には欠けていることも理解できないでしょうし、具現化したキリストの三位一体の本質は完全であることも理解できないでしょう。キリストの神性の本質は、非顕現と創造物を結ぶつなぎ目として機能する点にあり、聖なるものの側に立つ具現化したキリストは、三位一体そして神性と分かつことができません。しかし具現化したキリストは、人間の本質の顕現であると共に、人間と聖なるものとの結び目以上のものではありません。私たちは三位一体の具現や神性ではなく、具現化したキリストであるだけです。

この違いは視覚化することが可能です。三位一体という神性は、その内側に非顕現の円を抱いていますが、円を描く線がキリストなのです。被創造物はすべて、この線あるいは顕現した聖なるものによって創造されました。そして非顕現にアクセスできるのは顕現した聖なるものだけであり、被創造物にはアクセスできません。しかし、いつの日か私たちにもアクセスできる日がやって来ます。繰り返しになりますが、キリストは創造の側にあり、私たちは被創造物であり粘土から作られたのであれば、非顕現へのアクセスすることは叶いません。創造する側にしか非顕現にアクセスできないのです。しかし、もし私たちから被創造の部分を取り去ることができれば、創造する側に立つ聖なるキリストが残るのです。

おわかりのように、どのような喩えを用いたところで「しくみ」を適切に表現することはできません。その代わりに、具現化したキリストに関するシンプルな洞察をみなさんと共有したいと思います。単なる推察のように聞こえるもしれませんが、根本にある考えは推察ではありません。また、キリスト教徒なら誰でも同じように考えると思うかもしれませんが、最初からこのように考えていたわけではないのです。キリストについて学んだことやわかったことはすべて旅の終わりになって得たのだと先にお伝えした通り、最初からこのように考えていたわけではありません。

キリストの三つの特性

キリストには以下三点の特性があります。

1　創造の側にあり被創造物ではない聖なるキリストは、永遠の神性である三位一体である。神性から一段階降下したのが人間である。

2　具現化した歴史上の人物としてのキリストは、人間とは逆の過程をたどって人間の経験へと入った。

3　具現化したキリストは人間にしかできない経験をした。

神性からの降下

最初の項目にある「一段階降下」が何を意味するのか説明しましょう。永遠の神性であり完全な聖なるものであるキリストは、非顕現の神性を一身に表現する存在です。一方の人間と宇宙は、永遠の顕れであるキリストによる表現の一つです。キリストは非顕現の神性から現れ、私たちはそのキリストから現れました。つまり人間はキリストという顕現した神性から「一段階降下」した存在なのですが、キリストは非顕現の神性の唯一の顕現なのです。

ここから、さらに詳しく「一段階降下」の意味を説明していきたいと思います。

1　人間はキリストの具現として、永遠の顕現であるキリストから降下した。人間は非顕現の神性の具現ではない。すでに顕れているキリストの表現の一つである人間は、その意味で一段階降下している。

2　仮に顕現した神性は非顕現の神性から「一段階降下」しているとすれば、人間は「非顕現の神性から「二段階降下」していることになる。永遠の顕現が「一段階降下」しているとは思えないが、仮にそうであるなら人間は顕現から「一段階降下」していることになり、非顕現からは「二段階降下」している。

3　三位一体の本質が意味するのは、非顕現の父なる神、永遠の顕現である息子、神性の創造の力の顕現としての聖霊である。非顕現は単独で存在するわけではなく、非顕現そのものが顕れとなることはなく、顕れるのは息子つまり神性である。非顕現は常に存在するものの、非顕現の父なる神が永遠の顕れである息子へともたらされることはなく、非顕現の父なる神、顕現としての息子、聖霊（三位一体）

という顕れが宇宙と人間にもたらされる。具現化したキリストもまた宇宙と人間にもたらされることがある。人間と宇宙は永遠ではなく、常に存在するわけではない。

4

具現化について、キリストの聖なる側面は永遠の顕現で、人間の側面は私たち同様「一段階降下」したか、あるいは永遠の顕在化つまりキリストとしてすでに具現化している。人間はキリストの具現であることから、具現化したキリストは彼自身の具現ということになる。私たちは永遠の顕れであるキリストの表現、具現化したキリストは彼自身の表現である。

5

人間は永遠の顕れとしてのキリストを模している。つまり人間は非顕現へと浮かび上がることはできず、まず顕れた聖なるもの、つまりキリストとなる必要がある。「私を通してでなければ、誰一人父のみもとにくることはできない」というキリストの言葉は、まず顕れの神性（キリスト）へと戻り、そして非顕現の神性の「ノウイング《知っていること》」（適切な表現ではないが）へと至るのが道すじであることを意味している。このような道すじをたどらないことには、非顕現の神性を理解することはできない。意識上に顕れる神性は顕現した神性である。

人間は、自分が経験し理解した神性を非顕現の神性だと思い込んでしまいますが、人間に触れることができるのは顕れの神性です。なぜそう思い込むかというと、聖なる「静寂点」は動きがないため、常に動き続けている自己や意識と比較すると非顕現のように思えるからです。「静寂点」を非顕現と考えること自体、あるいはその経験自体が相対的なのですが、非顕現は意識を越えたところにあります。動きがないということもまた、永遠の神性の動きなのです。人間の自己や意識は、人間なりのノウイング《知っていること》と経験の媒質であって、非顕現の神性を経験することはできません。非顕現は顕れることはないのですから、そのように考えること自体矛盾しています。非顕現は意識を超越していますが、顕れた神性へ帰還するという意味において非顕現は既知となり、そうして聖なるものの本当の三位一体の本質が顕れます[10]。

ここまでの話をまとめましょう。人間は顕現した絶対あるいはキリストから「一段階降下」しています。人間と宇宙が崩壊しても残るのは顕れの絶対であるキリストです。キリストは非顕現の絶対である父なる神と永遠に一つであり、永遠の顕れを創造する聖霊と一つです。

逆向きの過程

1　歴史上の人物としてのキリストは、聖なるものから人間に具現化する道すじは、人間とは逆向きの過程をたどりました。キリストが人間の状態へと降下し人間性を獲得した過程と、私たちが究極の聖なる状態へと戻る過程とでは方向が逆なのです。具現化は、アセンションとは逆さまの過程です。これは、永遠の顕れであるキリストが本質的な変化や、聖なるものの「至福」を喪失することを意味しているのではありません。聖なるものが宿る状態を適切に表現することはできませんが、最大限に努力して、聖なる状態は決して地上の人間存在とは両立しないことだといえます。もし両立するなら私たちは死ぬ必要がありません。死は人間にとって達成ですが、死ぬ必要がないのに死ぬとしたら、死は害悪にしかなりません。人間という状態の問題は至上の神聖さではないことですが、意識を通じて人間としての旅路を歩んだ後、やがて至上の聖なるものへと戻っていくことになるのです。

キリストが人間性を獲得するには、聖なる「至福」を喪失し、そこから抜け出さなければなりませんでした。その動きであり出来事こそがキリストの具現化の

(10) 経験上いえるのは、非顕現の神性は経験できるようなものではないことです。私たちが経験するのは聖なるものの顕れとしての神だけです。意識を越えたところには、経験をするための媒質がありません。非顕現は「永遠の神性」であり、至福や経験に似ています。永遠の顕れであるキリストは常に非顕現（父なる神）の状態に居住しています。

本質です。キリストは聖なるもの（至福）の状態を自ら遠ざけたといいますが、聖なるエッセンスである神性を遠ざけたわけではありません。繰り返しになりますが、聖なるものの宿る状態を適切に表現することはできませんが「天国の」「至福の」といえば人間にとって天国の経験を意味することは確かです。でき得る限りの表現は、「究極の聖なる状態」で、非顕現の神性そのものを意味します。キリストは人間の状態に入るため、聖なる状態を遠ざけたのです。

アセンションと具現化は正反対の経験です。キリストは人間の状態を後にして元の究極的な聖なる状態へと戻っていきましたが、自己や意識という人間的側面は、キリストにとって一時的で非永続なものだったからです。私たちにとっても同じです。復活に際し、キリストは意識を越えていましたが、身体は完全さを保っていました。死ぬ以前の身体と区別するため、この身体を「栄光の身体」と呼びたいと思います。意識が知り経験する方法は、意識のない身体がそうする方法とは完全に異なります。意識のない身体は復活の顕現であり、永遠の形で、それが身体の現実です。「人間とは何か?」という問いの答えは「意識」かもしれませんが、実際には意識以上の何かであることは明らかです。実際には定義できるどのようなものをも上回っています。

2

「逆向きの過程」にはもう一つ意味があり、キリストと私たちの違いを表現しています。キリストは人間が上昇していくのと同じ通路を下降してきました。キリストは聖なるものから下降してきましたが、私たちは上昇することによって聖なるものに達します。人間が人間としての旅を終わらせる地点は、キリストが人間としての旅を始めた地点と重なっています。私たちの終点はキリストの出発点です。

　ここで人間の旅路について改めて検討したいと思います。誕生した時の私たちは暗闇にあり無知ですが、世界の中で徐々に目を覚まし、人間の意識という限られた範囲において独自のノウイング《知っていること》と経験によって世界を自分のものにしていきます。同時に、聖なるものは誰に対しても自らを顕し、洞察をはじめとする様々な顕れによって人々は人生に新たな次元を見出していきます。そうした機会は暗闇の中で周囲を見回すようなものなのですが、暗闇の中でも辺りを見る能力が増すにつれ、人間はその源、つまり光や聖なるものへ戻っていく方法を身につけていくのです。意識は暗い部屋の中でマッチに火を灯すようにして神を見ますが、光が部屋全体を照らすようになればマッチは必要なく、そうなった時、意識は失われます。太陽を見るのにマッチは必要ありません。太陽を直接見る視力を得ると、この世界を見る視力は失われるのです。こうして、暗闇から始まった人生は光の中で終わります。聖なるものから去る時は無意識ですが、戻る時は意識的にそこへ戻っていきます。去る方法と戻る方法は大きく違います。

　人間になるためにキリストは意識を持ちました。具現化という経験は、光が闇の中へと移動することです。人間の通路は意識による仲介のもと、闇から光へと移動します。キリストが人間になる際の最初の動きは光から闇へ移動することでしたから、キリストの人生は私たちとは「逆向きの過程」によって始まりました。人間は梯子を下から登り、キリストは上から降りてきます。

　具現化に伴う残酷なほどの苦難を想像できる人はいません。完璧な明るさとノウイング《知っていること》の神聖さ、非顕現の父なる神の至福が徐々に失われ、引き離されるのです（「父によって遣わされた」というキリストの言葉は、非顕現の父なる神のもとを離れたことを意味しています）。このような過程を経てこの世界に至った人間は他には存在しません。被創造物である人間は至高の神性を知りません。顕れの神性は、意識や感覚による世界に先んじる位置から下降し始めました。キリストは合一という神の意識から下降してきましたが、自我によって板挟みになるほどの位置まで降りてきたわけではありません。エゴセルフは必ずしも罪ではありませんし、聖なるものに逆行するわけでもありませんが、キリストは私たちのように暗闇と無知からやってきたわけではないことは覚えておくべきです。自我の有無は確かに私たちとキリストの違いではありますが（人間は自我の意識へと生まれ、キリストは合一の意識へと生まれました）そこに究極的な違いはありません。

キリストの具現化という出来事は、本当の意味でのキリストの贖罪と救済で、死より何千倍も辛いものでした。キリストの死の意味は、意識からの解放と、もとの聖なる状態へ上昇にあります。それでは本当の意味での救済は何なのかというと、具現化という拘束を引き受けること、そして聖なる状態から離れ、意識によるノウイング《知っていること》、暗闇、無知という人間の状態を引き受けることでした。この行為あるいは動きを「神の蛮行」と呼ぶのはなぜかというと、神にとっても残酷な仕打ちであって、人間の限界をはるかに超えているからです。人間にはとても耐えることなどできないでしょう。具現化とは、神が人間になるという「神の蛮行」による行為なのです。聖なるものにとってこれほど恐ろしいことはありませんでしたが、逆に人間にとっては恩恵であったことはご存知の通りです。

具現化という聖なるものの行為は人類全体にどのような変化をもたらしたのか、これまで検討されませんでしたが、これによって新たな秩序が開始したことを述べておきたいと思います。恩寵ともいえるこの秩序は今も実現し続けています。キリストの降臨は、人間と聖なるものとワンネスをより深く、より多くの人々にもたらしました。こうして神との融合は稀有なことでも、特権的な魂だけのものでもなくなりました。具現化の前、人間が聖なるものに出会うことは非常に珍しく超自然的な出来事でしたが、具現化後の現在は誰にもその可能性があります。人間にとって、聖なるものとのワンネスの実現は並外れたことではなく「自然な」ことになったのです。いずれ人類は具現化したキリストと肩を並べるようになるでしょう。そこから先へは聖なるものである三位一体のキリストが私たちを誘なってくれるでしょう。

ここで具現化の動きについてまとめたいと思います。（1）キリストは究極の聖なるものである非顕現の父なる神から、合一の状態とその経験へと移動し、肉体をまとった。（2）次に復活の状態、つまり完全に物質的でかつ知覚による状態へと下降した。（3）復活と死を分ける大いなる空へ、そして意識へと移動した。（4）融合あるいは神意識の状態に生まれ、死ぬまでそうして過ごした。具現化の経験（生まれた時の融合の意識）が終わる時、動きは向きを転換し、もともといたのと同じ聖なるものへと戻り始めた（逆向きの過程）。

人間の旅はキリストとは逆の過程をたどります。非顕現である聖なるものではなく、虚無の中の虚無という顕れである聖なるものから直接意識の中へと創造され、暗闇と無知の中へやってきます。人間がこの世界へとやってくる時、聖なる状態や非顕現を喪失するというのではありません。この世界にくる前、人間は存在していなかったために、喪失するものを最初から持っていないのです。人間になる時に喪失する何かを持っているのは顕れである聖なるものだけです。非顕現を認識し、それと一つであるのは永遠の顕れだけです。具現化したキリストの始まりは人間と同じではありませんし、同じ経路を通ってこの世界にやってきたのでもありません。人間とは逆の経路を通って降りてきたのです。

キリストが道なのです。キリストは言葉ではなく沈黙によって、意識を通じて実現可能な人間の聖なる通路とマイルストーンを顕在化させました。顕在化させたのは通路だけではありません。意識と、そして人間そのものも顕在化させました。意識の動きは生命の動きであるため、キリストにおけるこの動きは私たち全員にも当てはまります。キリストは、人間が経験するワンネスを越えたワンネスという現実そのものです。

合一の意識は人間にとって最終的な状態ではありません。合一においてキリストの意識と落ち合い、キリストにつき従って日常生活を送るのです。キリストの場合、合一の意識を成就し、それ以上にはいかなる可能性も残されていないところまで到達した時に死を迎えました。死といっても虚無の中の虚無（地獄）へと次元下降し、そしてまったく新しい存在の状態、つまり意識を越えた新たな次元へと上昇したのです。これが復活で、復活に際し身体の聖なる本質を確認すると、今度は永遠の神性である父なる神へと上昇し、戻っていきました。キリストのアセンションは身体が溶解し消失してしまったと考えられていますが、実際は雲のような聖なる空気の中に蒸発したようなものです。「父なる神へと昇天した」といいますが、父なる神はどこにいるか考えてみてください。父なる神は聖なるものとして空気のように遍在しています。ということは、三位一体のキリストもそこら中に遍満しているのです。キリストの聖なる身体は五感、知性、意識の上に現れるようなものではなく、こうしたものを越えているのがキリストの神秘の身体です。それだけではありません。キリストにはさらなる真実、アセンションを越えた次元があります。具現化したキリストは聖体として、今も私たちと共にあるのです。「私は生き、私は来る」はそのことを表現しています。全員が聖なるもののもとに集うまで、キリストは遍在する聖体として私たちの中にあるでしょう。キリストがいないところはありません。具現化したキリストは聖体として遍在しています。

経験と顕在化の違い

「一段階降下」したことと「逆向きの過程」をたどったことの他にも、キリストには人間と異なる特徴があります。キリストは、私たちには経験しかできないことを顕在化できるのです。「経験」と「顕在化」はどこが違うのでしょう。私たちが聖なるものとのワンネスを経験する時、そのワンネスはキリストです。死と復活を経験する時には、キリストが死であり復活です。キリストはそうしたことを物理的に顕在化させています。聖なるものへのアセンションと溶解は私たちにも経験できますが、キリストは物理的に空気中へ消えていきました。私たちは経験を通じて具現化について知ることができますが、キリストは物理的に具現化しました。要するに、聖なるものを経験したり悟りを得たりすることは、キリストという現実の影にすぎないのです。私たちはキリストが顕在化させたものを経験するだけなのです。

キリストによる顕在化があるからこそ、私たちは経験することができるわけですが、キリストによる顕在化は肉体の物質化で、これは単なる経験を上回る変化だといえます。顕在化は、ある意味で奇跡にも似ています。奇跡という現象には経験が伴うことも伴わないこともありますが、奇跡それ自体は完全に独立しています。顕在化を経験と表現することで、実際の顕在化からは多くの部分が失われてしまいます。言葉で正確に表すことはできませんが、少なくとも私は経験と顕在化は別だと考えています。人間は経験を通じて聖なるものや真実に遭遇しますが、具現化したキリストは経験を越えた聖なるものの証であって、その意味で聖なるものはキリストとして顕在化しているのです。私たちはキリストという真実の顕在化を発見し、直感し、経験します。

聖なるものが顕在化しないことには、それを経験することもできません。聖人や予見者、預言者は聖なるものの経験やその顕現についてたくさんのことを語っていますが、一方のキリストは具現化や死、復活、アセンションという「経験」について何も語りませんでした。彼は、ただそうあったのです。顕在化の本質は説明することのできる経験を越えているからです。もし、自身の聖なる経験を説明できたとしたら、それは顕在化しているのではありません。同様に、もし究極の真実を証明できるとしたら、経験ではなく顕在化によって証明されるはずです。ときどき私はこんなふうに感じます。人間は本質的に信仰心を持っていますが、それこそが聖なるものの顕在化であると。長い目で見ると、一過性の経験が何かの証明になることはありませんし、信仰心をもたらしめるだけの効果もありません。ある種の経験は恩寵による「経験的」顕在化の場合もあるので、経験には価値がないというつもりはありません。しかし、経験は常に経験をする個人の枠組みの中でしか生じないのに対し、顕在化は誰かが経験することに先んじてあるのです。その意味でキリストによる顕在化は世界共通ですが、経験は常に個人に限定された出来事です。

人間は経験することしかできないのですから、経験や個人的な悟りを軽視すべきではありません。確かに人間はキリストの顕在化を経験できますが、そのような経験をしたとしても顕在化というにはまだ不十分です。私たちがキリストの顕在化によって何かを経験することはあっても、その経験から顕在化させることはできません。「逆もまた真なり」は、この場合通用しないのです。経験と顕在化は異なる秩序の上に存在するからです。顕在化を別の言葉で表現すると「現実」になります。私たちは経験を現実と見なしますが、実際には経験を下支えしているのが現実です。現実を経験しているからといって、経験そのものが現実だというわけではなく、経験だけが独立して存在することもできません。要するに、経験は現実の顕在化とは切り離されているのです。

繰り返しになりますが、顕在化という言葉で私が表現したいのは真実です。真実を「実現すること」や「経験すること」ではありません。聖なるものの唯一の顕在化であるキリストは、人間となって顕れましたが、これは単なる経験ではありません。キリストは肉体として具現化し、死に、そして復活するという「経験」をしたのではなく、それらを顕在化したのです。

と同時に、人間を含めた宇宙全体が聖なるものの顕在化です。だとすると、人間として生きたキリストもまた聖なるものの顕在化ということになり、宇宙におけるその他のもの、人間や岩や花と同じであるといえるのです。いうまでもなく、岩や花は聖なるもののインスピレーションや洞察の表現媒体ですから、聖なるものは人間という媒体以外にも表現手段を持っています。ただし、花や聖人が聖なるものの美しい表現であったとしても、聖なるものそのものだというわけではありません。媒体がどうであったとしても、それ自体が力を持っているのではないからです。媒体でも経験でも、私たちに影響を与えているのは聖なるものであって、聖なるものは媒体ではあり得ません。宇宙に存在するその他の媒体と同様のものとして、物質的な形として現れた歴史上のキリストを私たちは経験したかもしれませんが、聖なるものが顕在化したキリストは単なる媒体ではないのです。

ここで、どのような場合に「顕在化」という言葉を使うのかまとめておきたいと思います。

1　あらゆる創造物、あらゆる形は聖なるものが顕在化したものである。あらゆる形を創造した源である永遠の形だけが絶対の顕在化であり、それはキリストである。そのためキリストは、創造や具現化という顕在化にも先んじている。顕在化は聖なるものの顕現であることから、顕在化はキリストの神性である。

2　これまでの話からわかるように、肉体を持って具現化したキリストは他の人間とは異なる秩序に基づいて顕在化した唯一無二の存在である。キリストは花や聖者などといった聖なるものの顕在化とは異なり、キリスト自身の創造・被創造の因果関係によって顕在化した。たとえ望んでも人間はキリストをこの世界へもたらすことはできない。聖なるものの顕在化を様々な方法で経験し認識する場合も、キリストがその顕在化を体現している。つまり、私たちは悟りを通じて経験し認識しているが、それはキリストである。顕在化は私たちの経験を下支えする現実である一方、経験そのものは現実でも本物の顕在化でもない。

3

聖なるものは恩寵という形で人間に自らを顕在化させる。恩寵は私たちの内にある聖なる生命であり、あらゆる経験に先行する。恩寵とは神の顕在化を直接的に経験することもあるが、ほとんどの場合恩寵は経験的ではなく、聖なるもののように思える経験がすべて恩寵だというわけでもない。経験に依存すると欺瞞へ導かれ、執着すると妄想が生じる。それとは逆に、顕在化は本物の恩寵であり聖なるものである。キリストは経験ではなく恩寵として顕在化することからも、そのことがわかる。

4

具現化したキリストと聖人や予見者が同じ真実を私たちに打ち明けていたとしても、そのやり方は「経験」と「顕在化」という違いとなって表れる。キリストは完全な静寂のうちに、説明の言葉もなく真実を顕在化させる。聖人は真実を経験し、発見し、遭遇した。聖人は真実を言葉にして説明するが、キリストは顕在化した真実を静寂のうちに見つめた。真実も顕在化も、知性によって証明したり、経験から検証したりできるようなものではなく、説明して一言で片づけられるものでもない。もし、キリストが神を具現しなかったなら、他の何かが具現することもなかった。

キリストは顕在化し、それ以外の人間は経験し発見するだけだからといって、個人的な経験を軽視したり否定すべきではありません。ただ、キリストは顕在化したという真実に光を当てているだけだということをご理解ください。「顕在化した真実」は聖なるものに属し、「経験した真実」は人間に属していますが、一方がもう一方より意義深いということではありません。私たちが真実を顕在化させることはできませんが、私たちの生命全体は真実を見、知り、理解し、経験しています。

まとめ

肉体をまとって具現化したキリストはなぜ私たちとは異なり、唯一無二の存在であるかについて検討してきました。第一に、キリストは一つの絶対として創造や人間の降臨、具現化に先行する顕在化という永遠です。キリストは永遠の非顕現が顕在化したものであり、キリストが顕在化したものが人間です。永遠の顕在化だけが非顕現を具現化しています。一方の人間は、永遠の顕在化の顕在化（具現化）しかできません。人間は永遠のキリストから「一段階降下」しており、非顕現からは「二段階降下」しているからです。

第二に、具現化したキリストは人間がこの世界にやって来て、そして去るのとは「逆向き」の通路をたどりました。キリストがこの世界に至る旅を始めた「地点」は、人間の旅が最終的に終わりを迎える地点です。キリストの始まりは、私たちの終わりです。人間は暗闇に現れ、死、復活、アセンションの順番で融合した意識へ向かって進みますが、キリストはもともと究極の聖なるものにあり、合一の意識へと下降してきました。その後キリストの旅は向きを転換し、父なる神である究極の聖なるものへの帰還を開始し、そうすることで人類は彼と共に進むことができるようになりました。キリストの旅は全行程に渡って、人間とは逆なのです。

第三に、永遠に聖なるものであるキリストは、非顕現である聖なるものの顕在化のすべてです。なぜキリストだけが永遠の顕在化としての本物の具現なのかといえば、非顕現の顕在化だけが天国を喪失して、人間の状態になることができるからです。人間がこの世界にやってくる時、非顕現の状態を喪失することはできません。それが何かもわからず、最初から持っているのでもないからです。この世界にやってくる前の人間は、存在すらしていませんでした。キリストは聖なるものの顕在化として唯一の具現で、人間はそれを経験するだけです。私たちは顕在化を経験できますが、私たちの経験が現実の顕在化にはなりません。キリストだけが顕在化であるのです。

追伸

キリストはなぜ私たちとは異なり、唯一無二なのかということここまでの説明を読んで、「なぜ神は一度しか具現化しなかったのか」と質問してくれた友人がいました。何度も具現化しなかったのはなぜかというのです。ヒンドゥー教徒である友人は、ブラフマンは定期的に「アバター」として生まれ変わると信じているのでしょう。アバターは真実をたびたび顕し、人々が再確認できるようにします。「ブラフマン」という概念は神という概念と同じではありませんし、ヒンドゥー教とキリスト教とでは「救済」に対する考え方も大きく異なります。恐らく、ほとんどのキリスト教徒は「たった一度の具現化ですべての人類を救うのに十分だから」と考えているでしょう。もし、一度では不十分なら、神は神ではなくなってしまいます。一度に全員を救えなかったなら、神ではありません。水脈を掘り当てるために何度も掘ってみなければならなかったというのと同じなのです。私ならこう答えるでしょう。「具現化したキリストは聖体として今も私たちと共にある。それなのになぜ、また具現化する必要があるのか」。今も具現化は続いているのですから、再び具現化させることはできません。聖体を知らない人にはわからないかもしれませんが、時間が終わる時、聖体のキリストは全人類に対して顕れるでしょう。ただし、もう一度具現化するのではなく、すでに私たちと共にある聖なるキリストが誰の目にも明らかになるという方法で。

[著者プロフィール]
バーナデット・ロバーツ　Bernadette Roberts
1931年生まれ。ロサンジェルスの敬虔なカトリックの家庭に育つ。子供の頃より自然の中で、彼女自身の内側で、超越したものとして神の啓示の体験をしてきた。15歳でカルメル会修道会に入り、約10年間を過ごした後、世俗社会に戻る。その後大学を卒業して結婚し、4人の子どもをもうけ、教師をはじめいくつかの仕事を経験し、神と共に「市井」の生活を過ごす。その後1982年に、自身の観想体験を綴った『無我の体験』(ナチュラルスピリット)を出版。伝統的なキリスト教観想の枠を超える非凡なものとして注目を集める。その体験を「段階」を追って整理・叙述した『神はいずこに』(日本教文社)、意識の問題を主軸に他宗教の変容体験についての比較考察したのが本書である。
HP：:http://bernadetteroberts.blogspot.jp/

[訳者プロフィール]
福田カレン　Karen Fukuda
学習院女子短期大学卒。NY州マンハッタンで就業中に911を経験。日本へ帰国後通訳者・翻訳家として活動を開始し、大手都市銀等の金融機関や外資ITコンサルティング会社の通翻訳者を歴任。10年来のフルータリアンで、フルーツメインの1日1食を継続中。著書に『魂の医療』(ナチュラルスピリット)、『デトックスの極意』(ライトワーカー)、映画字幕&プロモーションに『Who We Are?　意識と〈本当の私〉をめぐる対話』『プランイート～環境悪化の真犯人』などがある。フルーツオブエデン主宰。
HP：www.fruit-of-eden.com

自己とは何か

●

2021年11月4日　初版発行

著者／バーナデット・ロバーツ
訳者／福田カレン

編集／山本貴緒
DTP／山中 央

発行者／今井博揮
発行所／株式会社 ナチュラルスピリット
〒101-0051 東京都千代田区神田神保町3-2 高橋ビル2階
TEL 03-6450-5938　FAX 03-6450-5978
info@naturalspirit.co.jp
https://www.naturalspirit.co.jp/

印刷所／創栄図書印刷株式会社

ISBN978-4-86451-382-1 C0010